Ausstieg aus dem bösen Spiel

Psychospiele der aktuellen Zeit

Tina Wiegand

SOULFIT VERLAG

Bibliografische Information der Deutschen Nationalbibliothek:
Die Deutsche Nationalbibliothek verzeichnet diese Publikation in der
Deutschen Nationalbibliothek.
Detaillierte bibliografische Daten sind im Internet über
http://dnb.dnb.de abrufbar.

Alle Rechte © Martina Wiegand
Erstausgabe 2021, Landsberied
Gestaltung Umschlag und Einband Martina Wiegand
Herstellung und Druck Bod, Norderstedt

ISBN 978-3-943746-17-4

Danksagung

Ich möchte an dieser Stelle allen meinen Klienten, Schülern, den Tigern, den Mitgliedern des Soulfit Factory Vereins und den Kollegen der Psychosophics dafür danken, dass sie mich unermüdlich fragen und löchern und mich zwingen, meine Theorien unablässig zu verbessern.

Nichts verfeinert die Qualifikation einer Lehrerin mehr, als die Neugier ihrer Schüler.

Ich habe das Glück, dieses unbezahlbare Geschenk erhalten zu haben.

Dankeschön!

INHALTSVERZEICHNIS

BEDEUTUNG MENSCHLICHER BEZIEHUNGEN

1. MERKSATZ: BEZIEHUNG IST LEBEN

Wenn Sie heute zu diesem Buch gegriffen haben, stehen Sie wahrscheinlich vor einem großen Entwicklungsschritt. Man kann Persönlichkeitsentwicklung auf viele Arten angehen. In diesem Buch soll es darum gehen, wie man über die Betrachtung von Beziehung mehr über sich und seine eigenen Muster erfahren kann.

Beziehung ist eine der Voraussetzungen für das Leben, um nicht zu sagen, das Leben IST Beziehung. Das Leben geht als Drittes aus der Beziehung von Zweien hervor, zum Beispiel, wenn ein Paar ein Kind bekommt. Das Kind wird durch Beziehung am Leben gehalten und ein Leben lang begleitet. Leben ist Bewegung und Austausch. Atmen ist Beziehung zwischen Mensch und Atmosphäre. Das Leben beginnt mit Ihrem ersten und endet mit Ihrem letzten Atemzug. Kommunikation und Austausch sind essenziell für das Seelenleben der Menschen. In der Isolationshaft oder erzwungener Einsamkeit leidet die unvorbereitete Seele massiven Schaden. Daher werden oftmals toxische Beziehungen einer Beziehungslosigkeit vorgezogen. Mit anderen Worten: lieber negative Beziehungen, als gar keine.

Kennen Sie das Gefühl, dass Sie das Ende einer Beziehung als lebensbedrohlich erleben? Nicht wenige Liebeslieder besingen das Ende der Welt, wenn die Liebe endet. „Liebeskummer lohnt sich nicht" sagen nur wenige. In einer materialistischen Weltsicht wird die Beziehung zum anderen Menschen als vorrangig betrachtet. Doch ist es eine der großen Lernaufgaben, sich auch der Beziehung zu sich selbst anzunähern. Für nicht wenige Menschen hängt ihr Selbstwert von ihren Beziehungen im Außen ab. Wenn es dabei bleibt, kann der Verlust von Kontakten traumatisch sein. Doch eine entwickelte Persönlichkeit ist dieser Art von ungesunder Abhängigkeit nicht mehr ausgeliefert. Alle Liebe beginnt mit der Liebe zu sich selbst und Liebe ist Beziehung und Erkenntnis.

Beziehung ist das Verhältnis, in dem Menschen oder Organisationen zueinander stehen. Sie ist das wechselseitige Verhältnis zwischen zwei oder beliebig vielen Beziehungsteilnehmern, in einer Partnerschaft, zwischen zwei oder mehreren Menschen. Wird die Beziehungsfähigkeit eines Menschen verletzt, sucht er sich „sichere" Beziehungspartner in Form von Gegenständen, wie etwa einem Auto, Tieren oder Pflanzen. Das traurige Bild der alten Dame, die mit ihrem Teekessel redet, ist weithin bekannt.

Der lateinische Begriff für Beziehung ist „Relation" (relatio ‚das Zurücktragen'), Beziehung wird philosophisch als Verhältnis zwischen „einem Seienden oder einem Ereignis zu einem oder mehreren anderen" bezeichnet. Wenn man das weniger hochtrabend übersetzt, bedeutet das, dass alles zu allem in Beziehung steht. Das „Seiende" nennt man auch „das Existierende", was lateinisch „aus etwas heraustreten" heißt. Aus was tritt das Existierende hervor? Das ist eine Frage, die sicherlich spannend zu beantworten sein wird. Aber bleiben wir bei der Beziehung. „Alles ist relativ" kann man auch übersetzen mit: alles steht mit allem in Beziehung. Beziehung ist die „Pipeline" durch die Information von einem zum anderen fließt. Beziehung ist Kommunikation, Kommunikation ist Austausch, Austausch ist Leben. Das Atmen ist ein lebenswichtiger Austausch für den Menschen und nicht umsonst wird in der Psychosomatik die Lunge mit existenziellen Fragen in Verbindung gebracht.

EINFLUSSKRITERIEN DER BEZIEHUNG

Die Qualität der Informationen, die in einer Beziehung ausgetauscht werden, beeinflusst die Qualität der Beziehung und damit die Reaktion der Menschen aufeinander. Informationen fließen auf verschiedenen Ebenen des menschlichen Daseins:

körperlich

non-verbal

emotional

verbal

telepathisch

elektromagnetisch

systemisch

herkunftssystemisch

DIE BEZIEHUNGSAGENDA

2. MERKSATZ: JEDE BEZIEHUNG HAT EINE BEWUSSTE UND EINE UNBEWUSSTE EBENE

Jede Beziehung hat eine offizielle und eine inoffizielle Agenda, eine bewusste und eine unbewusste Absicht. Viele Hochzeitspaare haben die bewusste Absicht, ein Leben miteinander zu verbringen und gut zueinander zu sein. Doch wer sein Unbewusstes nicht kennt, kann durch den „geheimen" Teil des Beziehungsvertrages sein blaues Wunder erleben. Die Absicht, einen Rosenkrieg zu führen, wird in der Regel ohne das Wissen des Bewusstseins der Beteiligten abgeschlossen. Doch sind die unbewussten Verträge in allen Beziehungen vorhanden und sie werden, wenn nicht sorgfältig auf Psychohygiene geachtet wird, gnadenlos durchgezogen. Der unbewusste Beziehungsvertrag wird den Beteiligten erst mit der Zeit durch die aufkeimenden Konflikte bewusst. Die Absicht des Unbewussten ist dabei eigentlich die Heilung alter Beziehungsverletzungen, die eine neue, erwachsenere Regelung benötigen. Aber in Unkenntnis der Psychospiele, wird es kaum möglich sein, diese Beziehungsmuster zu erkennen und zu lösen. Im Gegenteil. Anstatt aneinander Heilung zu finden, stürzen sich viele Paare in haarsträubende Konflikte, verletzen sich gegenseitig wo sie können und finden sich irgendwann vor dem Scheidungsrichter wieder.

VERSPIELTES BEWUSSTSEIN

3. MERKSATZ: MENSCHEN SPIELEN ENTWEDER „PSYCHO" ODER „LEBENSWERK"

Wenn Menschen sich begegnen, dann fangen sie an, miteinander zu spielen. Manche vertreiben sich die Zeit beim Sport und spielen Ball oder Gesellschaftsspiele. Manche spielen Instrumente und machen Musik miteinander. Andere spielen Theater oder schauen sich im Kino etwas an, was ihnen vorgespielt wird. Auch Arbeit ist letztlich ein Spiel, das nach bestimmten Regeln gespielt wird und ein bestimmtes Ziel erreichen soll, so wie in anderen Spielen ein Ball in ein Tor bugsiert werden soll. Welche Art von Spielen im Leben gespielt werden, entscheidet das unbewusste Lebensdrehbuch, das Menschen schon früh in ihrer Kindheit schreiben. Jede Begegnung im Leben ist eine Episode in Ihrem Lebensspiel und je nachdem, wie das Drehbuch lautet, spielen Sie mit Ihren Begegnungen ein konstruktives, hilfreiches Spiel namens „Lebenswerk" mit allem, was dazu gehört oder aber ein destruktives, kränkendes Spiel namens „Psycho". Bei den Spielen „Lebenswerk" fühlen sich Menschen oft viel wohler, als wenn sie Psychospiele spielen. Aber wie kommt man vom einen zum anderen? Um diese Spiele und die Frage, wie man sie verändern kann, soll es in diesem Buch gehen.

DAS RESONANZPRINZIP

4. MERKSATZ: WAS AUF EINER WELLENLÄNGE IST, FINDET SICH

Das Resonanzprinzip führt Sie mit schlafwandlerischer Sicherheit dahin, wo der Schmerz am größten ist. Die Seele ist wie ein großer Elefant, der Ihnen zeigt, wo ein Splitter im Fuss steckt. Da, wo die Anziehung am größten ist, sind die wichtigsten Aspekte für Ihr Persönlichkeitswachstum zu finden - auch wenn dieser Weg über Schmerzen führt. Diese Schmerzen wollen geheilt werden. Wer das versteht, wird vorsichtig, wenn Verführungen auf der Matte stehen, denn nicht alles, was sich anzieht, ist auch Liebe. Es ist erst einmal nur Entsprechung. Bei jeder Beziehung, die Sie eingehen, gibt es diese unbewusste Komponente. Vor allem Liebesbeziehungen können einen in die höchsten Höhen tragen - oder ins Bodenlose stürzen lassen. Ich möchte an dieser Stelle ausdrücklich sagen, dass Sie, um zu lernen, nicht jedes Mal ungespitzt in den Boden gehen und Ihre Schmerzen in toxischen Beziehungen auf die Spitze treiben müssen. Früher hieß es: „Drum prüfe, wer sich ewig bindet, ob er nicht doch was besseres findet!" und wer klug ist, der holt sich in all dem modernen Rennen die ein oder andere alte Weisheit wieder aus dem verstaubten Dachboden und macht Selbstreflexion zu einem wesentlichen Aspekt in seinem Leben..

Synchronizität und C.G. Jung

All diesen Überlegungen über das „Resonanzprinzip" liegt nach C.G. Jung[1] die Synchronizität zugrunde. Er schrieb in einem seiner Briefe ab Wolfang Pauli:

Synchronizität (altgriechisch σύν syn, deutsch ‚mit, gemeinsam‘ und χρόνος chronos ‚Zeit‘) sind zeitlich korrelierende Ereignisse, die nicht über eine Kausalbeziehung verknüpft sind (die also akausal sind), jedoch als miteinander verbunden, aufeinander bezogen wahrgenommen und gedeutet werden.

Das bedeutet, dass jeder Mensch das erlebt, was seinem Weltbild entspricht. Das Weltbild ist wie eine Matrix, ein Bild aus vielen Pixeln, die durch Erfahrungen entstanden sind. Ein Konglomerat an rationalen und emotionalen Überzeugungen. Was nicht im Lauf der Zeit auf rationaler oder emotionaler Ebene verändert wird, wiederholt sich im „täglich grüßenden Murmeltier". Da unbewusste Überzeugungen die Wahrnehmung stark beeinflussen, wiederholt ein Mensch seine Realität, bis er dazu lernt. Jeder, der schon mal einen Glaubenssatz in sich identifiziert und verändert hat, weiß, dass die

---

[1] Carl A. Meier (hrsg.):Wolfgang Pauli und C.G. Jung. Ein Briefwechsel 1932-1958

Welt sich schlagartig ändern kann und scheinbar Unabänderliches plötzlich verändert ist. Hier setzen die Möglichkeiten der Selbstgestaltung an, die Sie nutzen können, wenn Sie über die entsprechenden Informationen verfügen. Mit dem Orientierungsmodell „Wiegandscher Lotus" können Sie Schritt für Schritt die Selbstexploration vorantreiben. Bei dieser Arbeit, die Sie sich mit Hilfe des „Lotusbuches"[2] teilweise selbst aneignen können, ist es möglich ein aus den Fugen geratenes Leben wieder in Ordnung zu bringen. Ziel dieser Arbeit mit dem Lotus ist es immer, rationales Wissen mit Selbsterfahrung zu verknüpfen und die Stationen so erlebbar zu machen. Grundsätzlich kann jedes Leben in Ordnung gebracht werden, sofern sein Inhaber das möchte. Das Leben ist wie ein temperamentvolles Pferd. Je mehr man vom Reiten versteht, umso mehr Spaß macht der Ausritt.

Es gibt Überlegungen die nahelegen, dass sich die elektromagnetischen Zusammenhänge der Welt gerade ändern. Seien es Sonnenstürme, Polverschiebungen - die uns umgebenden Frequenzen könnten sich tatsächlich zu verändern. „Epochenwandel" hört man von vielen Seiten. Viele Menschen reagieren mit Stresszuständen und Gereiztheit auf die neue Situation. Doch egal, was die aufgeladene Situation im Moment erzeugt, wir sind alle in Resonanz damit - viele von uns in einer toxischen Resonanz und der beste Weg ist, sich dieser Resonanz bewusst zu werden und die inneren Blockaden individuell aufzulösen, auch wenn wir kollektiv gerade in Schwierigkeiten sind. Es ist nicht weniger als die Chance für die Spezies Mensch, ihr Bewusstsein auf das ethische Niveau zu heben, auf das es gehört. Der Mensch ist weit mehr, als das, was wir bisher über uns gelernt haben. Je mehr Skriptsätze Sie auflösen, um so leichter fällt Ihnen die Abgrenzung von gesellschaftlichen Massenphänomenen wie Panik oder Aggression und um so kraftvoller wird Ihr „Höheres Selbst" agieren. Krisensituationen mit

---

[2] Wiegand Tina , Das Lotusbuch - Ich bremse auch für Führungskräfte.

Selbstreflexion zu beantworten ist eine lohnende Angelegenheit. Es hilft dabei die Ohnmacht zu überwinden und in sinnvolle Aktion zu kommen, anstatt zu regredieren und auf den messianischen Retter zu warten. Das mit den Rettern ist sowieso so eine Sache:

Ein Retter-Beispiel:

Eine Klientin befand sich in einer schwierigen Phase als ihre Mutter durch ihren Sterbeprozess musste. Wenn sie sich nicht um ihre Mutter kümmerte, zog sie sich zurück und versuchte sich selbst zu stabilisieren. Eine Gruppe von Freundinnen schlug ihr vor, auf einen Kurzurlaub mitzukommen. Als sie mit der Begründung ablehnte, sie sei gerade eine Spaßbremse, wurden ihre Bekannten ärgerlich und warfen ihr vor, sich nicht helfen lassen zu wollen. Schließlich sei ein Urlaub etwas, wo sie Kraft tanken könne. Tatsächlich half die Klientin eher anderen, als selbst Hilfe in Anspruch zu nehmen, was sie in diesem Moment auch zugab. Sie vereinbarten also, dass die Klientin in den Kurzurlaub mitfahren würde, was sie bald bereute. Bereits auf der Fahrt gaben ihr drei der Damen ununterbrochen Hinweise auf irgendwelche spirituellen Zusammenhänge, die sie unbedingt beachten müsse. Als sie am Urlaubsort ankamen, waren die Nerven der Klientin bereits überstrapaziert. Irgendwann gab sie zu, dass sie die gut gemeinten Hinweise der Mitreisenden gerade nicht annehmen konnte. Daraufhin entbrannten einige Diskussionen darüber, wie der Sterbeprozess eines Elternteils zu bewältigen sei, wobei keine der Mitreisenden jemals einen Elternteil verloren hatte. Die Klientin versuchte irgendwie freundlich mit ihren wohlmeinenden Mitreisenden zu sein und sich dennoch abzugrenzen. Als eine der Damen meinte, sie habe in der Nacht die Elfen befragt und diese hätten gemeint, sie sei im Widerstand, beschloss die Klientin einen Spaziergang alleine zu unternehmen, was wieder auf großen Protest stieß. Doch diesmal bestand sie darauf. Unterwegs begegnete ihr die Wirtin des Hauses, das sie bewohnten. Diese hatte die Diskussionen offensichtlich mitbekommen, aber geschwiegen. Nun nahm sie die

Klientin freundlich am Arm und sagte nur: „Mein Mann ist vor 2 Jahren an Lungenkrebs gestorben. Es ist nicht schön, aber es geht vorbei." Die Klientin, deren Mutter ebenfalls an Lungenkrebs erkrankt war, entgegnete: „ich hab Angst vor dem, was da kommt" und die Wirtin sagte nur: „ich weiß!" Was bei der Klientin zu einem Schwall von Tränen führte. Danach war sie ruhiger und die beiden gingen auseinander. Die Wirtin wollte weder retten, noch glaubte sie, die Wahrheit zu kennen, die die Klientin benötigte. Sie hatte einfach nur eine Erfahrung schon gemacht, die die Klientin noch vor sich hatte und vor der sie sich fürchtete. Die Begegnung half der Klientin, die Retter Ambitionen ihrer Mitreisenden zu bewältigen. Diese konnten in Wahrheit mit ihrer belastenden Situation gar nicht umgehen und versuchten diese auf eine banalere Eben zu ziehen. Nach dem Motto „Urlaub hilft immer" wollten sie als Wohltäter der Klientin Dominanz über sie erhalten. Sie waren nicht in der Lage, ihr tatsächlich zu helfen, wollten aber dennoch die soziale Anerkennung für ihre Rettungsaktion.

Helfersyndrome sind aggressive, egozentrische Psychospiele, die der sozialen Anerkennung der Retter dienen sollen. Die Beziehung zwischen der Klientin und den Damen war nach der Reise beendet. Die Klientin hatte im Gegensatz zu den anderen eine am Lebenswerk orientierte, ehrliche Suchhaltung. So ging sie in Resonanz mit der hilfreichen Wirtin, die Balsam für ihre Seele war und ihr die Kraft gab, das, was vor ihr lag besser zu bewältigen. Sie wusste jetzt, dass es andere gab, die das Ganze vor ihr überstanden hatten. Und so ging sie tapfer durch die Zeit der Prüfung.

Die gleiche Skepsis empfehle ich dem religiösen Glauben an einen Messias gegenüber. Das Leben ist ein Entwicklungsprozess. Kaum findet man die richtigen Hebel, schon löst sich so manches im Außen auf. Wenn wir das alle betreiben würden, wäre die Welt mit konzentrierter Arbeit beschäftigt, anstatt mit Ohnmacht, Panik und der Frage, welche Pille man schlucken sollte.

ERIC BERNE, DIE TRANSAKTIONSANALYSE UND

PSYCHOSPIELE

Eric Berne hielt die tiefenpsychologischen Arbeiten eines Sigmund Freud für zu kompliziert. Er glaubte, die Wirkweisen der Seele durch die Analyse der Transaktionen mit anderen erkennen zu können. Er wollte psychische Anstöße und Reaktionen, „ohne quälendes Schürfen in der Vergangenheit" aufdecken. Daher war der „kalifornische Anti-Freud" der Meinung, es genüge, „den Mitmenschen auf der Bühne seiner Alltäglichkeiten zu beobachten, um die Regeln und Rollenschemata seiner Psychospiele zu erkennen".

In der Tat fand Berne großartige Ansätze, um das Verhalten der Menschen zu analysieren und schädigende Überzeugungen, in seiner Sprache „Skriptsätze" zu identifizieren und aufzulösen. In seinem Buch „Spiele der Erwachsenen"[3] beschreibt er toxische Interaktionen und ihre Hintergründe. Um eine Orientierung zu bekommen, ist die Lektüre des Buches hochinteressant. Doch bei näherer Betrachtung hinterlässt das Buch bei vielen Lesern ein Gefühl von Verwirrung. Erst nach einigen Jahren Erfahrung in der Psychotherapie erkannte ich einen möglichen Grund dafür. Viele der Beispiele im Buch enthalten Bernes eigene unbewusste ungelöste Muster. Seine Schlussfolgerungen verwirrten nicht nur mich. Ich erfuhr auch von anderen, die mir von einem ähnlichen Erleben berichteten. Das Buch löste einen „Nebel im Kopf" und Verwirrung aus.

VERWIRRUNG ALS HINWEIS

5. MERKSATZ - PSYCHOSPIELE VERURSACHEN „NEBEL IM KOPF"

Wenn Sie angesichts menschlicher Interaktionen das Gefühl haben im Nebel zu stehen und Verwirrung erleben, sind Sie sehr wahrscheinlich

---

[3] Berne Eric, Spiele der Erwachsenen, 1968

gerade mit der toxischen Interaktion eines Psychospiels konfrontiert. Vielleicht hätte Eric Berne gut daran getan, sich das „quälende Schürfen" in der Vergangenheit anzutun. Sein Lebensspiel beinhaltete den vorzeitigen Tod durch Herzinfarkt. Meiner Erfahrung nach sind die Ursachen für solche traurigen Schicksale oft in tieferen Verletzungen der Seele zu finden, deren Aufdecken nicht nur Mühe, sondern oft auch Schmerzen bereitet. Darauf gehe ich aber später noch näher ein.

Ich habe mich gerne von der Transaktionsanalyse inspirieren lassen und stehe dem Werk Eric Bernes und seiner Schüler voller Dankbarkeit gegenüber, habe aber später meine eigenen Überlegungen eingearbeitet, indem ich mich für das „tiefe Schürfen in der Seele", wenn auch nicht im Sinne Freuds, entschied. Sollte dieses Buch in Ihnen Verwirrung auslösen, lassen Sie mich es bitte wissen. Wer weiß, was sich in meinem Unbewussten noch alles tummelt :-).

Blechnapf oder Goldener Gral?

Verliebtsein ist ein bisschen wie eine Durchgangspsychose, die die Wahrnehmung eines Menschen vorübergehend trübt. So wird in dieser Zeit irrigerweise in manchem Blechnapf ein Goldener Gral gesehen. Nach etwa 6 Monaten ist der Anfall vorbei und der Blechnapf wird wieder als das wahrgenommen, was er nun mal ist - ein Blechnapf. Das heißt nicht, dass Blechnäpfe schlecht sind. Es bedeutet nur, dass man im Zustand des Verliebtseins den anderen nicht so sieht wie er ist. Es ist unfair, jemandem nach Abklingen des Verliebtseins vorzuwerfen, dass sie oder er nur das sind, was sie nunmal sind und nicht das, was man dank Liebestaumel in ihnen gesehen hat. Deswegen sollte man die Partner, auf die man sich einlässt, genau beobachten und auf ihre Echtheit prüfen. Aber noch viel wichtiger: prüfen Sie sich selbst, Ihre Absichten und Ihre unbewussten Verletzungen und machen Sie sich bewusst, was Ihr Lebenswerk sein soll. Wer die Heilung unabhängig von seinen Beziehungen anstrebt, braucht diese weniger innerhalb der Beziehung auszuleben und spielt lieber „Lebenswerk" als „Psycho". Dazu finden Sie Fragenkataloge im Anschluss dieses Buches.

VOM REGEN IN DIE TRAUFE

Nicht wenige Menschen erleben den „vom Regen in die Traufe" Effekt, wenn sie versuchen, ein Beziehungsproblem zu lösen, indem sie den Beziehungspartner austauschen. Erst wenn Sie anfangen, nach den verletzten Strukturen *in sich selbst* zu suchen und diese auflösen, können Sie sich befreien. Gehen Sie davon aus, dass Ihnen Ihre Beziehungspartner *immer* nur das spiegeln, was in Ihnen selbst unerlöst ist. Das bedeutet *nicht, dass Sie schuld an irgendetwas sind!* Es bedeutet nur, dass Beziehungen nach dem Grundsatz der Resonanz stattfinden und Sie nicht „Lebenswerk", sondern „Psycho" spielen. Die unbewusste Ebene und ihre Verletzungen sendet Signale aus, die leicht mit der gemeinsamen Wellenlänge verwechselt werden können. Die meisten stürzen sich ebenso kopflos wie verliebt in Beziehungen, die sie dann in die tiefe Verstrickungen bringen, die das Unbewusste bereit stellt. Echte Gefährten haben Gemeinsamkeiten, die stark genug sind, eine Beziehung aufrecht zu halten, wenn die Verliebtheit gerade Pause macht.

In Liebesbeziehungen ist die Gefahr der Verstrickung besonders hoch, aber unreflektierte Menschen spielen Psychospiele überall. Privat, im Beruf, mit den Kindern oder in der Freizeit. Das Unbewusste verhakt sich und schon ist der schönste Konflikt da, der einem die alten Überzeugungen wieder bestätigt. Hab ich's doch gewusst! Sagen sie dann und meinen damit, dass sie mal wieder ihre seelische Verletzung durch ein Psychospiel bestätigt haben. Mancher Verführung, die von vornherein Schwierigkeiten ankündigt, könnte man aus dem Weg gehen, wenn man den Braten riecht, das Muster erkennt und lieber einen Selbsterfahrungsprozess anstreben. Mehr dazu unter „Odysseus".

Aufbau eines Psychospiels

6. Merksatz: Auch Psychospiele haben Regeln

a) Der Köder

Jedes Psychospiel beginnt damit, dass ein Köder ausgeworfen wird. Der Köder ist eine Aussage oder eine Geste, die das Potential der Provokation in sich trägt.

„Hast du dir schon wieder neue Schuhe gekauft?", kann die schnippische Frage der neidischen Bekannten sein, die eine andere auf dem Kieker hat.

„Du bist ganz schön dick geworden!", kann der Beginn eines hasserfüllten Ehekrieges sein.

„Du wirst doch nicht diese (oder jene) Partei gewählt haben!", endet in eine wütende Stammtischkeilerei zwischen denen, die eigentlich Freunde waren.

„Du kritisierst die Migration? Bist du etwa rassistisch?", ein populäres Psychospiel in den Sozialen Medien, das nicht selten von Trolls befeuert wird, als Kampferklärung der Gesinnungshüter.

b) Der Wunde Punkt

Der Köder kann noch so giftig sein, wenn er nicht einen wunden Punkt des Spielpartners oder Kontrahenten trifft, nutzt das schönste Psychospiel nichts. Das Psychospiel entbrennt nur, wenn der Gegner es nicht schafft zu deeskalieren oder gleichmütig zu reagieren. Doch wenn der Köder den wunden Punkt trifft, wird es emotional. „Was hast du da gerade gesagt?"

„Wie kommst du dazu, mich als Nazi zu bezeichnen?" Oft gefolgt von der Rechtfertigungsarie: Mein Großvater war schließlich….

Doch gleich kommt die zischende Antwort mit kampflustigem Funkeln in den Augen und die Faust wird in der Tasche geballt.

„Na, dass du nicht gebildet bist, sieht man an deinem Profil!"

"Ach ja? Was weißt du denn schon…?"

Daran, dass Sie in einem verärgerten oder vielleicht sogar hasserfüllten äußeren, und vor allem danach folgenden inneren Dialog mit jemandem stehen, können Sie erkennen, dass Sie bereits im Spiel sind.

c) Wer sich rechtfertigt, hat verloren

Eine Rechtfertigung befeuert das Psychospiel. Der eine versucht Argumente zu bringen, der andere knüppelt sie nieder. Das kann schon mal ein paar Tage in Anspruch nehmen. Die Rechtfertigung zeigt dem Gegenüber, dass ein Schuldgefühl in Ihnen erweckt wurde und der Angriff gefruchtet hat.

„Ich kann nichts dafür, dass ich dick geworden bin. Ich hab eine Störung der Schilddrüse, das weißt du doch!" mag eine andere Spielerin antworten.

„Ich hab doch gesehen, wie du gestern zwei riesige Stücke Kuchen verspeist hast, erzähl mir doch nichts von einer Schilddrüsenstörung!"

Und die stolze Besitzerin der schicken neuen Schuhe sagt vielleicht: „Ja, meine alten Schuhe haben ein Loch und ich brauche neue für die Hochzeit meines Sohnes, sie waren auch gar nicht teuer!"

„Ach ja? Nicht teuer, von dieser Marke, aber nicht teuer?"

„Naja, so oft kaufe ich ja auch keine Schuhe!"

Die Rechtfertigung wird ihr nichts nutzen. Sobald die Gegenspielerin Schuldgefühle signalisiert, fährt die Einladende, die den Köder ausgeworfen hat, zu großer Form auf.

d) Die Eskalation

Nun wird aufmunitioniert. Köder und der wunde Punkt treffen und verhaken sich. Die beiden Kontrahenten sind miteinander verstrickt und beginnen, sich gegenseitig zu kränken, zu dominieren, zum Schweigen zu bringen oder anderweitig zu verletzen. Ein Wort gibt das andere, vielleicht wird es laut oder vulgär, vielleicht geht das neue Geschirr zu Bruch, vielleicht wird es handgreiflich oder gewalttätig. Die Ausprägungen sind vielfältig. Die Emotionen kochen und werden

13

verletzt. Manche erstarren, manche verstummen, andere schreien, wieder andere gehen. Wenn der Krach vorbei ist, bleiben Scherben übrig, seelisch und materiell. Das Unbewusste hat wieder einen emotionale Strudel erzeugt, der alle Beteiligten mitgerissen und

Vertrauen zerstört hat. Manche Beziehung steckt in einer Krise und wird beendet. Man hat Dinge gesagt, die man bereut und vielleicht hat man einen Menschen verloren, den man lieber an der Seite gehabt hätte. Wenn die Emotionen verraucht sind, kommt die Reue - oder die nächste Spielrunde, der nächste Konflikt und das ewig grüßende Murmeltier der unbewussten Muster.

e) Die Endauszahlung

Endauszahlungen sind die Unhappy Ends der Lebensskripte. Jedes Psychospiel hat eine Endauszahlung, ein unbewusstes Ziel, auf das die Schienen des Schicksals hinweisen - sofern es nicht vorher bewusst gemacht und neu entschieden wurde. Das Ende der Liebesbeziehung, das einsame Alter, der lebenslange Rosenkrieg, der vorzeitige, plötzliche Tod, das Drama eines schweren Verbrechens, eine schwere

Erkrankung, der Bergabsturz, der Verlust eines Kindes, ein Flugzeugabsturz oder der Tod in einem Krieg mit tausenden von namenlosen Opfern - all das sind Endauszahlungen von Psychospielen, die sich alle schon im Vorfeld angekündigt haben. Psychospiele, die verteidigt wurden durch sture, rigide Entscheidungen und Fixierungen, Oberflächlichkeiten, die kein Hinterfragen duldeten und sinnlosen Zeitvertreib. Unglückliche oder dramatische Endszenen der Lebensfilme, die der Mensch selbst geschrieben hat - ohne dass ihr oder ihm bewusst gewesen wäre, dass sie selbst die Regieanweisungen gaben.

f) Spielvermeidung Höflichkeit

Früher, an den Höfen der Adeligen lösten Kontrahenten ihre Probleme nicht selten mit gezückten Schwertern oder Degen. Dabei verletzten sie manchmal Unbeteiligte und das spritzende Blut verunreinigte wertvolle Möbel. Deswegen erfand man die Höf-lichkeit. Die Dame musste immer rechts vom Herrn gehen, damit sie nicht versehentlich verletzt wurde, wenn dieser plötzlich den Degen zog.

In elitären Kreisen verhält man sich heute noch nach strikten Regeln der Etikette, um die Eskalation der Psychospiele zu vermeiden. Auch wenn heute nicht mehr so leicht der Fehdehandschuh fliegt, die Political Correctness, die heute über Meinungskontrolle Konflikte zu unterdrücken versucht, wird bereits zum Regime, das Menschen ausgrenzt. Höflichkeit ist eben nur da hilfreich, wo dennoch ehrliche Worte gesprochen werden. Sie hilft, Situationen der Spannung zu entlasten. Doch alles, was „hinten rum" geschieht und dort nicht gelöst, entschärft und bereinigt wird, wird früher oder später zur Eskalation führen. Nach Eric Berne sind die einzigen Spiele, die nicht schädigen, die ehrlichen, echten, intimen Begegnungen und die halten auch Krisen und Auseinandersetzungen aus. Beziehungen, die dem Lebenswerk und der Entwicklung des Menschen dienen, ermöglichen in diese echte, liebevolle Verbindung, die gleichzeitig das Wachstum der Beteiligten fördert. Political Correctness verhindert genau diese wahren, echten Beziehungen und verwässert sie zu Scheinbegegnungen.

MANIPULATION ALS KÖDER

Die meisten Menschen möchten „gute" Mitglieder der Gemeinschaft sein. Darüber ist jeder manipulierbar und in der Regel bedeutet das, gegen den freien Willen beeinflusst zu werden. Das Wort Manipulation impliziert, dass das Gegenüber zu einer Handlung gedrängt wird, die ihrer oder seiner Überzeugung widerspricht. Abgesehen von Marketingstrategien und digitalen Datenpools, die Ihre inneren Knöpfe besser kennen als Sie selbst, ist Manipulation in einer unbewusst lebenden Gesellschaft völlig normal und weit verbreitet. Durch den weit verbreiteten Mangel an Reflexion verfügt jeder über genügend Knöpfe, die man drücken kann und schon stapeln sich in der Wohnung tausend neue Gegenstände, die man gar nicht braucht.

Das unsichtbare T-Shirt

Wunde Punkte werden quasi als Aufschrift auf ihrem unsichtbaren T-Shirt, für alle anderen wahrnehmbar, mit sich herumgetragen. Instinktiv treffen sich Menschen, deren T-Shirts miteinander räsonieren. Manche tragen unbewusst ein T-Shirt mit der Aufschrift „Opfer" und natürlich wird sich jemand finden, der die Täterschaft übernimmt. Manipulative Menschen suchen bewusst nach eben diesen wunden Punkten. Je niederträchtiger ein Mensch ist, desto größer die Chance, dass sein Raubtierinstinkt die wunden Punkte der anderen erfasst und Witterung aufnimmt. Es ist zum Beispiel gut möglich, dass die jungen Frauen, die durch Migranten zu Schaden gekommen sind, alles getan haben, um unter keinen Umständen rassistisch oder gar „rechts" zu gelten. Es wäre zu überprüfen, ob sie vielleicht ihre warnenden inneren Stimmen beruhigt haben, um sich in Situationen zu begeben, in denen ihr eigener Instinkt Zeter und Mordio schrie und versuchte zu warnen. Doch möglicherweise war der soziale Druck lauter. Es gibt keine gefährlichere Aufschrift auf dem T-Shirt als „Gutmensch", wenn Raubtiermenschen in der Gegend sind. Raubtiermenschen gibt es überall und in manchen Menschen ist die Hemmschwelle zu ihrem Raubtier brüchig und schwach. Ein wunder Punkt, der etwa eine Aufschrift „bestrafungswürdig" auf dem unsichtbaren T-Shirt erzeugt, lädt einen Gegner ein, der bereit ist, harte Spiele zu spielen. Je tiefer die Überzeugung, um so härter schlägt die Resonanz zu. Und bitte: ich schreibe hier über das UNBEWUSSTE! Echte Opfer laden nicht absichtlich zur Gewalt ein. Auch das Raubtiermenschentum ist nicht angeboren. Es ist eine Frage der Entscheidung gegen die Selbstbeherrschung und für das freie Ausagieren animalischer Triebe. Aber auch beim Täter spielt das unbewusste Lebensdrehbuch eine Rolle.

DIE GEFAHREN DER SPIELVERDERBER

7. MERKSATZ: SPIELVERDERBER HABEN'S SCHWER

Wer Dinge sagt, die Psychospiele auflösen können oder die Gefahren ausdeutscht, wird nicht selten als störend und als Spielverderber erlebt. Die Spielregeln der Psychospiele sind rigide und werden oft durch (psychische) Gewalt verteidigt. Der Ausstieg wird jedem erschwert, der schwankt oder die Anerkennung der Spieler braucht. Durch Anpassung entsteht die Täterloyalität, die die eigenen Werte verwässert.

Wer sich als Spielverderber betätigt, beispielsweise, indem sie oder er versucht, das Schweigen zu brechen, auf Ungereimtheiten hinzuweisen, Lügen aufzudecken und sich zu Wort zu melden, erlebt im Alltag der Psychospiele heftigen Gegenwind. Der Spielverderber hat es nicht leicht. Bringt er Fakten, wird er als Lügner tituliert. Erwähnt sie intuitive Wahrnehmungen als Argument, wird sie als paranoid oder hysterisch abgestempelt. Wer versucht, sich heldenhaft zwischen die Psychospieler zu werfen, gerät zwischen die Fronten. Das bestehende System wird jeden Spielverderber hart anfassen, denn das Ziel, die unter Umständen gewaltsame Endauszahlung, ist gesetzt und wird verteidigt, solange das Unbewusste nicht berücksichtigt wird. Erkenntnis würde Schock und Grauen auslösen, sodass alle erkenntnisfördernden Prozesse unterdrückt und bekämpft werden. Viele, die versuchen Hintergründe aufzudecken - und da sind wir noch lange nicht bei den unbewussten Zusammenhängen, sondern erst mal nur bei den Zusammenhängen, die offiziell kommuniziert werden - geraten ins Visier. Spielverderber müssen damit leben, dass sie verraten und verkauft werden, wenn es ernst wird. Psychospiele sind rigide. Deswegen werden alle, die dieses neurotische Ziel behindern wollen, um so härter bekämpft, je tiefer das Spiel greift.

ODYSSEUS UND DER SCHIFFSMAST

Wenn man alte Bücher wie den echten Knigge[4] liest, erfährt man viel über den Nutzen der Tugenden. Wer bereit ist, sich mit diesen zu beschäftigen, erfährt eine gewisse Orientierung im Leben. Eine Analogie dazu ist die Geschichte von Odysseus, der auf seiner Odyssee an einem Gebiet vorbeisegelte, in dem die Sirenen zuhause waren. Seeleute berichteten davon, dass diese wunderschönen Frauen so lieblich sangen, dass die Seeleute zuhauf ins Wasser sprangen, um ihnen nahe zu sein. Doch kaum waren die Männer im Besitz der Sirenen, verwandelten sich diese in böse Dämoninnen, die die Männer unter Wasser zogen, sie zerrissen und ertränkten. Odysseus wollte unbedingt den Gesang der Sirenen hören, aber nicht von ihnen gefressen werden. Also verstopfte er die Ohren seiner Crew mit Wachs und er ließ sich von der Mannschaft an den Mast binden. Als sein Schiff an den Sirenen vorbei segelte, hörte er den lieblichen Gesang und versuchte sich von den Fesseln zu befreien. Doch seine Männer hatten ihn mit Seemannsknoten befestigt und er kam nicht los. Er

---

[4] Knigge Adolph Franz Friedrich Ludwig Freiherr, Über den Umgang mit Menschen

schrie seine Kameraden an, ihn sofort loszubinden, doch sie hörten ihn nicht, denn in ihren Ohren steckte das Wachs und versiegelte das Gehör. So litt Odysseus die Qualen der unstillbaren Sehnsucht, bis die Sirenen außer Sicht gerieten und die Anziehung aufhörte. Erst dann machten ihn die Männer wieder los und er erkannte, dass er den Männern etwas getan hätte, hätten sie ihn früher abgebunden oder sich ihm in den Weg gestellt. So ungefähr läuft ein Psychospiel ab, was den Spielverderber anbelangt. Die Bindung an den Mast entspricht der Tugend der Selbstbeherrschung, die einen Menschen vor einer Sucht schützt, die durch die Sirenen symbolisiert sind.

Starke Prinzipien, wie beispielsweise Demut vor der Wahrheit oder eine starke spirituelle Ausrichtung können in einem Psychospiel die Kraft geben, sich nicht auf den Sog des Verführerischen einzulassen, das in den Untergang führt, sondern lebensbejahendere Wege zu finden. Doch Tugenden werden im Moment als aus der Mode gekommene Werte einer aussterbenden Generation verkauft. Der tugendhafte Mensch ist kein guter Konsument. Manchmal schmerzt es, wenn man zusehen muss, wie jemand in den Sog gerissen wird. Aber es will gut überlegt werden, ob man rettend eingreift. Viele Spielverderber, die ihr Unbewusstes nicht geklärt haben, sind in der Geschichte der Menschheit als Märtyrer gestorben.

REINIGENDE GEWITTER

Das Psychospiel wird nicht alleine durch die Eskalation definiert. Eskalationen kann es in jeder Beziehung geben. Auch da, wo „Lebenswerk" gespielt wird, können Meinungsverschiedenheiten aufkommen und zu leidenschaftlichen Auseinandersetzungen führen. Menschen sind temperamentvolle Wesen voller Lebenskraft und das sollen sie auch sein dürfen. Da, wo „Lebenswerk" gespielt wird, werden unbewusste Beziehungsmuster bewusst gemacht und überwunden, denn jedes erfolgreiche Lebenswerk integriert die Persönlichkeitsentwicklung. Abgesehen davon finden hier

Auseinandersetzungen nicht aus reiner Gehässigkeit statt oder aus der Langeweile eines Psychospielers heraus, der seinen Sinn im Leben nicht gefunden hat. Ein reinigendes Gewitter in einer gesunden Beziehung klärt den Blick, weist auf Ungereimtheiten hin und ermöglich, dieses zu bereinigen. Der „heilige Zorn" ist etwas, was jeder wohlmeinende Mensch in einem Psychospiel fühlen kann. Nicht jeder der schreit, hat Unrecht und nicht jeder, der laut wird ist ein Choleriker. Passiv aggressive Menschen können einen authentischen Menschen zum Wahnsinn treiben. Die destruktiven Aspekte eines passiv aggressiven Menschen sind nie laut, aber immer destruktiv, spaltend und blockierend. Heiliger Zorn kann heilen, aber nur da, wo Heilung erwünscht ist und das ist in unserer Gesellschaft auffallend selten der Fall. Dazu später mehr.

Höflichkeit beruhigt die Nerven, weil die Grenzen eingehalten werden. Doch da, wo diese Regeln so rigide werden, dass sie die echte Beziehung verhindern, schießen sie über das Ziel hinaus. Radikale Vertreter der Political Correctness sind nicht selten passiv aggressiv. Doch wenn missgestaltete Beziehungen nie durch Krisen gestärkt werden, geht die Echtheit verloren.

Aber versuchen wir erst noch besser, die Hintergründe der Psychospiele zu verstehen. Es ist immer wieder wichtig, sich vor Augen zu führen, dass in einem Psychospiel die Logik verkehrt wird. Alles, was zum negativen Ende führt, ist gut und das, was das negative Ende verhindert, ist schlecht.

Aber warum ist das so?

STROKES UND KICKS ALS WÄHRUNG DES PSYCHOSPIELS

8. MERKSATZ: PSYCHOSPIEL LOHNT SICH

Wozu aber diesen Streit hervorrufen? Qui bono? Wer profitiert davon? In allen toxischen Interaktionen geht es um Aufmerksamkeit. Berne nannte das „Streicheleinheiten", amerikanisch: „Strokes". Stroke bedeutet auch Schlag, Schlaganfall oder Schicksalsschlag und das zeigt an, dass es keine positive Form der Aufmerksamkeit sein muss, die die Akteure haben wollen. Wer als Kind mit Schlägen und negativen Zuwendungen aufgewachsen ist, kann durchaus dazu neigen, sich unschöne Situationen zu re-inszenieren. Nicht weil das so schön ist, sondern weil sie oder er das kennt. Wenn Sie also eine Partnerschaft mit einem misshandelten Menschen eingehen, dann kann es geschehen, dass Sie provoziert werden, bis sie kurz davor stehen, zuzuschlagen. Negative Aufmerksamkeit ist besser, als gar keine Aufmerksamkeit. Das gilt sogar für Pflanzen und Reis, was die Experimente von Masaru Emoto eindeutig gezeigt haben.[5] Er zeigte, dass eine Schale mit Reis, die er freundlich grüßte, gesund fermentierte, eine Schale die er beschimpfte, sauer wurde und die Schale mit Reis, die er ignorierte, verfaulte. Solche Experimente sollten uns zu denken geben. Denken Sie bitte dran, dass Politik und Werbebranche solche Dinge wissen und Sie damit manipulieren..

Das, was man kennt, ist Familie. Das amerikanische Wort „familiar", also „bekannt", zeigt den etymologischen Zusammenhang der Worte an: Familie ist da, wo es bekannt ist - auch wenn da die Prügel ist.
Wenn jemand weniger Energie hat als Sie, dann wird er Ihre Aufmerksamkeit an sich fesseln, unter Umständen in einer sehr negativen Weise. Wenn Sie das mit dem Reis vergleichen, dann heißt das „lieber sauer als verfault". Ihre Aufmerksamkeit gibt demjenigen dann genau das, was er will. Strokes - Aufmerksamkeit. In den Kontrolldramen, die ich im „Lotusbuch" beschrieben habe und die

---

[5] Emoto Masaru, Botschaften des Wassers

ebenso zu den toxischen Interaktionen gehören, werden die Streicheleinheiten mit „Lebensenergie" übersetzt, weil Aufmerksamkeit das Gefühl von Lebendig-sein verstärkt. Kinder schreien, wenn sie nicht genug Aufmerksamkeit bekommen und toxische Interaktionen der Erwachsenen sind dem Schreien des Kleinkindes ähnlich. Es nervt und man sendet Aufmerksamkeit dorthin, um den Störfaktor abzustellen.

Völlig unterschätzt wird auch die Abhängigkeit von körpereigenen Substanzen, die ausgeschüttet werden, wenn man andere dominiert. Mobbing beispielsweise sorgt bei den Mobbern für eine Gefühl von Triumph und Überlegenheit, wenn sie gemeinsam gegen jemanden vorgehen. Auch der Dorftratsch, bei dem über jemanden hergezogen wird, sorgt für befriedigende Gefühle. Die Herabwürdigung befriedigt denjenigen, der einen anderen erfolgreich kleiner machen kann, als er ist. Nicht selten ersetzt psychische Gewalt befriedigenden Sex, den sich die Betreffenden nicht verschaffen können. Die Herabwürdigung von anderen ist eine traurige und wertlose Befriedigung, aber Teil der Psychospiele der Verlierer. Es ist eine Frage des Anstandes und der Selbstbeherrschung, sich derartige Kicks zu verbieten und sich unabhängig davon zu machen. Das Spiel „Lebenswerk" ermöglicht genau das und darauf gehe ich später noch ein.

PLAUSIBILITÄT DES UNPLAUSIBLEN VERHALTENS

Durch die Berücksichtigung des Kampfes um Aufmerksamkeit und die Kicks, die durch körpereigene Hormone erzeugt werden, werden Handlungsweisen plausibel, die bei herkömmlicher psychologischer Betrachtungsweise eher rätselhaft erscheinen. Rätselhaft deswegen, weil Menschen erkennbar Entscheidungen treffen, die in die Selbstschädigung oder die Schädigung des Kollektivs münden, also negative Konsequenzen haben *müssen*. Wer das Kollektiv schädigt, in dem er lebt, schädigt sein eigenes Lebensgebiet. Wer die Natur über die Maßen schädigt, schädigt seine eigene Zukunft auf diesem Planeten ebenso, wie die von anderen. Wer andere immer und immer wieder gewaltsam unterwirft, der gefährdet seine Zukunft, denn Menschen können aufstehen. Geben ist seliger als Nehmen, weil es echte Nachhaltigkeit erzeugt. Doch in unserer unreflektierten Zeit werden Worte wie „Nachhaltigkeit" oder „Gemeinwohl" in ihrer Bedeutung pervertiert. Das ist eine Schädigung des Vertrauens des Kollektivs und die Führung zeigt damit, dass sie ein Verliererspiel spielt.

NICHT ANWESENDE DRITTE

Wenn zwei sich streiten, freut sich der Dritte. Der Nutzen der Situation kann auch ganz woanders, außerhalb der Beziehung der Konfliktpartner liegen. Die Mutter kann sich freuen, wenn ihr Sohn wieder zu ihr zieht und die Schwiegertochter als lästige Rivalin aus dem Spiel getrieben wird.

Beispiel:

Eine talentierte, fähige Führungskraft gerät immer wieder in seltsame Konflikte mit Kollegen. Bei näherer Untersuchung möchte seine Frau nicht, dass er befördert wird, da er dann zu selten zuhause ist. Er geht den Streitereien mit der Frau aus dem Weg, verlagert seine Konflikte aber unbewusst in die Firma. Dort agiert er sie mit Unbeteiligten aus. So entlastet er private, belastet aber seine beruflichen Beziehungen und verbaut sich seine Aufstiegschancen selbst. Bewusst möchte er seinen beruflichen Erfolg vorantreiben, doch unbewusst gehorcht er seiner Frau, die Psychospiele spielt, anstatt sich ihrem eigenen Wachstum zu öffnen.

9. MERKSATZ - DAS PSYCHOSPIEL IST IMMER UNBEWUSST

Das Drehbuch, nachdem negativen Transaktionen verfahren, ist unbewusst. Diese Frau kann sich selbst für unfähig halten und den Ehemann als Vaterersatz sehen, der ihr Leben bewältigen soll. In anderen Fällen kann es gut sein, dass das innere Kind eines Mann beschlossen hat, für immer und ewig bei seiner „armen" Mama zu bleiben. Der erwachsene Mann liebt seine Frau zutiefst und das letzte, was er möchte ist, dass sie ihn verlässt und er zu seiner Mutter zurück kehren „muss". Wenn dies geschieht, kann ihn das sogar brechen. Aber als Kind war er vielleicht, wie es nicht selten geschieht, den Manipulationen seiner besitzergreifenden Mutter ausgeliefert und hat aus seinem Trauma heraus lebenslangen Gehorsam beschlossen.[6] Es mag sein, dass der Mann schon mit 18 das Weite gesucht und vor seiner Mutter in ein anderes Land geflüchtet ist, aber sein Skript lässt ihn wie auf Schienen reagieren und letztlich erfüllt er unbewusst ihren Willen und kehrt als unglücklich Geschiedener in das Elternhaus zurück. Die Ursache für das konflikthafte Verhalten der Teilnehmer eines Psychospiels ist immer unbewusst und daher emotional, destruktiv und vor allem: unreflektiert. Für andere wiederum ist der Ausstieg aus einer toxischen Ehe der Einstieg in ein lebenswertes Leben. Es muss in jedem Fall heraus gefunden werden, welchen Mustern das Individuum unterliegt.

In den sozialen Medien sind in letzter Zeit wiederholt Videos über Jugendliche zu sehen, die offensichtlich in der Annahme leben, dass niemand das Recht hat, ihnen Gegenwehr entgegenzusetzen. Ohne irgendwelche Konsequenzen zu berücksichtigen - ein Verhalten, das für Jugendliche normal ist - provozieren sie mit Nachdruck. Zum einen können junge unerfahrene Menschen die Konsequenzen ihres Tuns nicht absehen. Zum anderen haben diese Jugendlichen offensichtlich in ihrer Erziehung keine Grenzen erhalten. Vielleicht tragen sie sogar die uneingestandene Aggression ihrer Eltern in die Welt. In einem Video konnte man beispielsweise beobachten, wie sie versuchten LKWs aufzuhalten. Völliges Entsetzen brach aus, als die Polizei harte Gegenmaßnahmen ergriff und ein LKW Fahrer, offensichtlich in Todesangst vor dem Mob, einfach Gas gab - was für einige junge Leute durchaus gefährlich wurde. Eine solche Reaktion

---

[6] 2005, Maaz Hans Joachim, Der Lilithkomplex

hatten die jungen Menschen vorher ganz offensichtlich nicht einkalkuliert und sie reagierten mit Fassungslosigkeit und Empörung. Das Spiel „Mama, der tut nicht was ich will" war hier nicht gelungen. Die Illusion der Unverwundbarkeit kann gefährlich werden. Diese jungen Menschen rechneten nicht mit Gegenwehr. Sie hatten nicht darüber nachgedacht, was sie auslösten und verließen sich darauf, dass ihr Spiel wie gewohnt zum „Erfolg", also dem Durchsetzen ihres jugendlichen Willens führen würde und sie den LKW Fahrer mit ihrer Grenzüberschreitung belasten durften. Sie führten an, jeder, der sich wehrt, sei „voll Nazi" und das dürfe ja niemand. Hier erkennt man die unreflektierten Werte der jungen Menschen, die letztlich zur Selbstschädigung führen.

PSYCHOSPIELE IN VERSCHIEDENEN „HÄRTEGRADEN"

Eric Berne unterschied drei Härtegrade von Spielen. Ich nutze gerne, vier Härtegrade, um eine weitere Differenzierung zu schaffen.

Spiel 1. Grades

Das Spiel 1. Grades dient der Unterhaltung, sorgt aber dafür, dass die Beziehungen oberflächlich und nichts sagend bleiben. Ein Übermaß an gesellschaftlichen Gepflogenheiten, wie die strikte Einhaltung von politischer Korrektheit oder vorgeschriebener Etikette lässt nur den flüchtigen Austausch über allgemein anerkannte Themen zu. Der berühmte Small Talk dient dem Zeitvertreib und die Wachstumschancen und Möglichkeiten, die in den Beziehungen liegen könnten, werden nicht erkannt. Das Erleben der Beteiligten bleibt schal und langweilig, was durch Masse statt Qualität wettgemacht wird.

Spiel 2. Grades

Das Spiel 2. Grades führt zu einem Konflikt, der sich immer wieder an den gleichen Themen entbrennt und nicht gelöst werden kann. Es scheint sich keine Entwicklung einzustellen und die Konfliktpartner bleiben in der Auseinandersetzung stecken. Frustration und Trennungswünsche sind die Folge. Spiele 2. Grades sprechen gut auf Mediation und Streitschlichtergespräche an. Anstatt in der Schuldigensuche steckenzubleiben, setzen sie auf Erhöhung des eigenen Bewusstseins.

Spiel 3. Grades

Beim Spiel 3. Grades werden die Auseinandersetzungen so massiv und sind so schwer zu lösen, dass einer der Spielpartner, manchmal aber auch beide erkranken. Die Konflikte lassen sich hier auch ohne professionelle Hilfe kaum noch lösen, denn die Verstrickungen liegen tiefer im Unbewussten. Stresserkrankungen und Krankheiten, die die Lebensfreude einschränken, sind die Folge.

Spiel 4. Grades

Im Spiel 4. Grades ist das Leben und/oder die geistige Gesundheit der Beteiligten gefährdet. Eine Psychose bricht aus oder selbst- und/oder fremdschädigende Reaktionen führen zu schweren Verletzungen oder gar zum Tod. Im Spiel 4. Grades sind vor allem Sicherheitskräfte und Noteinsätze von Krisenpersonal, oft auch das Eingreifen juristischer Fachkräfte nötig. Nicht selten spielt beim Spiel 4. Grades eine bewusste Schädigungsabsicht bei einem der Spieler eine Rolle. Das Ziel ist zu verletzen oder gar zu vernichten. Manche Ehen, die in einem Rosenkrieg enden, können Spiele 4. Grades sein, aber auch Straßenkämpfe, Überfälle, Kapitalverbrechen oder Betrugssituationen gehören hierher. Hier wird die Existenz eines Spielers aufs Spiel gesetzt und Ethik oder Moral haben ihre Bedeutung verloren.

Jedes Spiel kann in allen vier Härtegraden gespielt werden. Die Härte, mit der jemand spielt, hängt auch mit seinem Lebensskript, seinem Drehbuch zusammen. Dazu später mehr.

Um den positiven Erfolg einer Beziehung zu gewährleisten und diese bewusst zu gestalten, sind also Selbstreflexionsprozesse notwendig, die den unbewussten Anteil der eigenen Psyche berücksichtigen. Die Qualität der Beziehungsgestaltung wird durch andere mitgeteilt (Feedback).

Feedback-Kultur und Verbindung mit der Bereitschaft, an sich zu arbeiten, ist also die Voraussetzung für liebevolle Beziehungsgestaltung, die gleichzeitig die größtmögliche Individualisierung nach sich zieht. Der Mensch wird am Du zum Ich[7], denn nichts fördert die Entwicklung des Menschen so sehr, wie die zwischenmenschliche Kommunikation, die gemeinsame Krisen bewältigt.

Da, wo das Lebenswissen um diese Zusammenhänge fehlt, kann Kommunikation im gleichen Maße blockieren und Entwicklung verhindern. Wer den Grundsatz anerkennt, dass menschliches Leben sich *geistig* unendlich weiter entwickeln will und dies das einzige mögliche und unschädliche unbegrenzte Wachstum ist, wird sich mit der Lebensgestaltung wesentlich leichter tun.

BEGEGNUNG ALS SINN DES LEBENS

10. MERKSATZ: PSYCHOSPIELER STELLVERTRETEN DEN LEBENSSINN

Jede Begegnung ist also eine gegenseitige Beeinflussung, ein Informationsaustausch auf mehreren Existenzebenen. Jede Begegnung bewegt und verändert etwas im anderen. Jede Begegnung hinterlässt einen Eindruck und hat einen Sinn. Nach dem Sinn zu suchen, gibt dem Leben mehr Tiefe und Bedeutung. Psychospieler haben diesen Sinn in der Regel nicht gefunden und deswegen bleibt ihr Verhalten sinnlos, ebenso wie ihr inneres Erleben, das in die Leere mündet.

---

[7] Buber Martin, Der Mensch wird am Du zum Ich

Dieses Buch ist, wie alle Bücher aus der Soulfit Schmiede auch eine Einladung, mit inneren Bildern zu arbeiten. Deswegen schlage ich an dieser Stelle vor, sich den „Ein-Druck", den eine Begegnung hinterlässt, bildlich vorzustellen. Der Ein-Druck hinterlässt eine Prägung im energetischen Material unserer Seele. Manchmal eine sanft, wohlgefällige Welle, ein anderes Mal hingegen einen scharfen Schnitt. Der eine Eindruck mag etwas heilen und besänftigen, der andere aufwühlen und die scharfen Kanten der Wiederholung vielleicht sogar Narben hinterlassen. In der Begegnung mit anderen erleben wir unsere Grenzen oder die Überwindung derselben. Die einen helfen uns dabei, fliegen zu lernen und fördern uns, andere blockieren und stören unsere Entwicklung, indem sie das Wachstum unserer Seele deckeln. Jede Begegnung ist anders und folgt anderen Regeln, doch das Wachstum wartet immer darauf, von Ihnen anerkannt zu werden. Persönlichkeitswachstum als wichtigen Wert im Leben zu etablieren, ist eines der hilfreichsten Grundwerte im Fall einer Krise.

TOXISCHE INTERAKTIONEN

Die Zeit, in der dieses Buch entsteht, 2020/21 ist eine stürmische Zeit, in der toxische Interaktionen an der Tagesordnung sind. Beleidigungen sind inzwischen nur in Ausnahmefällen strafbar. Die Gesellschaft ist in tausend Fraktionen gespalten und jeder greift den anderen verbal oder auch körperlich an. Es ist kaum noch möglich, Desinformation von Information zu unterscheiden und die Haltung der Menschen schwankt zwischen kompletter Verwirrung, Kontrollsucht und Rechthaberei, um nicht von der eigenen Angst verschlungen zu werden. Die Menschenwürde spielt selbst für die Regierung keine Rolle mehr und Totschlag-Argumente ersetzen den Diskurs, parallel dazu werden viele von ihren traumatisierten und überforderten Mitmenschen mundtot gemacht. Informationen werden nicht mehr ausgehalten in diesem Seelensturm, den noch niemand in dieser kollektiven Form erlebt hat. Es herrscht ein unfassbarer

Informationskrieg und es ist kaum noch möglich, gut von böse zu unterscheiden. Es ist eine Zeit des Umbruchs und erst wenn sich in vielen Jahren der Staub gelegt hat, werden manche erkennen, dass hier die Endauszahlung eines gigantischen Psychospiels mit unzähligen Akten stattgefunden hat. Eine kindische Gesellschaft, die ihre wahren Werte verspielt hat, erlebt die systemischen Konsequenzen ihrer Oberflächlichkeit. Das, was jetzt auf sie zurollt, kann sie nicht abwehren. Die Gesellschaft leidet in diesem Durcheinander vor allem an ihrem Mangel an psychologischer Resilienz und bekommt diese Tatsache schonungslos vor Augen geführt. Doch all das ist Teil unseres Lebensdrehbuches und wir sind aufgefordert zu lernen und zu wachsen.

KINDHEIT ALS BLAUPAUSE FÜR DAS LEBEN

11. MERKSATZ: JEDER MENSCH SCHREIBT SEIN EIGENES LEBENSDREHBUCH

Innere Dialoge wiederholen in Endlosschleife die Dialoge der Kindheit. Es gibt die Stimme der Erziehungspersonen, Eltern, Lehrer, Großeltern, die die Kindheit geprägt haben. Manche Stimmen sind fürsorglich, vor allem, wenn das Kind krank ist oder Hilfe braucht. Andere Stimmen sind kritisch und maßregelnd. Die Stimmen des Eltern-Ichs stellen klar, was „man" zu tun hat und was nicht - wer immer „man" sein mag. Da Sie in der Kindheit noch keinen kritischen Verstand hatten, wurde die Haltung der Erwachsenen Ihnen gegenüber unter „Wahrheit über mich - so bin ich" abgespeichert. Viele Vorwürfe wirken noch heute wie Bannsprüche oder Einschärfungen nach. Verbote, die vor Jahrzehnten ausgesprochen wurden, können heute noch als Tabu- und Denkgrenzen gelten und manche Aussagen über Ihren Charakter, sind bis heute in einen Stein gemeißelt, aus dem Ihre Seele gar nicht besteht. Es ist wichtig, zu prüfen, ob das, was Sie glauben, nicht irgendwelche Berge versetzt, die Sie noch brauchen. Durch die Erlebnisse Ihrer ersten acht Jahre wurde ein

Glaubenssystem aufgebaut. Dieses Glaubenssystem, das aus Emotionen und Worten besteht, aus Regeln und Annahmen über das Leben ist Ihr „Weltbild". Dieses Weltbild wirkt wie eine Matrix, ein Schienensystem, auf dem Ihr Leben verläuft. Wenn Sie nicht reflektieren, sind die Aussagen darüber, wie Sie sein sollten oder dass Sie vielleicht den Ansprüchen nicht genügten, bis heute wirk-sam. Sie wirken, ohne Ihr Wissen, in Ihrem Verhalten, Ihrem Lebensverlauf. Solange Sie nicht reflektieren, ist dieses Weltbild Ihr Schicksal und entscheidet darüber, um welche Art von Geschichte es sich in Ihrem Leben handeln wird:

Eine Tragödie
Eine Komödie
Die Liebesgeschichte
Ein Thriller
Ein Psycho Thriller
Ein Action Thriller
Eine trockene Dokumentation
Ein Drama in mehrere Akten

Im Grunde kann jedes Film- oder Romangenre im Leben gespielt werden. Es gibt Drehbücher der Gewinner, der Verlierer, dramatische Drehbücher und Untergangs-Szenarien, Drehbücher so vielfältig wie das Leben selbst. Analysiert man die Hintergründe toxischer Interaktionen, stellt man fest, dass diese wie Szenen aus einem Drehbuch mit Unhappy End wirken. Jede Auseinandersetzung stellt ein Puzzleteil eines größeren, düsteren Bildes dar. Wie Szenen einer Tragödie, eines Dramas oder eines Thrillers reihen sich toxische Interaktionen aneinander und summieren sich zu einer Endauszahlung, die nichts mehr mit Dolce Vita zu tun hat. Anders als auf der Bühne, sind die Teilnehmer der Szenen tief miteinander verstrickt, oft in negativen Abhängigkeiten, sodass sie sich nicht aus der Umklammerung befreien können. Wie auf Schienen werden Sie von einer Szene zur nächsten gerissen, geraten in den Strudel von immer wirrer werdenden Verstrickungen, ohnmächtig auf dem Weg ins Dunkle.

Unterbrechen Sie doch einfach die Lektüre dieses Buches und denken Sie darüber nach, wie Sie als Regisseur Ihr bisheriges Leben gestaltet haben. Um was handelt es sich? Einen Thriller? Eine Romanze? Eine Odyssee? Eine Komödie? Wenn Ihr Leben einen Buchtitel hätte, wie würde dieser lauten? Und wie geht Ihre Geschichte aus?

TOXISCHE INTERAKTIONEN ALS SZENEN EINES DREHBUCHES

Dem Gesagten kann man vielleicht schon entnehmen, dass nicht jeder Regisseur ein Leben gestaltet, das harmonisch oder friedlich abläuft oder gar ein Happy End hat. Ein Psychothriller wird ein eher düsteres Bild abgeben, ein Horrorskript erschreckt, eine Tragödie ist zutiefst traurig. Daher werden auch Szenen geschrieben, die negative Gefühle erzeugen, die Angst machen oder vielleicht sogar in großen Schwierigkeiten enden. Kommunikationsstrukturen, die solche negativen Skripte unterstützen und dafür sorgen, dass sie auch entsprechend den Wünschen der Hitchcock Regisseure ablaufen, sind die toxischen Interaktionen der höheren Härtegrade. Toxische Interaktionen sind immer negativ und sorgen, zumindest auf lange Sicht gesehen, für eine negative Endauszahlung. Toxische Interaktionen können dazu führen, dass das Leben vergeudet wird, dass Talente nicht entwickelt, gute Ideen nicht umgesetzt werden oder sogar, dass gefährliche und schädigende Situationen, bis hin zu menschlichen Tragödien entstehen.

Um die inneren Dialoge und Konflikte besser zu verstehen, eignet sich das Strukturmodell der Transaktionsanalyse von Eric Berne.[8]

---

[8] Stewart Ian, die Transaktionanalyse

Das Eltern-Ich ist ein Introjekt der Verhaltensmuster ehemaliger Erziehungsberechtigter. Es kann kritisch oder fürsorglich sein und etabliert die Werte der Erziehung (man muss)

Das Erwachsenen-Ich ist rational, analytisch und sucht nach Lösungen

Geprägt durch unsere Verhaltens-muster als Kind

- Angepasst
- Rebellisch
- Frei

Das Eltern-Ich

Auch, wenn Sie Ihre Erziehungsberechtigten, seien es Eltern, Lehrer, ältere Geschwister oder andere Familienmitglieder kritisch sehen - das was Sie an Fürsorge erhalten haben, war genug, damit Sie heute hier sein können. Das fürsorgliche Eltern-Ich versorgt das Kind mit dem, was es zum Überleben braucht. Der Grad der Versorgung reicht je nach Reife der Eltern, von der Verwahrlosung bis zur Überbehütung. Liebevolle, reflektierte Eltern schaffen eine gute Mischung aus Behütung und Wachsen-Lassen, die dem Freiheitsbedürfnis des Kindes genau so gerecht wird, wie dem Wunsch nach Geborgenheit. Beides ist im Kind vorhanden und nicht selten geraten eben diese Pole miteinander in Konflikt. Das Kind will entscheiden, wann es zu essen gibt und wann es ins Bett geht. Manche Kinder möchten über ihre Eltern bestimmen und unkluge, unreife Seelen lassen sich tatsächlich von ihren Kindern dominieren. Andere wiederum sind mit der kindlichen Dominanz so überfordert, dass sie Gewalt anwenden oder gar die Kinder in die Elternposition zwingen, aus der heraus sie nun Mutter für die Mutter oder Vater für den Vater werden müssen. Unreife Eltern instrumentalisieren ihre Kinder auf mannigfaltige Weise. Reife Eltern jedoch, können der nächsten Generation Flügel verleihen, die die gesamte Gesellschaft weiter bringen.

Erziehung ist eine schwierige und anspruchsvolle Sache. In allem gibt es Ausbildungen und Qualifikationen, aber die Erziehung der Kinder unserer Gesellschaft unterliegt den Psychospielen der Erwachsenen und zwar unabhängig davon, ob diese Psychospiele in der Familie, im Kindergarten oder in der Schule stattfinden. Die gesamte Gesellschaft spielt. Die Kinder sind nicht erst in diesen Tagen Opfer der unbewussten, nicht aufgelösten Strukturen ihrer Eltern.

Auch Sie sind auf die ein oder andere Weise mit den Schwächen Ihrer Eltern und anderen Erziehungsberechtigten in Konflikt geraten. Es sind eben diese Konflikte, die sich in Ihrem Kopf wiederholen, solange, bis Sie sie aufgelöst haben.

Das Erwachsenen-Ich
Aleister Crowley, ein Schwarzmagier und umstrittener britischer Okkultist, um den sich viele unheimliche Geschichten ranken, sagte von sich selbst, er sei das Biest geworden, das seine Mutter in ihm

gesehen habe.[9] Seine Rolle als Bösewicht war also klar durch die Mutter definiert und so, wie es aussieht, war er auch klar entschieden. Mutter Crowley spielte so, obwohl sie nicht gut zu ihm war, jede Sekunde seines Lebens eine Rolle und vieles von dem, was er tat, war vermutlich auf eine Bestrafung der Mutter ausgerichtet - mit anderen Worten, alles andere als nett. Fragen Sie sich:

Ist Ihre Rolle im Leben durch Sie selbst definiert?
Welche Rolle spielen Sie in Ihrem LebensSpiel?

Krieg der Instanzen

Wie wir gesehen haben, hat die Zeit der Kindheit Verletzungen hinterlassen. Psychospiele bedeuten, dass wir Muster, die zwischen den Eltern und uns stattgefunden haben, wiederholen. Wir haben uns als Kinder auf die Eltern eingestellt und bestimmte Verhaltensmuster entwickelt. Wenn wir nun mit anderen Menschen konfrontiert sind, legen wir dennoch die gleichen Verhaltensmuster an den Tag. Unsere Gegenüber werden früher oder später dann auf diese Verhaltensweisen reagieren und zwar mit genau dem Verhalten, das wir schon von zuhause kennen.

MIR HILFT SOWIESO KEINER

Eine Klientin von mir fiel immer wieder in eine Erschöpfungsdepression, weil sie dazu neigte, sich zu überfordern. Sie schilderte ein Umfeld, das sie nicht unterstützte. Weder ihr Mann, noch ihre Familie waren auch nur im Ansatz hilfsbereit. Im Gegenteil es wirkte, als wären sich alle einig, dass sie für alles zuständig und mit zwei kleinen Kindern nicht ausgelastet sei. Diskussionen oder Absprachen fruchteten nicht und sie verfiel wiederholt in schwere Erschöpfungszustände, in denen sie nicht mehr leistungsfähig war. Interessanterweise war es in diesen Zeiten für ihr Umfeld überhaupt

---

[9] Crowley Aleister, Das Crowley Tarot,

kein Problem, sich zu organisieren. Das ansonsten scheinbar unfähige Umfeld funktionierte hervorragend, wenn sie es nicht mehr konnte. Doch wenn sie gesund war, war sie als fürsorgliches Eltern-Ich für die ganze Familie zuständig. Ihre Mutter instrumentalisierte sie, ebenso wie ihr Ehemann und stellte sich neben die Kinder, anstatt auf ihre Seite.

Bei näherer Betrachtung stellte sich heraus, dass sie den Satz „mir hilft sowieso keiner" so selbstverständlich als Reaktion aus ihrer Kindheit mitgebracht hatte, dass es auf ihrem unsichtbaren T-Shirt prangte. Das, was in ihrer Kindheit ein Überlebensmechanismus gewesen war, nämlich in der Lage zu sein, Bedürfnisse abzuschalten, wurde ihr nun zum Verhängnis. Sie überforderte sich, während sie nach außen erschien, als wäre sie in Kontrolle der Lage. Sie beschwerte sich nicht, sondern erledigte, was erledigt werden musste. Sie handelte rational und sachlich und war tatsächlich sehr kompetent in vielen Bereichen. Ihr Erwachsenen-Ich übernahm sachlich die Aufgaben. Aber sie hatte kein fürsorgliches Eltern-Ich für sich selbst übrig, ging über ihre Grenzen und negierte ihre eigenen Bedürfnisse, bis sie wieder zusammenbrach.

Nachdem wir die Verlassenheit und Enttäuschung ihres inneren Kindes über die unreife Mutter bearbeitet hatten, arbeitete sie mit der Autosuggestion: „mir wird ganz selbstverständlich geholfen!" Sie übernahm das fürsorgliche Eltern-Ich nun auch für sich selbst. Tatsächlich erlebte sie fast sofort eine weitaus größere Kooperation seitens ihres Familiensystems und das Psychospiel „Aschenputtel" war beendet und wich einer kooperativeren Zusammenarbeit.

DIE KUNST DER SELBSTERFAHRUNG

Das ist eine vereinfachte Darstellung der Auflösung eines Psychospiels dritten Grades. Dieses führte zur Erkrankung. Aber die Klientin war eine sehr verantwortungsbewusste junge Frau, die sich nicht auf den sekundären Krankheitsgewinn der Entlastung durch Krankheit einließ. Sie wehrte sich nicht gegen die Heilung. Sie war in Resonanz mit einer Familie, die sie nicht unterstützte. Die Resonanz wurde ausgelöst durch das Muster, die innere Überzeugung, das da hieß: mir hilft sowieso keiner. Diese Überzeugung, die früher auch tatsächlich wahr gewesen war, wirkte sich auf ihr Verhalten und Erleben aus, sodass die anderen nicht erkennen konnten, wenn sie Unterstützung brauchte. Auch ging sie mit sich selbst genau so um, wie ihre Mutter mit ihr umgegangen war, während sie allen anderen gegenüber ihre natürliche Fürsorge zum Ausdruck brachte. Ihre übermäßige Autarkie ließ auch in ihrem Mann das Gefühl wachsen, dass er nicht benötigt wurde und so zog er sich zurück und griff nur ein, wenn sie nicht mehr konnte.

An diesem Beispiel sehen Sie, wie man an scheinbar unverrückbaren Gegebenheiten durch Heilung eigener Verletzungen und Muster etwas verändern kann.

Betrachten wir das aus der Sicht des Strukturmodells, so befanden sich Eltern, Ehemann zusammen mit den beiden kleinen Kindern im Kind-Ich, das bei der Klientin die Fürsorge des fürsorglichen Eltern-Ich tankte. Ihre Ratio war auf das Außen gerichtet: wer braucht hier was und was muss ich als nächstes tun? Sie fragte niemals: wie geht es mir - bis die Batterien leer waren, denn ein Familiensystem, in dem drei Erwachsene in die Kind-Position einer jungen Mutter gegenüber gehen, muss die Schräglage überfordernd werden. In diesem Fall war es aber nötig, dass jemand von Außen ihr gegenüber in die fürsorgliche Rolle ging, um mit ihr nach den Ursachen der Schräglage zu forschen. Durch das Verständnis und die mütterliche Empathie von außen konnten sich die eingefrorenen Muster lösen und die Klientin hatte anschließend ein unterstützendes Mutterbild, mit dem sie ihr eigenes inneres Kind neu be-eltern konnte. Aus dieser Sicht begann sie Grenzen zu setzen und die Bedürfnisse ihres inneren Kindes zu kommunizieren. Ihr Umfeld reagierte in diesem Fall weit verständnisvoller, als sie erwartet hatte.

Die Kunst der Selbsterfahrung ist, herauszufinden, welche Aspekte Ihrer Kindheit brauchbar sind und welche nicht und die omnipräsente Anwesenheit Ihrer Eltern im Kopf zu durchbrechen. Die Guten ins Köpfchen und die Schlechten ins Töpfchen, ist die Devise. Das Kind ist abhängig und daher den Erziehungsberechtigten loyal, auch wenn diese gewalttätige oder ungute Persönlichkeiten sind. Die Kindheit kann man nicht mehr ändern, aber Sie sind mit einer analytischen Ratio ausgestattet. Ihr Verstand kann sich selbst und das eigene Verhalten und Denken hinterfragen und Ihr kreativer, gestalterischer Anteil kann die Dinge verbessern. Ihre inneren Muster obliegen ausschließlich Ihrer Entscheidung und Ihrer Neugestaltung, sofern Sie Ihre unbewussten Muster mit berücksichtigen.

Als Kind haben Sie das als Wahrheit angenommen, was Ihnen gesagt wurde. Als Erwachsene können Sie alles, was Ihnen gesagt wird und wurde, auf den Wahrheitsgehalt überprüfen. Sie haben sehr wohl einen Einfluss auf Ihr Erleben und Sie können neue Lebensentscheidungen treffen und dadurch Ihr Leben bewusster gestalten.

Sie haben als Kind ein Drehbuch geschrieben, das auf den ersten Blick in Stein gemeißelt zu sein scheint. Doch nach den Bewusstmachungsprozessen und der Anerkennung der zugrunde liegenden Emotionen, können Sie als Erwachsene das Drehbuch umschreiben und verbessern. Sie sind nicht nur RegisseurIn Ihres Lebens, sondern auch DrehbuchautorIn.

Das Kind-Ich

Ein Teil von uns wird auf gesunde Weise immer Kind bleiben. Wenn das innere Kind frei ist, fließt die Kreativität, man hat Lust, mit anderen etwas zu unternehmen und kann sich völlig zeitvergessen seinem Tun widmen. Liebeskummer, das Gefühl des Ausgeliefertseins, Existenzangst, Gier, archaische Wut, Resignation, Enttäuschung, Angst vor der Dunkelheit, Angst vor Spinnen und Mäusen, Angst krank zu werden, Todesangst, all diese beklemmenden Gefühle sind die Gefühle des unverstandenen Kindes, das auf eine Neubeelterung durch Sie wartet. Neubeelterung bedeutet, dass Sie selbst die Verantwortung für Ihr inneres Kind übernehmen und dafür sorgen, dass es sich optimal entwickeln kann. Über die Arbeit mit dem innern Kind kann man ein eigenes Buch schreiben.[10]

Da wir in einer Welt leben, in der Psychologie vorrangig von denen verstanden wird, die sie zur Manipulation missbrauchen, wird auch die Psychologie der Kinder noch nicht verstanden. Junge Eltern kaufen sich ganze Enzyklopädien von Ratgebern, denen sie versuchen zu entnehmen, wie sie sich „richtig" verhalten müssen, was sie dem Kind zu essen geben, welche Gesundheitsprophylaxen sie dem Kind geben müssen und so fort. Sicher meinen sie es gut, wenn sie das tun. Aber nur wenige Eltern geben dem Kind, was dem Kind WIRK-lich nutzt: ihren eigenen Selbsterkenntnisprozess. Grundsätzlich gilt, was nicht aufgelöst ist, muss die nächste Generation weitertragen.

Zwischen den Instanzen des Strukturmodells finden innere Dialoge statt: die Dialoge der Kindheit mit den Erziehungsberechtigten:
„Hast du wieder nicht aufgepasst? Sieh, was du wieder für ein Malheur angerichtet hast!"
„Aber ich kann doch nichts dafür!"
(ironisch) "Natürlich, du kannst nichts dafür. Wer denn sonst? Ein Geist etwa?" (Wegen dir)
„Aber...."
„Immer redest du dich raus. Du bist unerträglich!"

---

[10] Chopich Erika, Paul Margarethe, Arbeitsbuch zur Aussöhnung mit dem inneren Kind

Ein Kind, das einen solchen Dialog immer und immer wieder erlebt hat, könnte zu dem Schluss kommen, dass es wirklich unerträglich ist und sich später in der Folge die Bestätigung im Umfeld holen, die den Eltern recht gibt. Es ist möglich, dass es ein Drehbuch schreibt in dem es die Hauptrolle spielt, die immer wieder etwas Schlimmes anrichtet. Das Verhalten eines solchen Menschen ist, gelinde gesagt, anstrengend. Um die Hintergründe zu analysieren bedarf es der Fähigkeit „worst case" zu denken. Wir fragen also nicht, ist das richtig oder falsch, gut oder böse, was der Mensch da tut, sondern:

Wozu ist es gut?
Was löst das Verhalten in mir aus?
Wohin gehören die Emotionen?
Welches Spiel spielt sie oder er mit mir?
Welches *Negativziel* könnte das Spiel desjenigen haben?
Welche Rolle wurde mir gerade zugedacht?
Spiele ich gerade mit?

Ziel wird es sein, den zugrunde liegenden bewussten oder auch unbewussten Schwindel zu entlarven. Die einprogrammierten Transaktionen zwischen Erziehungsberechtigten und dem Kind, das man einmal war, steuern die Befindlichkeiten. Diese Befindlichkeiten und der Zwang, sie zu wiederholen, beeinflussen die Psychospiele im Außen. Wurde ein Kind von den Eltern zum Opfer gemacht, so wird das Opfer-Dasein als Erwachsener re-inszeniert. Dominierte das Kind die Eltern, wird es später möglicherweise in kindlich-tyrannischer Art andere Menschen dominieren. Wurde ein Kind missbraucht, kann es den Missbrauch als Täter oder Opfer re-inszenieren. Das Trickster-Kind verschaffte sich ein Überlegenheitsgefühl, indem es Lehrer und Eltern an der Nase herumführt. Damit war das Kind vermutlich erfolgreich. Überwindet der Erwachsene das Trickster-Verhalten aber nicht, fällt er eines Tages in die Grube, die er anderen gegraben hat.

Wenn Ihr Erwachsenen-Ich noch nie die Eltern und deren Wirkung auf Sie in Frage gestellt hat, dann kann es sein, dass Sie leichtgläubig sind. Leichtgläubigkeit ist etwas, was Sie unter Umständen in große Schwierigkeiten bringen kann, vor allem, wenn Sie den Falschen Glauben schenken. Insofern ist es auch eine Frage des Selbstschutzes, das eigene Erwachsenen-Ich einzusetzen und „das Böse" im Leben anzuerkennen. Auch in Ihrer Beziehungsfähigkeit nutzt Ihnen die Reflexion. Gestehen wir es uns ein: Wahre Liebe kann erst entstehen, wenn der Mensch in Freiheit ist. Ein Mensch, der sich nicht von den Fesseln der Erziehung befreit hat, kann nicht lieben, sondern bestenfalls seine Abhängigkeiten wiederholen und sich in Psychospielen verlieren. Je mehr ein Mensch seine Mutter idealisiert, um so größer die Chance, dass es sich um eine Horror-Mutter handelt.

HORROR-MÜTTER

Wenn ich hier von den Horror-Müttern spreche, möchte ich damit nicht sagen, dass Väter keinen schädlichen Einfluss auf ein Kind haben können. Doch die Erfahrung mit der Mutter ist eine Ur-Erfahrung, in der es um die Basis, den Beginn der Existenz geht. In der Frage „Leben oder nicht Leben" nimmt sie daher eine maßgeblich prägende Rolle ein. Natürlich haben auch Horror-Mütter ihre Gründe, warum sie die liebevolle Mütterlichkeit ablehnen, aber dazu später.

Woher kommt das Wort Horror? Laut dem DWDS (Das Wörterbuch der Deutschen Sprache): lat. horrēre 'starr sein, sich emporsträuben, schaudern, sich entsetzen'. Horror m. 'Schauder, Abscheu, Entsetzen','das Starren (Trauma), Sich aufsträuben der Haare, Schauder, Grausen, Entsetzen' aber auch 'Fieberschauer, Fieberfrost, Schüttelfrost'.

Das Leben eines jeden Babys ist seiner Mutter auf Gedeih und Verderb ausgeliefert und es „weiß" das auch, selbst wenn die Ratio noch nicht ausgeprägt ist. Menschen, deren Mütter versucht haben sie abzutreiben, tragen den Horror des Nichtgewollt-seins in sich. Wie die Göttin Kali kann eine Mutter in einem Kind den Horror, der oben beschrieben ist, auslösen. Das Ausgeliefertsein an die Mutter tut das seinige und so kommt es unter Umständen zu einer Idealisierung der Mutter, um diese Gefühle nie wieder wahrnehmen zu müssen.

Die bessere Göttin?

Es ist die Mutteridealisierung, die die hartnäckige Behauptung aufrecht erhält, dass Frauen die besseren Menschen sind. Eine Besserung des weiblichen Geschlechts und das Ausleben des vollen Potentials steht nur in Aussicht, wenn Frauen sich ihre unbefriedigte Niedertracht eingestehen und nach den Ursachen ihres Verhaltens forschen. Jedes negative Verhalten, also auch die Niedertracht, hat in irgendwelchen selbst erlebten Traumata oder den Traumata der Vorfahren ihren Ursprung. Deswegen ist es kritisch, diese psychologische Ebene nicht zu betrachten und die „Veredelung" des eigenen Charakters mit in die Liste der Lebensziele zu integrieren.

Gespaltenes Verhältnis zum eigenen Geschlecht

Genau so wenig wie die Nicht- und Muttermänner sind viele moderne Frauen Nicht- oder Vaterfrauen. Sie lehnen ihre eigene Weiblichkeit ab oder suchen sich einen Sugardaddy und nehmen den Kindern ihre Bedürfnisse übel. Sie reagieren eifersüchtig auf die aufkeimende Schönheit ihrer Töchter und kastrierend auf die heranwachsende Männlichkeit ihrer Söhne, anstatt großherzige, stolze Mitfreude an der eigenen Leibesfrucht zu zeigen. Kaum eine Frau in der modernen Zeit ist stark genug, sich der transformativen Macht der erotischen Kräfte vollständig hinzugeben,. Stattdessen walzt kontrollsüchtiger Feminismus alles platt, was der Frau göttliche Gefühle verschaffen könnte. Wenn Mutterliebe in der Egozentrizität einer unreifen Frau keinen Platz findet, wird das Kind fraglos Horror erleben. Diese Psychospiele in der Familie sind in unserer Gesellschaft eher Regel als Ausnahme.

Großmütter des Teufels

Wer aus seinen Psychospielen aussteigen will, muss sich auch diesen Wahrheiten stellen und nicht nur der scheinbaren Täterschaft der Regierung. Wer eine Tätermutter rechtfertigt und ihr Tun banalisiert, wird selbst zum Täter werden. Tätermütter bleiben immer im Hintergrund und schicken ihre Muttersöhne vor, um das zu tun, was ihnen pervertierte Befriedigung verschafft. Sie fallen nicht auf hinter der Großmannssucht ihrer Söhne, denn die Großmutter des Teufels wird einen Teufel tun, zu viel Aufmerksamkeit zu erregen. Welche Verwandlung eine Teufelsmutter erleben würde, könnte man sie von der negativen Besetzung der ungelösten Konflikte der letzten Jahrhunderte befreien, weiß man erst, wenn man genug Liebe aufgebracht hat, um das Teuflische in sich selbst zu verstehen, anstatt es zu bekämpfen. Der Weg wiederum führt durch die Anerkennung des eigenen Opferseins und das ist der unangenehmste Part. Ich für meinen Teil habe es bisher zum Respekt gebracht und zu der Fähigkeit, einige Ursachen des Bösen zu erfassen. Zur Liebe für das Teuflischce fehlt mir noch ein Stück. Aber sie müht sich redlich. Schauen Sie einfach nach, wenn ich das nächste Buch veröffentliche. Vielleicht bin ich dann ein Stück weiter.

Das Festhalten

Als Hypersensitive durch eine geldverliebte, mechanistische Welt zu wandeln ist manchmal herausfordernd. Das Schlimmste an dem Umstand ist, dass immaterielle Logiken, die völlig sichtbar und verständlich auf der Hand liegen, von Materialisten nicht gesehen werden. Das Offensichtliche ist für HSPler (Hypersensitive Persönlichkeit) fühlbar und spürbar. Materialisten haben keinen Bezug zu den elektromagnetischen Umständen um sie herum. Da, wo der Halt fehlt, brauchen Menschen es feststofflicher. Warum ist das so?

Mater-ialismus und unzuverlässige Mütter

Die unzuverlässige Mutter war nicht greifbar und sie hat nicht gehalten. Daher versuchen Kinder schwacher, unzuverlässiger Mütter als Erwachsene sich am Greifbaren zu orientieren. Zu schmerzhaft ist die Sehnsucht nach Liebe. Also wird sie abgeschafft, die Sehnsucht; und man tut so, als wäre das Nichtgreifbare, wie Liebe oder mütterliche Energie, nicht existent. Was nicht existiert, kann man auch nicht ersehnen. Man vergisst die telepathische Verbindung, die man als Baby mit der Mutter hatte und negiert den Schmerz, den ihre verletzenden Worte ausgelöst haben. Die panische Angst, die ihre Aggression als Reaktion auf die eigene Bedürftigkeit ausgelöst hat, will niemand mehr spüren. Die immaterielle Welt ist launisch und unberechenbar, so, wie die dunkle Mutter, der man so hilflos ausgeliefert war. Das Geld auf der Bank hingegen kann man in Zahlen sehen. Es ist berechenbar, kontrollierbar - im Gegensatz zu den unberechenbaren, traumatisierenden Launen der Mutter. Da, wo das Geld ist, da sind Freiheit und Sicherheit …

„Und dann kommen diese spirituellen Spinner und reden vom Loslassen.", hört man diese Materialisten schimpfen. Wer durch die Unberechenbarkeit seiner Mutter im Ursprung traumatisiert ist, wird sich schwer tun, mit solchen Aussagen. Da wo sie „loslassen" sollen, wartet das Gefühl von Grauen vor der Mutter, die sie abtreiben will, sie verdursten oder erfrieren lässt. Die Horror-Mutter, die einen in die Isolation packt, weil sie das Angstgeschrei und die Wut nicht hören will. Vielleicht wartet im Grauen auch die strafende Hand und der körperliche Schmerz über das tröstende Lieblingsspielzeug, das im Müll landete.

KONDITIONIERUNG ÜBER HUNGER

Bei Horror-Müttern weit verbreitet und immer öfter gerne angewandt ist die Konditionierung über das Essen. Diese Form der Folter wird auch in politischen Hungercamps angewendet, um die Menschen so zu konditionieren, dass sie gehorsam sind. Aus allen Gefangenenlagern der Welt wird berichtet, dass man nur dann etwas zu essen bekommt, nachdem man die erwünschten Kampfparolen skandiert hat. Für manche Kinder sieht ihre Kindheit genau so aus. Die Herrschaft über den Futternapf wird später nur ungerne anderen überlassen, wenn ein Mensch durch eine Horror-Mutter konditioniert wurde. Ohne Abendessen ins Bett... Sie kennen das sicher auch. Magenknurren als Strafe - in Verbindung mit existenzieller Angst.

Vor allem bei essgestörten Müttern oder denen, deren Umfeld unter der inzwischen weit verbreiteten übermäßigen Beschäftigung mit dem „richtigen" Essen leidet, ist Essen immer Thema. Die Mutter kontrolliert Kalorien: kein Zucker, kein Fett, nur Veganes, o.ä.. Einem Kind ist eigentlich ein natürlicher Appetit angeboren, der die Aufmerksamkeit auf die Nährstoffe richtet, die gerade benötigt werden. Es isst, solange es hungrig ist und hört auf zu essen, wenn es satt ist. Doch in unserer denaturierten Gesellschaft hat das natürlich Gesunde den Wert verloren. Der gesunde Appetit wird sofort aggressiv gedrosselt, der Babyspeck misstrauisch beäugt. Nur wenige können inzwischen zulassen, dass viele Kinder sich den Wachstumsspeck an futtern, um dann wieder in die Höhe zu schießen, in eine ungelenke, schlaksige Figur. Nein, das darf nicht sein. Alles muss kontrolliert werden und wehe, das Kind nascht oder Großmutter steckt ihm etwas Süßes zu. Dann ist der Teufel los.

WÜRSCHTL-SCHNAPPEN UND ESSSTÖRUNGEN

„Würschtl-schnappen" nenne ich Spiele, die mit den kollektiven Essstörungen zusammenhängen. Dazu habe ich bisher bei Berne nichts gefunden, vielleicht, weil es das in dieser Ausprägung zu seinen Zeiten noch nicht gab.

Vertrauensverlust - Denaturierte Nahrungsmittel

Durch die Beimischung von chemischen Giftstoffen in denaturierte Nahrungsmittel ist Vertrauen in die Lebensmittelindustrie nicht angebracht. Nur wenige Menschen lernen das Kochen und den selbstverständlichen Umgang mit Lebensmitteln und greifen daher zu billigen Fertiggerichten, die mit Aromen so angereichert werden, dass sie scheinbar schmecken. Warum tut eine Nahrungsmittelindustrie das? Wenn wir davon ausgehen, dass Muster, die Ernährungs-thematiken beinhalten, vorrangig Mutterthemen sind, so kann man davon ausgehen, dass der Ursprung der narzisstischen Umsatzgier der Industrie ebenfalls in kollektiv verunglückten Mutterbeziehungen zu suchen ist. Denaturierte Nahrungsmittel sind keine Lebensmittel, sondern Füllstoffe. Übersetzt man das Muster, wäre das die Mutter, die ihre Kinder mit dem Nötigsten abfüttert, aber weit von dem Land entfernt, wo gesunde, natürliche, nährende und süße Honig-Milch fließt. Und genau da finden wir die Nahrungsmittelindustrie, die Angst vor dem Mangel verbreitet, um irgendwas halbwegs verdaulich Zusammengepantschtes zu verkaufen. Es ist voller Giftstoffe, aber die Versorgung ist sicher. Die Nahrungsmittelindustrie ist das Äquivalent zur mangelhaften Mutter, kann aber nur so fungieren, weil viele Menschen die Erpressung über Essen durch ihre Mütter erlebt haben, als sie noch abhängig und klein waren.

Gestörtes Essverhalten

Wenn der Umgang mit dem Essen seine Natürlichkeit und Selbstverständlichkeit verliert, spricht man von „gestörtem Essverhalten". Die Übergänge von harmlosen Diäten und einzelnen Heißhunger-Anfällen zu einer pathologischen Essstörung sind fließend. Denken Sie dran, es gibt eine ganze Diätindustrie mit Zuckerersatz und Fettentzug und künstlichem Ersatz von angeblich dickmachendem Natürlichen. Was wäre die Diätindustrie ohne Horror-Mütter? Eigentlich müssten sie extra bezahlt werden.

Lebensmittel werden zum Lebensinhalt, die narzisstische gedankliche Beschäftigung mit Äußerlichkeiten wie Figur und Gewicht bekommt zwanghaften Suchtcharakter und das Essen und satt sein wird mit Schuldgefühlen verknüpft. Dass das nicht gesund für das Verdauungssystem sein kann, liegt auf der Hand. In Japan sagt man, dass das Essen auch die Seele befriedigen muss und es wird Zeit, dass wir uns an solch "venusische" Genüsse erinnern.

Essensentzug als Strafe

Mütter, die ihre Kinder über Essensentzug strafen, setzen das Kind der gefühlt existenziellen Bedrohung aus. Das Kind weiß nicht, wann und ob es in seiner Abhängigkeit wieder etwas bekommt. Gleichzeitig verknüpft diese Form der schweren Misshandlung das Essen mit Gefühlen von Scham, Schuld, Versagen. Der Triumph ist bei der Mutter, wenn dieses nun im traumatischen Gehorsam tut, was sie sagt. Es sei denn, das Kind übernimmt Triumph und Macht, macht sich unabhängig von seinem Hunger und damit von der dominanten Mutter. Essen wird nun verweigert oder nur unter bestimmten Bedingungen angenommen. Die fast verhungerte Gestalt des Kindes zeigt der ganzen Welt, wie es um die Beziehung zur Mutter steht. Nichts entlarvt die Unfähigkeit einer Mutter mehr, als eine Essstörung und das sichtbar unterernährte Kind. Emotionaler Hunger wird abgestellt, zusammen mit dem körperlichen Hunger. Jegliche Form von Bedürftigkeit, Wut, Trauer, Stress, Angst, Freude, Einsamkeit oder Hilflosigkeit werden kontrolliert und vor der Mutter (der Welt) verborgen.

Anorektische, also magersüchtige Frauen sind oft sehr leistungsorientiert, um ihre Unabhängigkeit (von geizigen Mutterfiguren) zu gewährleisten, während die „gemütlichen dicken" Adipositösen durch Essen ihre von Existenzängsten gemarterten

Nerven beruhigen. Die Bulimikerinnen schlingen Berge von Essen, um diese dann wieder auszuwürgen und auch die Fixierung auf Diäten ist pathologisch. Wer sich länger als 3 Stunden am Tag mit Essen beschäftigt, ohne für die Versorgung einer Gruppe zuständig zu sein, sollte das bereits als Alarmsignal ernst nehmen. Durch übermäßige Beschäftigung mit Essen oder Nicht-Essen findet nicht selten eine Kompensation statt. Wer sich als Kind ausgeliefert fühlte, sorgt vielleicht immer für einen großen Vorrat und dafür, dass immer Zugang zu genügend Essen gegeben ist. Manche werden niemals die Kontrolle über Kühlschrank und Kochtopf abgeben. Alle Essstörungen sind Machtkämpfe zwischen Mutter und Kind. Die Mutter hängt die Würschtl (den Brotkorb) sehr hoch, das Kind schnappt im Überlebenskampf danach - oder irgendwann eben nicht mehr. Wenn Sie so ein Kind waren, geht es darum, in Ihrer inneren Überzeugung eine größere Urgeborgenheit zu etablieren.

12. MERKSATZ: ALLE PSYCHOSPIELE HABEN EINE ENDAUSZAHLUNG

Wenn die Horror-Mutter oft genug „Wenn du nicht wärst" gespielt hat, könnte es sein, dass das Kind sagt, „gut, dann gehe ich eben!" und auf eine Endauszahlung zusteuert. Junge Menschen, die in ihren Essstörungen nicht mehr durch Zwangsernährung gerettet werden können, haben in einem psychotischen Wahn ihren Körper immer als etwas erlebt, was „zu viel", „zu dick" war und im Grunde Suizid durch Selbstverhungern begangen. Sterben die jungen Menschen dann an der Unterernährung, erfüllen sie, was sie aus dem Verhalten der Mutter als Kleinkind geschlossen haben: Der Wunsch der Mutter wirkt, als wäre es ihr lieber, wenn das Kind nicht existieren würde. Also gehen sie aus dem Leben. Manche dieser Mütter ergehen sich dann in dramatischer Trauer, die irgendwie aufgesetzt und wie eine Inszenierung wirkt. Spätestens dann wird klar, dass das Kind seiner Mutter aus Liebe die Bühne für die Selbstinszenierung bereitet hat. Der Machtkampf zwischen Mutter und essgestörter Tochter kann wie ein heftiger, rigider Kampf um Leben und Tod in aller Härte ausgefochten werden - und in letzter Konsequenz ist er das auch. Leben oder nicht leben, essen oder nicht, das ist hier die Frage.

Essstörung und Umsatzjagd

Zu 90% sind es Frauen, die an Essstörungen erkranken. Die emotional ungenährten Männer neigen eher zur Umsatzjagd und dem unverantwortlichen Umgang mit den Ressourcen des Kollektivs. In einer Welt, in der das Geld mit Existenz gleichgesetzt wird, sind Umsatz und Nahrung emotional verwandt. Wer unter der Brücke landet, hat auch nichts zu essen. Der Obdachlose ist das ultimative Beispiel für das vernachlässigte, nicht bemutterte Kind, das im Kalten darben muss. Viele Menschen in der modernen Gesellschaft fürchten nichts mehr, als dieses Schreckensbild. Schon den Kindern in der Schule wird von sadistischen Lehrern dieses Bild in Aussicht gestellt, wenn sie im Diktat zu viele Fehler machen. Viele Menschen, die nach außen hin perfekt funktionieren und der Angst durch Überleistung aus dem Weg gehen, fühlen sich leer und folgen dem Zwang, sich Sicherheit durch immer mehr Materielles zu zementieren. Doch wirklich satt werden sie nie.

Der Mangel an Urgeborgenheit zieht auch den Mangel an Sinn nach sich. Materie ist immer ein schlechter Ersatz für das Immaterielle. Wer nicht reflektiert, bleibt in der kargen Mutterbeziehung hängen. In Bezug auf das Essen fühlen viele das chronische schlechte Gewissen, weil man sich satt oder das falsche isst. Der Erwachsene vergisst seine Not als Kind, aber es bleibt das Gefühl, als müsste man nach Würstchen schnappen, die immer etwa einen Zentimeter zu hoch hängen.

Manche Menschen fühlen sich so, wenn es darum geht, den Lebensunterhalt zu bestreiten. Es reicht einfach nie, so dass man sich entspannen könnte. Wenn Sie so jemanden kennen, fragen sie mal, ob immer genug zu essen auf dem Tisch stand oder die Mutter die

Mahlzeiten so portioniert hat, dass die Kinder um das Essen balgen mussten, um sich gegenseitig einen Happen abzujagen.

Betrachtet man allein die Essens-Spiele in unserem reichen und doch so armen Land, fühlt man sich wie in einem gigantischen Kindergarten, in denen alle mehr oder weniger an den Würschteln hängen, die über unsichtbare Fäden mit ihren Mütter verknüpft sind.

Transgenerationale „Hungergames"

So lange Eltern ihre unbewussten Anteile nicht berücksichtigen, werden sie nicht einmal wissen, dass sie unbewusst mit schweren transgenerationalen Konflikten wie den Geschehnissen in den Rheinwiesenlagern, den Hungercamps und den totgeschwiegenen schweren Hungersnöten verbunden sind, die ihre Großeltern und Urgroßeltern überlebten oder eben nicht. Ich möchte betonen, dass ich mich auf diese Zusammenhänge aus psychologischen und nicht aus politischen Gründen beziehe. Umerziehung über Hungersnöte ist eine ganz normale psychologische Kriegspraxis und unsere Genetik weiß das ebenso gut wie unser Unterbewusstsein. Im Kerker bei Wasser und Brot - das erlebten schon immer diejenigen, die das Falsche taten oder glaubten. Wer Macht hat, missbraucht sie gerne als Herrscher über den Futternapf und das wird er allen zeigen, die nicht nach seiner Pfeife tanzen. Wer das Essen beherrscht, herrscht über Leben und Tod. Das wird nur getoppt von denen, die über das Wasser oder noch krasser, über die Atemluft herrschen. Warum? Auf das Essen können Sie 3 Wochen verzichten, auf das Wasser 3 Tage, auf den Atem allerdings nur 3 Minuten.

Das wahre Gold nicht erfassen können

Doch das ist genau der Grund, warum viele in Psychospielen verhaftet bleiben. Sie können das wahre Gold der Erde nicht erfassen, denn es ist nicht greifbar. Man kann es erfühlen, aber nicht begreifen. Jeder sucht danach, aber meist an den ver-kehrten Stellen, weil die Historie verdreht ist. Man kann sicherlich sagen, dass alles, was wir in der Schule gelernt haben, falsch ist. Es wurde ent-muttert. Das wahre Gold der Erde ist aber das, was die gesunde, liebevolle *Beziehung* zur Mutter hervorbringen kann. Die Beziehung zur Mutter ist das Immaterielle Gold, die Milch und der Honig des Garten Edens, am Beginn des Lebens. Echte Mutterliebe hinterlässt eine energetische Ressource, von der ein Mensch ein Leben lang zehren kann. Die Ressource ist nicht die körperliche Mutter, das Tor, durch das wir in diese Welt gekommen sind. Es ist die Energie, die Erfahrung von geschützt, geliebt und angenommen worden sein, was sie im Kind hinterlässt. Erfahrungen von Geborgenheit, Gesundheit, Entspannung, Orientierung, Schutz, Wärme und Lächeln, die den Menschen die Möglichkeit geben, nach dem Richtigen und Guten zu streben. Wer zu viel egozentrische, dunkle Mutter abbekommen hat - und das haben die meisten - muss oft ein Leben lang arbeiten, um zur Energiequelle, der Mutter alles Existierenden vorzudringen. Egal, ob Mann oder Frau, die Beziehung zur liebenden Mutter ist die Voraussetzung, später in einer guten Beziehung sein zu können und Liebe zu finden. Die „Ver-Suchung" bedeutet, dass man die vergiftete Muttermilch sucht, die einen am Schluss selbst vernichten wird. Giftmilch kann viele Kicks, Machtverliebtheit und Triumphe einfahren - aber niemals lebendiges Wachstum des Seins. Versuchung bedeutet, an der falschen Stelle das zu suchen, was wahre Nahrung der Seele sein kann.

Feminismus, Horror-Mütter und die Kirche

Was wird aus einem kleinen Jungen, der in der Atmosphäre einer Horror-Mutter aufgewachsen ist? Wird er Frauen lieben? Wohl eher nicht. Vielleicht wird er Pfarrer, Bischof, Kardinal oder Papst? Keiner von diesen Männern wird heiraten. Dafür halten sie andere in horrenden Ehen fest, bis dass der Tod sie erlöst. Haben Sie schon jemals die Beichte eines Kirchenmenschen gehört, in der er beschreibt, wie er Opfer seiner Mutter wurde? Wie steht es um die Idealisierung einer gleichzeitig völlig kastrierten Mutter Maria und dem überbordenden Materialismus der christlichen Kirchen? Die unbefriedigt zurück gestoßenen Frauen wenden sich dem Feminismus zu und hassen grundsätzlich alles Männliche. Doch ist auch das letztlich nur die verletzte Liebe derer, die von den mutterverletzten Männern gemartert und zurückgestoßen wurden. Sieger sind weder die Kirchenmänner, noch die Feministinnen. Keiner von beiden wird jemals gewinnen. Siegerinnen sind in diesem unguten Spiel die Horror-Mütter und Verlierer alle anderen - inklusive der Liebe.

Venus Herrscherin des Stiers

Betrachtet man einen alten Alchemistischen Grundsatz, so sollte die nährende und mütterliche Venus die Herrscherin des Stieres sein. Der Stier, der den endlosen Reichtum von Mutter Erde repräsentiert. Venus hatte die Aufgabe, diesen Reichtum zum Wohle der Menschen einzusetzen, doch sie wurde verdrängt. Heute sitzt die Kirche auf den Reichtümern der Welt, beherrscht und schlachtet den Stier. Die mutterverletzten Muttersöhne raffen und scharren den Reichtum, um ihn zu besetzen und zu besitzen. Lieber lassen sie Menschen durch politische Interventionen verhungern, um ihre Deutungshoheit aufrecht zu halten, als mit offenen Händen zu geben. Von goldenen Thronen predigen die neurotischen Gierschlünde Großzügigkeit und Barmherzigkeit, ohne selbst auch nur ein Jota von ihrer Beute abzurücken. Die Gesellschaft unterliegt einem großen Spiel, das sich auch im Kleinen widerspiegelt, denn alle diese Muster sind skalierbar. Das bedeutet im Klartext, sie sind von kleinen Systemen, beispielsweise einer Zweierbeziehung auf große Systeme anwendbar. Wir bleiben hier bitte auch nicht im Vorwurf, denn wir alle sind Hologramme des Großen Ganzen. Die Welt ist, so wie wir sie erleben, auch in unserem Inneren abgebildet. Der Geist der dunklen Mutter ist überall und überschattet die ganze Welt - im Außen, aber auch in uns selbst. Bevor Sie also die Kirche oder die Würdenträger verurteilen, machen Sie sich bitte bewusst: Ihre Genetik ist so von Erlebnissen mit und um die Kirche herum durchdrungen, dass sie ein Teil von ihnen geworden ist. Ihre Vorfahren haben über Generationen hinweg mit der Allgegenwart der Kirche gelebt. Selbst, wenn Sie glauben, damit nichts zu tun zu haben, dürfte dieser Aspekt Ihr Leben maßgeblich beeinflussen. Arbeiten Sie mit der Vorstellung, dass die Kirche über Ihre Vorfahren ein Teil von Ihnen ist. Solange Sie das Problem in sich selbst nicht erlösen, kann die Liebe im Außen belastet sein.

Frauen und Kirche

Jeder kann sehen, was Angehörige der Kirche den Frauen seit Jahrhunderten angetan haben und antun. Doch sie rächen sich nicht an ihren Müttern, sondern an den unschuldigen Frauen. Die Eisenfaust, in die sich manche Männer verwandeln, wenn eine Frau ihnen ihre Zärtlichkeit entgegenbringt, hat sicherlich ihren Ursprung in der eigenen Mutter, aber auch in dem genetisch verankerten Horror, den die Handlungen der Kirche als Trauma in unseren Vorfahren hinterlassen hat. Die rohe Bigotterie, die Frauenfeindlichkeit der Institutionen selbst - bei den Protestanten mehr die gesamte Ablehnung von Lebenslust und Freude und die Bevorzugung von grauem Beton. Die katholischen Würdenträger, Männer in Frauenkleidern, wollen unter sich bleiben. Bestenfalls dürfen manche Frauen als Köchinnen mitspielen. Die Geldflüsse der weltzerstörenden Kriege fließen auch den Kirchen zu, wenn sie nicht sogar die Hauptprofiteure sind. Wenn die Nichtmänner in Frauenkleidern die Soldaten segnen, die in den Krieg ziehen, hinterlässt das ein ebenso seltsames Gefühl, wie die Tatsache, dass so viele kleine Jungs weltweit in kirchlichen Einrichtungen untergebracht sind. Der Geist der Horror-Mütter scheint über allem zu schweben und unter ihrem dämonischen Druck verdrehen sich die gequälten Kinderseelen in die Perversion.

Ist das der Grund, warum in den theologischen Disziplinen der katholischen Kirche heute noch Dämonenlehre gelehrt wird? 2014 erkannte Papst Franzsikus die internationale Vereinigung der

Exorzisten (AIE) offiziell als private rechtsfähige Gesellschaft an. Aber ob diese mit den Geistern dunkler Müttern fertig wird, kann ich nicht ermessen.

Die personifizierte Böse

In der katholischen Lehre selbst wird die Frau als das Dunkle, das Böse betrachtet und wer eine Horror-Mutter hatte, wird das unwidersprochen annehmen. Auch die Protestanten sind tief in kriegerische Tätigkeiten verstrickt und in der Historie nicht gerade für ihren zartfühlenden Umgang mit Frauen bekannt. Wer grauen Beton bevorzugt, kann das Land in dem süße Muttermilch floß unmöglich erlebt haben. Es sollten also die, die diesen Luxus erfahren durften, nicht auf die herab blicken, die im kargen Mutterschatten gerade so überlebten.

Ich kann es einem Mann, der solch eine Mutter erlebt hat, zunächst nicht verdenken, dass er keine Frauen mag. Offiziell wird ja nun behauptet, das Zölibat sei eine spirituelle Angelegenheit. Aber ich halte das Zölibat eher für eine Sicherheitsvorkehrung. Frauen können hinter jammernder Scheinheiligkeit verbergen, dass sie die besseren Mörder sind. Jedes Baby „weiß", ob es durch die Gunst der Mutter oder nur durch die Gunst des Schicksals überlebt hat. Die dunklen Männer der Kirchen haben es geschafft, noch dunkler zu werden als ihre Horror-Mütter und damit werden und können sie niemals erkennen, was das Gold der Erde wirklich ist. Sie besitzen das Gold, das still hält und enthalten es den Hungrigen vor. Vielleicht haben sie als Babys selbst gehungert, was anzunehmen ist. Niemand wäre sonst so perfide. Die Folterkammern der Welt zeigen, was die entwürdigten Würdenträger der Welt als Kinder erlebt haben könnten. Besessen durch ihre Mütter hat es ihre verkrüppelte Sexualität nicht bis in den Himmel geschafft, sondern nur in die pervertierten Abgründe des satanistischen Suchtverhaltens. Diese verkrüppelten Seelen haben die natyrliche Wahrheit der Welt so oft verfälscht, ihre Mütter so oft gedeckt, dass die offizielle Historie den verdrehten Seelen ähnelt. Der Hass, den sie auslösen, ist der Hass, der sie ursächlich verkrüppelte. Hüten Sie sich vor dem Hass, denn es könnte der Hass der Horror-Mütter sein, den Sie weitertragen! Denken Sie daran, wenn Sie jetzt weiter lesen.

Niemand kennt mehr seine eigene wahre Geschichte. Kinder werden nicht erst seit gestern vergewaltigt. Die Nahrungsmittel der Menschen werden nicht erst seit gestern verzockt. Die Banken enteignen uns nicht erst seit gestern, um Kriege zu finanzieren. Alles, weil es gequälte Seelen gibt, die sich vor ihren Müttern in die Härte der Weltherrschaft geflüchtet haben, ohne jemals zu erkennen, was das wahre Gold der Erde ist. Und so begnügen sie sich, wie zerrupfte Hühner auf dem Stellvertreter Gold zu brüten - auf Eiern, die niemals Leben hervorbringen werden. Un-heile Seelen, die nichts hervorbringen können als Unheil. Diese kranke Normalität pervertiert auch Beziehungen, bis sie aus nichts als Psychospielen bestehen. Wohl dem, der Heilung denken kann.

Radikaler Feminismus

Aus meiner Sicht ist der radikale Feminismus eine Reaktion auf die kastrierten Männer die Money-Theistischen Religionen. Aber manchmal erscheint es mir, dass Feministinnen selbst Opfer von Horror-Müttern waren. Wenn Frau wirklich etwas erreichen wollte, müsste sie sich nicht gewaltsam gegen den dunklen Käfig durchsetzen und lautstark ihr Recht auf Abtreibung einfordern, sondern würde das heilen, was andere Frauen angerichtet haben - auch in sich selbst. Das Weibliche heilen bedeutet, das Lebensspendende über das Lebensverneinenden zu stellen und damit auch das werdende Leben zu bejahen. Heilung erzeugt eine Loyalität zum Leben, die stärker ist, als die Gewalt der dunklen Mütter der Imame und der Päpste. Wir brauchen keinen schwarzen Adel, die dunklen Mütter erwirken so viel Böses, dass wir nicht einmal die Theorie der Achonten oder

Reptiloiden benötigen. Vielleicht gibt es die, aber solange ich die noch nicht persönlich kennen gelernt habe, bleibe ich erstmal bei den menschlichen Abgründen, die unmenschlich genannt werden, aber „nur" auf schweren seelischen Verletzungen beruhen.

Schwache Männer, die weit davon entfernt sind, Horror-Mütter zu bremsen tragen ihren Teil bei. Erst, wenn diese Heilung eingetroffen ist, kann das stattfinden, was Horror-Mütter verhindern: eine tief empfundene, liebevolle und befriedigende Sexualität. Der radikale Materialismus beweist, dass die Feministinnen ebenso irregeleitet sind, wie die Männer der Money-Theistischen Religionen.

Dem Zugriff der Horror-Mütter entkommen

Abhängige Menschen setzen den Willen ihrer Misshandler durch oder den Willen derer, die sie einschränken. Abhängige Menschen sind gar nicht in der Lage, wahrhaft zum Gedeihen von anderen beizutragen. Deswegen ist es essentiell, sich zu befreien und auf den Individuationsweg zu begeben. Erlauben Sie Ihrem Erwachsenen-Ich, wichtige Fragen zu stellen, wie etwa:

Wie war ich als Kind?
Rebellisch und tapfer im Widerstand gegen die Ungerechtigkeit der Welt?
Gehorsam und ängstlich angepasst?
Habe ich getan, was man mir sagte, auch wenn es sinnlos war?
War ich vergnügt, glücklich und frei?
Konnte ich mit allen reden, mir vieles anhören, sehen, wie die anderen etwas machten, um dann frei zu wählen?
Konnte ich atmen und spielen?
Durfte ich mich ab und zu langweilen, um selbst etwas zu erfinden?
Wie habe ich meine Mutter erlebt?
Dürfen Sie sie kritisieren?

FRAGEN UND VER-ANTWORTUNG

13. MERKSATZ: FRAGEN STELLEN FÜHRT ZUM AUSWEG

Solche Fragen und ähnliche stellt das Erwachsenen-Ich im Rahmen der Persönlichkeitsentwicklung. Wer keine Fragen stellt, bekommt auch keine Antworten und kann selbst keine geben. Auf lange Sicht geht es hier nicht darum, die Eltern zu bewerten oder zu verurteilen, sondern sich selbst besser zu verstehen und aus alten, einschränkenden Beziehungsmustern auszusteigen. Gestehen Sie sich ein, dass auch Ihre Eltern keine Götter, sondern Menschen mit Ecken, Kanten und anderen Unzulänglichkeiten sind. Gestehen Sie sich ein, wenn Sie ungerecht behandelt wurden. Aber gehen Sie auch darauf ein, dass Sie manchmal ein anstrengendes Kind waren, das die Eltern gewaltig verwirrt oder überfordert hat.

Der Prozess, sich von der Haltung der Eltern - oft auch von Geschwistern und anderen Familienmitgliedern, sowie Lehrern - zu emanzipieren und selbst erwachsen und eigenverantwortlich zu werden, kann manchmal beunruhigen. Es empfiehlt sich, einen Coaching Prozess zum Beispiel im Sinne eines Lotusseminars[11] und eine professionelle Begleitung durch ausgebildete Psychosophics durch die vielen Themen in Anspruch zu nehmen. Manchmal braucht man die Empathie eines erfahrenen Ansprechpartners, um innere Konflikte zu lösen. Vieles können Sie sich jedoch auch selbst erarbeiten. Es gehört zum Sinn des Lebens, dem Kokon der Abhängigkeit zu entschlüpfen und selbst zu werden. Wenn dieser Prozess kein täglicher psychohygienischer Grundsatz für Sie ist, werden Sie Psychospiele spielen. Nicht reflektierende Menschen bleiben in alten, überkommenen Verhaltensmustern verhaftet und so für immer infantil und Kind unter der elterlichen Herrschaft.

---

[11] Wiegand Tina, Lotuszeit, 2016

DER WIEGANDSCHE LOTUS IN DER BEZIEHUNG

Von der Wurzel bis zur Blüte

Viele kennen das Eisbergmodell von Sigmund Freud und haben vermutlich wenig Lust auf die Vorstellung eines Tauchgangs in der dunklen eisigen Arktis. Um der Berührungsangst mit dem eigenen Inneren zu begegnen, begann ich das Bild des Lotus[12] zu nutzen, eine Blume mit Wurzelwerk, Stil und Blüte als Analogismus. Eine Blume lässt sich leichter untersuchen, als ein Eisberg und es ist einleuchtend, dass Verletzungen des Stängels und des Wurzelwerkes Auswirkungen auf die Blüte haben. Die Blüte des Lotus, das ist Ihr Lebenswerk, das Sichtbare und das, was von Ihnen zurück bleibt, wenn Sie dieses Leben verlassen. Gesunde Spiele sind alle Spiele, die sich mit Ihrem Lebenswerk befassen. Die Frage nach Ihren Talenten, nach der Qualität Ihrer Beziehungen, nach Ihren Erfahrungen und Erlebnissen, nach Ihrer Charakterreife, nach dem, was Sie tun und hervorbringen oder eben nicht. Daraus ergibt sich schon, dass jemand, der das tut, wenig Zeit für Psychospiele hat. :-).

Doch all das kann nur gelingen, wenn das, was sich unter der Erde befindet, also der Wurzelballen, ebenso geheilt wird, wie der Stengel, der ungehindert die Nährstoffe zur Blüte transportieren soll. Der obere Teil des Stängels, der bei einem Lotus schon unter Wasser liegt, aber noch sichtbar ist, entspricht der Philosophie Ihres Weltbildes, Ihren Werten. Weniger sichtbar ist dann schon der untere Teil des Stängels, der die Psychologie Ihrer Kindheit enthält. Sind da unten Verletzungen vorhanden, muss man schon etwas tiefer in das Unsichtbare tauchen. Wer die Wurzeln betrachten möchte, die das A und O des Wachstums der Pflanze sind, der muss nicht nur tauchen, sondern auch noch graben. Aber wenigstens ist das Wasser, in dem der Lotus wächst viel wärmer, als beim Eisberg. :-)

---

[12] Wiegand Tina, Das Lotusbuch - Ich bremse auch für Führungskräfte

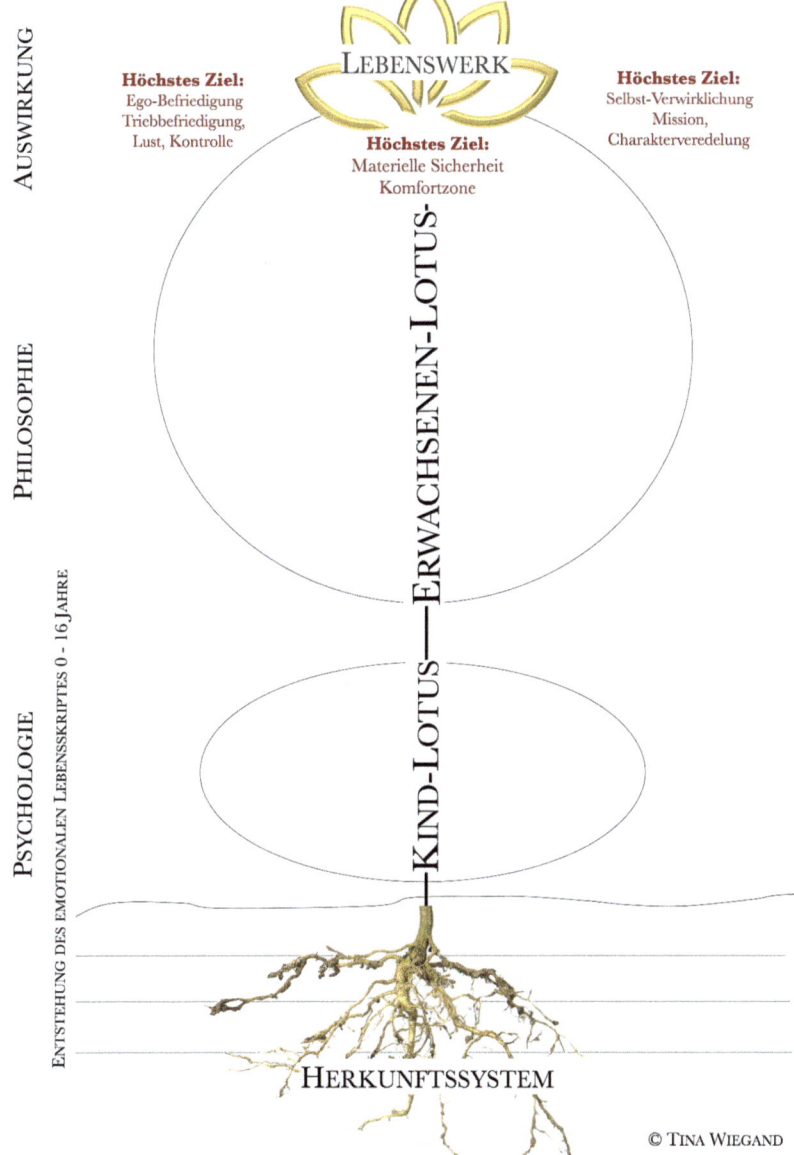

58

Ob die Energien des Lebens bei der Blüte Ihres Lebenswerks ankommen oder vorher verloren gehen, hängt von der Unversehrtheit oder eben der Heilung des Stängels und Ihrer Wurzeln ab. Eine Beziehung ist wie die Kombination aus zwei Blüten, die sich gegenseitig genug Luft zum Atmen lassen und sich nicht so miteinander verstricken, dass ihre Stängel brechen.

Denken Sie eine Weile über den Unterschied zwischen Freud und Berne nach. Der Österreicher Freud, der nicht tief genug schürfen konnte, aber auch nicht auf das Lebenswerk achtete, und der Amerikaner Berne, der seine Antworten im Beobachtbaren suchte. Wie geht es Ihnen damit? Was fällt Ihnen dazu ein. Schreiben Sie es auf.

Um Konflikte zu lösen, müssen Fragen nach der Ursache beantwortet werden. Gerade bei Ehepartnern aber auch bei Geschäftspartnern oder anderen Partnerschaften, die ein gemeinsames Handeln erfordern, müssen folgende Grundsatzfragen geklärt werden:

Das Lebenswerk - Lotus Blüte des Lebens

Die Partnerschaft ist Teil des Lebenswerkes, deswegen macht es Sinn, sich Gedanken darüber zu machen, wie diese gelebt werden soll. Haben die Partner ein gemeinsames Lebenswerk?
Menschen, die der Meinung sind, dass einem das Leben irgendwie widerfährt, machen sich oft keine Gedanken darüber, wie ihr Lebenswerk aussehen soll. Nicht wenige leben von einem Tag auf den anderen und sind im Lebenskampf involviert, ohne jemals die Frage zu beantworten, was sie konkret von ihrer Partnerschaft erwarten und wann sie sie für erfolgreich halten. Sind sie Partner oder Gefährten, denen die Förderung der eigenen Talente und der des anderen am Herzen liegt? Kennen Sie die Ziele oder Lebenswünsche des jeweils anderen. Was soll es sein, was Sie eines Tages hinterlassen? Wofür stehen Sie morgens auf? Gibt es Pläne jenseits des Familienlebens,

wenn die Kinder groß sind und das Haus verlassen? Wenn ja, welche? Hinweise dazu, wie man an eine Visionsarbeit herangehen kann, finden Sie im „Lotusbuch".

In Partnerschaften dürfen sich die Teilnehmer klar darüber werden, was jeder für sich erleben, und was man gemeinsam gestalten möchte. Für dieses Lebenswerk steht beim Wiegandschen Lotus die Blüte. Die Blüte des Lebens fragt nach dem erweiterten Lebenserfolg. Was möchte ich alles erleben, was möchte ich erreichen? Was gehört alles dazu, wenn Sie von Erfolg sprechen? Denken Sie dabei auch an Gesundheit und gelungene Partnerschaften?

Wie eine Reiseroute, die man vor einer gemeinsamen Reise festlegt, können Eckpunkte wie diese in Ihre Überlegungen eingebaut und bei einer gemeinsamen Visionsarbeit besprochen und erarbeitet werden. Die Gestaltung der Lebensblüte ist ein kreativer Prozess, den man gemeinsam mit viel Freude gestalten kann. Dabei sollte dem gemeinsamen Konstrukt ebenso viel Aufmerksamkeit geschenkt werden, wie dem jeweils Individuellen, das jeder für sich selbst entwickelt. Hier ist konstruktive Aufmerksamkeit gut aufgehoben. Und diese Arbeit ist eine gute Prophylaxe gegen Psychospiele und fruchtlose Auseinandersetzungen.

Qualität der gemeinsamen Lebensziele

Ein Haus bauen, einen Baum pflanzen, Kinder in die Welt setzen. Für viele Paare sind diese Ziele Inhalt der Ehe oder Partnerschaft. Aber was, wenn die Kinder das Haus verlassen haben? Der Wiegandsche Lotus beinhaltet mehrere Lebensphasen, die auch das spätere Alter berücksichtigen. Der Weg der Persönlichkeitsentwicklung ermöglicht es, Weisheit als großen Wert anzuerkennen und es ist eben dieser Wert, der den Herbst golden werden lässt.

DER WIEGANDSCHE LOTUS

LEBENSWERK

AUSWIRKUNG

Höchstes Ziel:
Ego-Befriedigung,
Triebbefriedigung,
Lust, Kontrolle

Höchstes Ziel:
Selbst-Verwirklichung,
Mission,
Charakterveredelung

Höchstes Ziel:
Materielle Sicherheit
Komfortzone

ALTER NARR

SPIRITUELLER
LEHRER

PHILOSOPHIE

MERLIN

TYRANN

ARTUS

MAINSTREAM, DAS NORMALE LEBEN,
NORMOSE

RAUBRITTER

ADOLESZENZ

TAFELRITTER

PSYCHOLOGIE

ENTSTEHUNG DES EMOTIONALEN LEBENSSKRIPTES 0 - 16 JAHRE

SCHULE

PUBERTÄT

ROTATION UM ANDERE

FLIEHKRAFT

EIGENROTATION

GRAVITATION

GEBURT
SCHWANGERSCHAFT
ZEUGUNG

HERKUNFTSSYSTEM

© TINA WIEGAND

61

Wenn man sich über die Lebensphilosophie unterhält, wird oft klar, dass sich Konfliktpartner in ethischen und lebensanschaulichen Fragen gar nicht einig sind. Der Wiegandsche Lotus beschreibt drei grobe mögliche Zielrichtungen, für die Menschen sich entscheiden - mit all den Grauschattierungen zwischen den Extremen:

1. Befriedigung der Triebe und des Egos (der dunkle Weg)
2. Befriedigung der Absicherung und Zeitvertreib (der normale Weg)
3. Befriedigung der Selbstwerdung, Suche nach Weisheit (der helle Weg)

Die Wahl des Zieles entscheidet wesentlich über die Ethik, die in diesem Leben gelebt werden soll und die Wahl des Weges ist zu hundert Prozent eigene Verantwortung. Die Wahl des Weges unterliegt dem freien Willen. Ungeachtet der negativen Ergebnisse in der Kindheit können Menschen sehr wohl entscheiden, ob sie die Vergangenheit wiederholen oder nicht. Wenn die Triebbefriedigung und das Bedienen des Egos an erster Stelle stehen, dann werden Ethik, Rücksicht auf andere oder immaterielle Werte wenig Rolle im Leben spielen. Vielmehr soll lustbetont gelebt und Unangenehmes ferngehalten werden. „Altmodische" Werte wie Liebe, Treue, Verantwortungsbewusstsein oder Seriosität treten eher in den Hintergrund und das Abgleiten der Lust in die Wollust wird naheliegend. Die Reifung der Persönlichkeit spielt auf dem dunklen Weg eine eher okkulte Rolle, wie in der schwarzen Magie, die den Willen durchsetzen soll. Derjenige, der sich im Leben abmüht, wird verachtet und verlacht. Der dunkle Weg kann gut durch Statussymbole repräsentiert werden, die den unedlen Charakter mit edlen Gegenständen behängen und so eine glänzende Fassade aufbauen. Aber der immaterielle Wert der Persönlichkeitsreife und der Charakterstärke kann nicht simuliert werden. In schweren Zeiten zeigt sich, dass nur das echt bleibt, was echt ist. Luxus enthält das Wort

Lux, also Licht. Aber es ist ein Irrlicht, nicht das innere Leuchten des entwickelten Charakters, sondern das Glänzen des materiellen Wohlstandes. Wie schon vorher beschrieben ist dieser Weg nicht der Weg der Tugend. Vielleicht der Weg der Parties, der Statussymbole, des Körperkultes, aber nicht der Weg in den Hades, in dem eine lästige Selbsterfahrung gefordert wird.

Alte Mode der Tugend

Tugend ist ein Wort, das aus der Zeit gefallen ist. Dennoch können Tugenden, gesund eingesetzt, toxische Interaktionen eindämmen, bzw. auf das Vorhandensein von Psychospielen hinweisen. In einer verbissenen Situation kann eine innerliche, imaginierte Verneigung vor dem Partner oder der Partnerin den Höflichkeitsabstand und den Respekt wieder herstellen. Das rettet nicht zwangsläufig die Ehe, aber die Würde aller Beteiligten. Es ist manchmal für Außenstehende nicht nachvollziehbar, warum Partner sich gegenseitig in einer Weise grenzüberschreitend und herabwürdigend behandeln, wie sie Fremde niemals behandeln würden. Angesichts der Schlammschlachten, die in manchen Beziehungen stattfinden, ist es wirklich zu überlegen, ob das ehemalige „Sie" in der Ehe nicht eine gewisse Daseinsberechtigung hatte. :-)

Moral ist relativ

Natürlich kann die ethische Diskussion immer wieder für Verwirrung sorgen. Vor allem, wenn sie mit moralistischer Verstiegenheit durch Spieler verwechselt wird, die selbst einer inneren Fehlhaltung auflaufen, un-heil sind und daher das Unheil auch bringen. Oft werden ethische Zusammenhänge nach einem Heilungsprozess völlig anders eingeschätzt, als vorher. Ich hoffe, dass ich mit meinem Modell zeigen kann, dass Menschen geistig-seelisch divers und Grenzen fließend sind. Das einzige, was ich kategorisch sage, ist (solange mich niemand vom Gegenteil überzeugen kann, dass Dogmen in der Regel neurotischer Unsinn sind, die Unheil bringen.

14. Merksatz: Auf der Bühne des Lebens hat alles seine Daseinsberechtigung

Richtig oder Falsch?

Ich höre immer wieder die Frage, warum böse Menschen nicht von Gott gestraft, sondern im Gegenteil, oft sehr alt werden und ihr Umfeld bis zum letzten Atemzug belasten und quälen.

Die Antwort ist: jedes Drehbuch ist erlaubt. Wie spannend wären Romane ohne Antagonisten? Wenn man einen Roman schreibt, der spannend werden soll, muss dem Romanhelden etwas zustoßen. Natürlich möchte man von einem Quälgeist befreit werden. Doch denken Sie dran: Sie sind beteiligt. Welche Muster bedienen Ihre Quälgeister? Finden Sie es heraus und lösen Sie die Muster auf. Sie werden sich wundern, was dann an Verbesserung eintreten kann. Der Quälgeist spiegelt etwas, löst etwas in Ihnen aus, was Sie oder Ihre Vorfahren von früher kennen. Gehen Sie auf die Suche nach dem Muster, das Sie an den Quälgeist bindet. Solange das Muster noch da ist, kann der Quälgeist schalten und walten. Sobald Sie das Muster entschärfen, hat er keine Chance mehr, bei Ihnen anzudocken.

Richtig angenehm?

Das, was dem Ego dient, ist nicht immer gesund und das, was gesund ist, ist nicht immer angenehm. Nicht selten beruhigt die Lüge, während die Wahrheit schockiert. Daher tun sich viele Menschen mit der Wahrheit schwer und suchen daher das Weite. Es nutzt auch nichts, jemanden, der die Wahrheit noch nicht erträgt, anzugreifen oder als dumm zu bezeichnen. Die Angst vor dem Erkenntnisschock, jagt viele in den hektischen Aktivismus - und dann den Urlaub. Dennoch ist die Wahrheit gesünder für den Organismus. Da, wo Wahrheit herrscht, braucht der Organismus keine Alarmlämpchen einzuschalten, die man auch als „Symptome" bezeichnen kann. Insofern können die Zuordnungen von dem was „falsch" oder „richtig" ist, unterschiedlich gesehen werden.

In unserer Gesellschaft, die gerade versucht, großen kollektiven Erkenntnis-Schocks zu entschlüpfen gilt oft: nur was gut tut, ist auch richtig. Diese Sanatoriumshaltung ist der Versuch, die brüchige Komfortzone aufrecht zu erhalten und Traumata abzuwehren. Sie kennen sicher die Aussage, dass jemanden vor Schreck der Schlag getroffen hat. Insofern ist die Ablehnung der Wahrheit nicht selten ein Versuch, sich auf den Beinen zu halten. Daher kann die Störung der Kreise mit heftiger Gegenwehr beantwortet werden. Aus dieser, oft traumatischen Haltung heraus, wird eine Übertoleranz gefordert, die letztlich zerstörerisch werden muss. Die Übertoleranz versucht die dunklen Anteile des Menschen zu ignorieren und eine Alle-haben-sich-lieb-Illusion herzustellen. Statt erwachsenem Vertrauen, das seinen kritischen Verstand behält, wird Vertrauensseligkeit zur Maxime gemacht. Die dunkle Seite freut sich, denn so hat sie leichtes Spiel. Solange ihre Existenz negiert wird und nur das Gute im Menschen zählt, kann sie schalten und walten wie sie will. Wer die dunkle Seite des Menschseins nicht anerkennt, der kann dem Menschen nicht gerecht werden. Das Spiel „Streichelzoo" wird am Ende, in der Endauszahlung auf eine große Schuld blicken, die die Übertoleranten auf sich geladen haben.

Am Ende zeigt sich immer die Wahrheit und die liegt sicherlich auch in der Tatsache, dass die heutige Generation der 35 bis 50-Jährigen mit dem Leben überfordert ist. Die Kriegsenkel[13] haben automatisch das Erbe des Krieges angetreten, das eine psychologische Aufarbeitung der harten Zeiten erfordert. Aber es fehlt ihnen das Rüstzeug, um mit diesen massiven psychologischen Themen zurechtzukommen. So bleiben viele in der Überforderung stecken, weil sie nicht wissen, wo die Lösung für diese vielen schwierigen Themen zu finden ist. Ich hoffe sehr, dass dieses Buch zur Lösungsfindung beitragen kann und sich viele zu Psychosophics ausbilden lassen, um ihren Mitmenschen zur Seite stehen zu können.

---

[13] Bode Sabine, Kriegsenkel, die Erben der vergessenen Generation

Die Auswirkungen der vielen ungelösten Themen könnten uns sonst teuer zu stehen kommen. Übertoleranz bei gleichzeitiger Panik vor dem Kontrollverlust und der Denaturierung einer ganzen Gesellschaft sind nicht gesund, aber modern. Wehe dem, der dieses Spiel durchbrechen will, denn die Endauszahlung will unbedingt erlebt werden. Für manche kann das sehr hart werden.

Die Frage der Entscheidung

Es ist eine Frage der Entscheidung, ob jemand den beschwerlichen „Hellen Weg" des Wiegandschen Lotus für die Entwicklung der Seele auf sich nimmt, oder sich auf dem „Dunklen Weg" sofortige Triebbefriedigung verschafft. Beide Wege erfüllen bestimmte Rollen in den verschiedenen Lebensentwürfen und Drehbüchern. Der Weg des Mainstream ermöglicht, andere bequem zu kritisieren, ohne vor der eigenen Haustüre kehren zu müssen. Dennoch ist moralische Überlegenheit gegenüber den „Bösen" auf dem dunklen Weg nicht angemessen. Es gibt immer Gründe, warum jemand diesen Weg geht. Manche Menschen tragen Masken der Niedertracht[14], weil sie es nicht wagen, sich dem Göttlichen zu öffnen. Gesund angewendet können Tugenden Leitplanken darstellen, die verhindern, dass man vom eigenen Weg abkommt. Wenn jedoch die Tugenden über der Lebensfreude stehen, können diese Leitplanken so eng gesteckt sein, dass alle Lebenslust verlustig geht - was aber auch nicht Sinn der Sache ist. Wie wäre es mit 80% Pflicht und 20% Kür? Aber lassen Sie uns dazu später noch etwas reflektieren.

Charakterschwächen als Spielanleitung

Die bekanntesten Charakterschwächen, die im Übermaß gelebt, nicht nur dem eigenen Verderben, sondern dem Verderben des gesamten Bezugssystems dienen sind: Missgunst, Gier, Geiz, Hochmut/ Eitelkeit, Faulheit, Wollust, Hass und viele Formen der Angst, die zur

---

[14] Hirigoyen, Marie France, Masken der Niedertracht,

Lebensverweigerung einladen. In andern Zeiten wurden diese Charakterschwächen als Todsünden bezeichnet, aber es handelt sich nicht um Vergehen, die von einem niederträchtigen Gott bestraft werden. Es sind Psychospiele, die auf lange Sicht zum Verderben des gesamten Systems beitragen. Sie sind der Treibsand, auf dem niemand sein Haus bauen sollte. Sie sind alle Folgen des Seelenhungers der Menschen, deren Seele nicht durch eine Mutter rückversichert wurde. In unserer Sprache könnte man sagen: es handelt sich um Psychospiele, in denen Werte, die nicht dem Gedeihen dienen, durchgesetzt werden. Eine ganz wesentliche Charakterschwäche, die heute aber hoch im Kurs steht, ist aus meiner Sicht die Hysterie, die ich selbst den Todsünden zuordnen würde. Mit Hysterie meine ich nicht den echten Schrecken bei einem belastenden Erlebnis, sondern aufgesetzte, lautstarke Maschengefühle, die nicht authentisch sind. Hinter Maschengefühlen, verbergen sich toxische Interaktionen, Psychospiele und eine ungute Hidden Agenda.

Kind-Lotus - Die Psychologie

Wenn der Stil einer Blume verletzt ist, dann kann die Blüte sich nicht richtig entwickeln. Vergleichbar ist das mit verletzenden Kindheitserfahrungen, die später eine vollständige und positive Entwicklung der Menschenblüte verhindern. In Partnerschaften und Ehen übernehmen oft die Beziehungspartner die Rollen der konfliktbeladenen Beziehungspartner aus den Ursprungsfamilien. Nicht selten suchen sich Menschen sogar ihre Partner nach den größten Problemen aus, die es in der Ursprungsfamilie gab. Das Drama des desinteressierten Vaters wird mit dem Partner wiederholt, die Konflikte mit der übergriffigen Mutter mit der Partnerin. Nicht selten spielen auch Abhängigkeitsverhältnisse mit den Eltern in eine Ehe hinein. Besitzansprüche durch dominante Elternteile werden rücksichtslos durchgesetzt oder Anspruch auf die Enkel erhoben. Oft ist die Balance zwischen Nähe und Grenzen gestört oder auch die Balance zwischen Ordnung und Kreativität. Wer bereit ist, in seiner konfliktbeladenen Partnerschaft seine eigene Resonanz zu finden und zu lösen, wird reich beschenkt aus Krisensituationen hervorgehen. Mit der Psychologie landen wir wieder bei Eric Berne und den schon besprochenen Themen. Wie schon gesagt ist eine gewisse Psychohygiene und die Reflexion der eigenen Erfahrungen und Erlebnisse sinnvoll, um die eigenen Prägungen zu verstehen und zu erkennen, wo die Einstiegs-Szenarien für Psychospiele stattfinden. Der Wiegandsche Lotus stellt dafür verschiedene Stationen zur Verfügung, die durch Exploration systematisch durchgearbeitet werden können. Mehr dazu finden Sie unter „Ausstiegsszenarien". Für nähere Information sei auf das Lotusbuch verwiesen, das die einzelnen Stationen ausführlicher erklärt.

Ahnenforschung und Herkunftssystem

Nicht nur ein verletzter Stängel einer Blume kann Ursache sein, wenn die Blüte sich nicht entwickelt. Auch verletzte Wurzeln schädigen die Blume. In der letzten Zeit wird auch in der Öffentlichkeit zunehmend bekannter, dass das Leben vorheriger Generationen mit seinen Schock- und Trauma-Erleben unsere Genetik prägt. Eric Berne nannte diese Zusammenhänge „Episkripte". Erlebnismuster, die in früheren Generationen gelebt wurden, können von einer nachfolgenden Generation re-inszeniert werden. Ehepartner können auf einer weit zurückliegenden Ebene miteinander verstrickt sein. Dabei möchte ich darauf eingehen, dass ich nicht beweisen, aber auch nicht widerlegen kann, ob man bereits einmal gelebt hat oder nicht. Sicher belegen kann ich aber, dass Konflikte der Vorfahren in die heutige Zeit hineinspielen können. So mag es sein, dass die Vorfahren der Frau vor vielen Jahren eine Dynastie von Druiden waren. Möglicherweise sind in der Linie des Mannes eher Wissenschaftler und Ärzte, die diese altmodisch ganzheitlichen Ansätze schon seit Generationen verachten. Vielleicht waren seine Vorfahren vertriebene Hugenotten, während sich in ihrer Familienlinie einflussreiche Mitglieder die Kirche befinden. In solchen Konstellationen kann es zu harten

Auseinandersetzungen und Machtkämpfen kommen, die an scheinbar unwichtigen Dingen festgemacht werden. Gleichzeitig geht es aber, ohne dass dem Paar das bewusst ist, um Deutungshoheit und die Wiederholung von kriegshaften Auseinandersetzungen zwischen den Volksgruppen. Manchmal haben Kapitalverbrechen stattgefunden, die zwei Familienlinien miteinander verstricken oder Kriegserlebnisse spielen eine Rolle. Es kann sein, dass sich zwei Unbekannte treffen und das Gefühl haben, sich seit Jahrzehnten zu kennen. Oder es stellt sich bei einem völlig Fremden das Gefühl großer Vertrautheit ein. Transgenerationale Geschehnisse sind oft Teil des Grundes für eine Attraktion zwischen zwei Menschen, die gemeinsam Themen aufzulösen haben. Es ist, als würden gemeinsame Lernaufgaben die Attraktion sogar bedingen. Solche Aspekte sind grundsätzlich nicht bewusst und müssen mit der Zeit aufgelöst werden, was eine spannende, aber manchmal auch zermürbende und anstrengende Aufgabe ist. Gelingt die Auflösung können sich manchmal chronische Konflikte einfach in Luft auflösen. Aber nicht selten zieht sich der „Affenzirkus" der spielbedingten Scharmützel, eine ganze Weile hin.

Das Umfeld

Die wenigsten Eltern ahnen, wieviel negativen Einfluss ihr Verhalten und ihre nicht aufgelösten Muster auf ihre Nachkommen haben. Selbst für Menschen, die es gut meinen, kann es geschehen, dass das Unbewusste dafür sorgt, dass sie es nicht gut machen. Berne bezeichnete Eltern, die ihre Kinder schlecht behandeln als „Schweineeltern" und in manchen Beratungsprozessen möchte man den Eltern wirklich gerne einen solchen Begriff an den Kopf werfen. Aber es ist ungut, wenn Therapeuten und Berater sich so zwischen die Fronten begeben. Bringen wir lieber den Klienten bei, ab und zu herzhafte Kraftausdrücke zu nutzen, um die Anspannung im eigenen Organismus zu erleichtern. :-)
Für manche Menschen ist es bereits ein Weltuntergang, wenn ihr Gruß auf dem Bürokorridor nicht erwidert wird und viele sind auf kleine

Rituale wie Geburtstagsgrüße o.ä. angewiesen, damit sie ihren Selbstwert aufrecht erhalten können. Vom sinnentleerten Gruß-Zeremoniell auf den Bürohaus-Korridoren über das lebensprägende Spiel des "Geprügelten" (das "Mach mich fertig"-Spiel), vom "Was? Ihr Kind kann noch nicht laufen?"-Triumph junger Mütter bis hin zum alltäglichen Ehekrach mit anschließender Versöhnung, sehen sich Menschen ihrem Schicksal unentrinnbar ausgesetzt. Einzige Ausnahme laut Berne: das "nicht Spiel-gebundene Intim-Erlebnis" zwischen Liebenden und Freunden. Damit sind die Momente der Wahrheit gemeint, die wirklich gut tun. Menschen, die in Selbstreflexion geübt und bereit sind, freundliches Feedback zu geben, können das Miteinander vertiefen und stärkenden Einfluss auf gesellschaftliches Miteinander ausüben. „Für jene, die dessen nicht oder nur zeitweise teilhaftig werden, ist das verwickelte Privat-Theater jedenfalls von großem Nutzen. Die Pseudo-Problematik ihrer Spiele ist noch am ehesten geeignet, die Jahre bis zum Tode mit Pseudoaktivität, Spannung und Dramatik anzufüllen." (Eric Berne)

Psychospiele in der Schule

In den wenigsten therapeutischen Schulen wird die Schulzeit als eigene Entwicklungsphase betrachtet. Das aktuelle Schulsystem ist ein System von Beamten für Beamte und damit nicht für Kreativität oder Unternehmermentalität geeignet. Beamte können eigentlich nur Beamte ausbilden, aber dennoch findet hier ein Großteil der sozialen Anpassung statt, die später dem Beruf, respektive der Berufung dienen soll. Es gibt viele Menschen, die in ihrer Schulzeit unter dem Mobbing durch Mitschüler und der psychischen Gewalt von Lehrern gelitten haben. Für die meisten Kinder hat die Lust am Lernen spätestens in der 3. Klasse stark gelitten. Das Lernverhalten ist für ein ganzes Leben negativ geprägt worden und das Vertrauen in andere Menschen nachhaltig gestört. In unserer Arbeit haben wir festgestellt, dass die Bindung eines Kindes an einen Lehrer sehr stark ist. Die seelische Verletzung, die der Beziehungssadismus anrichtet, den viele

Lehrer ungestraft an ihren Schülern ausagieren, haben viele am eigenen Leib erlebt. Gut, dass es in fast jeder Schule wenigstens eine Handvoll engagierter, guter Lehrer gibt, die das Selbstkonzept der jungen Menschen aufrecht erhalten. Neben den Eltern sind die Lehrer diejenigen, die die Psyche der Jugendlichen am meisten beeinflussen. Dass in der Bildung mehr in Rotstifte als in die optimale Anleitung unseres Nachwuchses investiert wird, kann nur damit erklärt werden, dass diejenigen, die an entscheidender Stelle sitzen, die sozialen Notwendigkeiten und die Tragweite der psychischen Gewalt im Schulbetrieb nur bedingt erkennen. Eine Gesellschaft, die nichts für ihre Zukunft übrig hat, sägt an dem Ast, auf dem sie sitzt. Eigenverantwortung und Selbstfürsorge für die eigene Lernhaltung machen es möglich, negative Erlebnisse auszuheilen. Jedem seelisch gesunden Menschen macht Lernen Freude. Abgesehen von den Psychospielen, die die Schüler untereinander spielen, finden jede Menge Spiele zwischen Lehrern und Schülern statt, von denen zwischen Eltern und Lehrern ganz zu schweigen. Psychospiele sind auf die größeren Zusammenhänge in einer Gesellschaft skalierbar und wenn man berücksichtigt, dass die Schule ein Hort der politischen Propaganda, der Ideologisierung von Kindern, der Kontrolle und der Massenmanipulation ist, fragt man sich, wo in diesem Bereich nicht gespielt wird. Wir erinnern uns: Gewinnerskript bedeutet, Menschen für sich zu gewinnen und ihrem optimalen Gedeihen zu dienen. Da hat Politik ganz sicher nichts zu suchen - und eigentlich auch kein Beamtentum, das eher für die Verwaltung geeignet ist und nicht für die Förderung des Geistes.

Der Säbelzahntiger

Viele Menschen bleiben in ihrem gemütlichen Elend sitzen, weil sie Angst vor der Veränderung haben. Nicht wenige Psychospiele dienen genau diesem Zweck. Manche können sich nicht vorstellen, dass es besser werden wird und halten fest an ihren bisherigen Lebensumständen fest. Sie haben Angst vor dem Säbelzahntiger - die archaische Angst, die Naturmenschen erleben, wenn sie ihren gewohnten Habitat verlassen. Da, wo sie sich auskennen, wissen sie auch, wo eventuelle Gefahren lauern. In einer veränderten Situation wissen sie das nicht. So kann es geschehen, dass große Chancen nicht genutzt werden, weil die Angst alles verdeckt. Wenn die Angst größer ist, als die Veränderungsbereitschaft, ist das oft auf ein Nicht-Gewinnerskript zurück zu führen. Es geht nichts schief, aber es wird auch nichts gewonnen. Das Leben verläuft in den gewohnten Bahnen ohne Höhen und Tiefen und der Deckel der Komfortzone bleibt fest geschlossen. Lassen Sie uns nur festhalten, dass es nichts tödlicheres gibt, als Langeweile. Aber manche Menschen fürchten sich derartig vor der Missgunst der anderen, dass sie lieber auf den Lebenserfolg verzichten.

AUTHENTIZITÄT UND MASCHENGEFÜHLE

15. MERKSATZ: ECHTHEIT GIBT ES NUR IM SPIEL „LEBENSWERK"

Im Gegensatz zu echten Gefühlen, die ein authentischer Mensch zeigt, sind Maschengefühle aufgesetzte, unechte, aber lautstark zu Markte getragene Befindlichkeiten. Maschengefühle weisen deutlich auf gewaltsame Psychospiele und ungute Beziehungsmuster im Sinne einer Hidden Agenda hin. Ein Grund für Maschengefühle kann sein, dass die echten Gefühle nicht gezeigt werden dürfen. Wenn wir uns mit echter, ehrlicher Anteilnahme unserer eigenen Vergangenheit und der unserer Familie öffnen, kann es sein, dass „verbotene" Gedanken und Gefühle aufsteigen. Die Wahrheit ist das, was *war*, unabhängig von der Geschichte, die die Sieger schreiben. Je stärker die Tabus in Bezug auf die Vergangenheit, um so lauter die Ablenkung davon. Eine weit verbreitete Methode, um sich und andere von dem, was wahr war und, daraus resultierend, dem Lebenswerk abzulenken, ist der Affenzirkus. Hysterie und Dramen, die keine sind, aber überzogen aufgefahren werden, fesseln die Aufmerksamkeit aller Beteiligten bis zur Erschöpfung und lenken vom Wesentlichen ab.

- Immer, wenn die Tochter mit ihrer Familie in Urlaub fahren will, bricht ihre Mutter zusammen und braucht Betreuung.
- Seit die junge Mutter mit dem Baby zuhause ist, rufen ihre Großeltern täglich an und berichten laut jammernd über ihre Wehwehchen. Sie hat ja jetzt Zeit für die Familie.
- Der Vorstand des Vereins wird bei jedem Vereinstreffen in die Scharmützel der Mitglieder gezogen und soll Stellung beziehen.

Solche Verhaltensweisen werden schon im Kindesalter überall da anerzogen und forciert, wo bestürzende Wahrheiten vermieden werden. Das Kind wird automatisch „krank" und steigert sich in wütend hysterisches Geschrei, weil die Mutter ihren Abendkurs besuchen will. Wenn das Kind damit Erfolg hat, indem es ihm Kontrolle über die Mutter verschafft, wird es diese Masche immer wieder anwenden. Da, wo dies stattfindet, hat eine Mutter keinen Bezug zum „Wesentlichen", nämlich ihre eigene Entwicklung. Überall, wo die Charakterzüge der Dramababys kultiviert anstatt überwunden werden, sind toxische Interaktionen im Gange, die möglicherweise wichtige Einsichten verhindern und negative Zukunftsentwicklungen begünstigen. Die Spieler, die zum Affenzirkus einladen reagieren oft unbewusst auf Schuldgefühle und Unsicherheiten in Bezug auf die Rechte und Pflichten des Gegenübers. Die Mutter, die sich beispielsweise schuldig fühlt, weil sie zur Fortbildung geht, anstatt bei dem Kind zu bleiben, wird eher mit Rückzug auf die energischen Forderungen ihres Sprösslings reagieren, als diejenige, die weiß, dass es gut für die Familie ist, wenn sie sich regelmäßig um ihre eigenen Talente kümmert und ihre Entwicklung weiter voran treibt. Um diese Art von Spielen zu minimieren, ist es wichtig, sich Gedanken zu machen, inwieweit man bereit ist, sich instrumentalisieren zu lassen und wo eine gesunde Hilfsbereitschaft und ein notwendiger und sinnvoller Verzicht gerne gegeben werden können.

Hysterie ist eine Methode der tödlichen Langeweile des Mainstreams auszuweichen, die durch entstellte Wahrheiten entsteht. Aus diesem Grund schreien die Medien die Masse Sensationsberichte ins Gesicht und halten sie von der kontemplativen Stille ab, die eine Heldenreise in Gang setzen würde.

ZUSAMMENFASSUNG: TOXISCHE INTERAKTIONEN

- verlaufen verbal und non-verbal und erzeugen negative Gefühle

- fesseln Aufmerksamkeit auf unangenehme Weise

- Lösen starken Stress aus, der u.U. den Wunsch nach Kontaktabbruch begünstigt

- bedienen ein negatives unbewusstes Lebensskript

- Macht- oder Dominanzkämpfe

- wecken, bestätigen oder nähren Schuldgefühle

- beinhalten schädigende Folgen für einen oder beide Spieler

- verweigern das Erwachsenwerden und erzeugen Aggressionen

- sind gekennzeichnet durch hartnäckige Rechthabereien

- Verhindern die Erfüllung des Lebenswerkes

- Können gefährliche Eskalationen nach sich ziehen

- Lassen sich nicht lösen

- Sind durch Niedertracht motiviert

DER MAINSTREAM

Egal ob im Mainstream oder auf dem dunklen Weg - toxische Interaktionen sind hier eher die Regel als die Ausnahme. Im Massenbewusstsein wird Tugend meist mit Moralismus verwechselt, der nicht primär an sich selbst, sondern an anderen angelegt wird. Die anderen sollen ihre Verhaltensweisen ändern und anständig sein. Man selbst ist nur anständig, wenn es die anderen auch sind. Die Eliten sind die Bösen, die Armen die Opfer, man selbst eben gerade so gut, wie das Umfeld es verdient. Gerne, sehr gerne, wird man dabei behilflich sein, jemanden, der sich nicht an die vorgegeben Regeln hält, zu überführen und bei Bedarf zu denunzieren.

Optimale Absicherung erscheint als Königsweg, auf dem viele Kaiser ohne Kleider die jeweilige Mode vorgeben. Propaganda wird einfach geglaubt, denn der Zweifel würde in den Schrecken, in den schon beschriebenen Hades führen, in dem der Mensch im Kampf um die Wahrheit geläutert wird oder untergeht. Der risikoscheue Mainstream auf seinem bequemen Holzweg führt sein Leben nicht selbst, sondern folgt den Massenmedien, die über angenehme Hypnose für Bequemlichkeit sorgt. Widerspruch gegen die kollektive Hypnose ist unbequem und wird mit wütender Gegenwehr beantwortet. Mit einem Menschen in Hypnose kann man nicht diskutieren. Die anonymen „Eliten" werden zwar gehasst, aber wehe jemand stellt deren Anweisung in Frage. Psychospiele, die sich nicht lösen lassen, sind im Mainstream an der Tagesordnung und werden in beliebten Serien im Fernsehen auf die Spitze getrieben.

Manch einer folgt dem Weg in die Überabsicherung nicht freiwillig, sondern aus dem Zwang heraus, normal sein und den Konflikt mit den Eltern vermeiden zu müssen. Für manche ist es unerträglich, nicht dazuzugehören, nicht der aktuellen Mode, nicht dem Trend zu folgen, nicht „in" zu sein, was immer der momentane Zeitgeist dafür hält. Sich in einem Umfeld zu bewegen, in dem der Hauptfokus darauf liegt „in" zu sein und zu vermeiden „outgesourced" zu werden, liegt die Aufmerksamkeit wo? Auf dem Wesentlichen? Nein, auf dem Affenszirkus, den Maschengefühlen und missverstandener Anerkennung. Wer seine Strokes braucht, holt sich diese gerne bei falschen Propheten und betrügerischen Verführern, wie den Medien. Medien sind Marketing Tools, sonst nichts.

Trendsetter

Der Trendsetter ist der Leithammel, dem die anderen alles nachmachen. Durch die Orientierung am Leithammel fehlt die Entwicklung des eigenen Stils und der Mut, seine eigene Sache auf den Weg zu bringen. In der Normose, dem Zwang normal zu sein, fällt die Individualisierung und der Blick auf das eigene Lebenswerk schwer, vor allem, wenn dieses nicht der „Norm" entspricht. In einer Partnerschaft geht das nur, wenn beide dieser Anpassung unterliegen und wenig Individualität leben. Menschen, die gemeinsam im Mainstream verhaftet sind, erkennt man oft daran, dass sie in späteren Lebensjahren im Partnerlook auftreten. „Sieh her Welt, wir gehören zusammen" ist ein Statement und eine Abgrenzung gleichermaßen. Hier kommt keine dazwischen und es ist klar, dass man sich in allem immer einig ist - zu Ungunsten der Individualisierung.

Goldköpfchen

In der Grafik des Wiegandschen Lotus findet man in der grauen Masse das Goldköpfchen. Das sind diejenigen, denen plötzlich die Augen aufgehen und die sich wünschen, den Weg aus der Normalität in ihr wahres Leben zu finden. Sie sind oft diejenigen, die sich auf die Socken machen und tapfer ihren Erkenntnisweg erst stolpern, dann gehen, um nicht selten später zu erfahrenen Lehrern werden. Es sind die Pioniere, die für die Zauderer den Weg bereiten, auf dem diese dann später folgen können, wenn sie sich vergewissert haben, dass der Pionier überlebt. In unserer aktuellen Zeit sieht man vermehrt, wie Menschen plötzlich erkennen, dass der Weg der Masse nicht der beste ist. Der Tipping Point ist erreicht, wenn eine Mehrheit plötzlich einen Richtungswechsel vornimmt und es ist durchaus möglich, dass wir das noch erleben werden. Beobachtet man Fisch oder Vogelschwärme, so scheinen diese sich gleichzeitig, alle im gleichen Moment in eine andere Richtung zu bewegen. Da gibt es keinen „Anführer" in dem Sinne. Anführer ist das Feld, das in dem Moment alle Individuen zum konzertierten Richtungswechsel bringt. Hintergrund von solchen

Richtungswechseln ist oft nicht einmal der bewusste Informationsaustausch oder die Verabredung. Diese Bewegungen sind systemischen intuitiven Zusammenhängen unterworfen, die sich noch unserer Kenntnis entziehen. Elektromagnetische Felder spielen dabei eine Rolle und ich werfe einfach nur mal als Gedankenhypothese in den Raum, dass ich diese Felder für Felder eines Bewusstseins halte, das mit den Tieren kommuniziert. Vielleicht werden wir noch sehen, zu welch unglaublichen Entwicklungsschritten Menschen in der Lage sind. Ich habe soviel erlebt, dass ich weder Quantensprünge, noch Spontanheilungen als Möglichkeit ausschließe. Der Glaube an die Unheilbarkeit ist der persönlichen Erfahrung gewichen. Aber noch sind wir in der Pflicht, den Blick nach innen als Wert zu etablieren. Noch ist der Weg anstrengend und steil.

Entwicklung, Wachstum und der helle Weg

Oft sind es harte Lebenserfahrungen, die auf den hellen Weg führen. Das Schicksal legt nicht selten harte Bandagen an, um Fehleinschätzungen zu korrigieren. Der helle Weg entspricht dem, was als Heldenreise des Herkules bezeichnet wird, die Arbeit mit dem Unbewussten entspricht dem Kampf gegen die Schattenwesen in der Unterwelt. Zweifel und die permanente Sinnfrage lassen das Bewusstsein manchmal nicht zur Ruhe kommen. War Herkules vorher ein unbeherrschter, triebhafter Haudegen, so muss er im Hades seine Kraft unter Beweis stellen und wird geprüft. In diesem Prozess wird sein Charakter geschmiedet und seine Tugendhaftigkeit gestärkt. Des Menschen Wille ist sein Himmelreich - aber was genau will der Mensch? Wenn man ihn lässt, dann will er Himbeereis zum Frühstück, den Garten Eden und jemanden, der ihm Leckereien an die Hängematte bringt. Die meisten Menschen wissen viel darüber, was Sie *nicht* wollen. Aber im Hades kommt die Frage auf: was ist wesentlich? Wie will ich sein? Was sind meine inneren Schattengestalten und woher kommen sie? Was muss ich lernen?

Im Hades, der auch das Unbewusste repräsentiert, verliert der Mensch seine Unschuld. Nur Kinder sind unschuldig. Erwachsene tragen ihren Teil und wissen, dass Unschuld nicht zwangsläufig mit Ehrenhaftigkeit gleichzusetzen ist. Manche Menschen mit weißer Weste haben einfach im Leben keine Verantwortung übernommen. Wer nicht hobelt, verursacht auch keine Späne, wer nichts tut, macht keine Fehler. Wer keine Fehler im Leben gemacht hat, hat nichts gelernt. Und wer keine Ziele setzt, die sie oder er SELBST erreichen muss, weiß nicht, was er kann, was er nicht kann und wie man aus Scheitern klug wird. Im Moment scheitert eine gesamte Gesellschaft und ich überlasse es jedem selbst darüber zu reflektieren, ob es vielleicht ein kollektives Bewusstsein gibt, dass sich eine klügere Gesellschaft wünscht.

Ziele und die Artusphase

Ziele spielen also in jedem Leben eine Rolle, auch in Ihrem. Aber bitte keine Ziele, die sich auf andere Menschen beziehen. Sie können sich nicht den Weltfrieden zum Ziel machen, denn der geht Sie gar nichts an. Sie sind aufgefordert in ihrem Einflussbereich Frieden zu halten und damit, glauben Sie mir, sind Sie voll und ganz beschäftigt. Wenn Sie Frieden wollen, dann klären Sie die Frage, wie Sie mit allen, die Ihnen auf die Nerven gehen, Frieden halten können. Vor allem würde mich interessieren, wie Sie mit Kriegstreibern Frieden halten wollen. Denn die Frage ist für mich bisher ungeklärt. Meine bisherige Erfahrung ist die, dass der Wille zum Krieg, der bei Kriegstreibern die Motivation für ihr Tun ist, eine gewaltige Kraft ist, gegen die die Friedenswünsche der Pazifisten gar nicht ankommen. Wenn Krieg und Frieden im Streit miteinander stehen, ist das wohl der Kampf zwischen Licht und Schatten. Wie friedlich sind Sie, wenn Ihnen die Schatten gegenüberstehen? Krieg ist ein kollektives Psychospiel, das schon lange bevor es zu Ausschreitungen kommt beginnt. Und genau betrachtet, stehen wir gerade mitten drin. Und weil wir so friedlich sind, gibt es eine neue Maxime: Stell dir vor, es ist Krieg und keiner schaut hin. Vergessen Sie nur nicht: wer den Kopf im Sand hat, sieht den Tritt in den Allerwertesten nicht kommen!

Macht und Ohnmacht

Die meisten Menschen, die ich gefragt habe, wie sie zur Macht stehen - allen voraus die Männer - erklärten mir, dass Macht etwas Schlechtes sei, womit sie nichts zu tun haben wollen.
Aber Preisfrage: sind ohnmächtige Menschen besser als mächtige? Macht haben bedeutet, machen können. Ist das grundsätzlich schlecht? Und wenn ja, dann lassen Sie mich gerne wissen, was an Ihrer Entscheidung für die Ohnmacht besser ist.

Man kann Frieden visualisieren, wie ich es in dem Video „Vision of Peace" von Soulfit[15] vorschlage. Man kann mit seinen Vorstellungen arbeiten, sich Frieden wünschen und ausstrahlen. Aber manche haben das Leben erst im Krieg schätzen gelernt und wie es das Paradoxon des Lebens vorgibt, gibt es keinen Frieden ohne echte Selbstverteidigung. Die Shaolin Mönche können darüber sicher mehr berichten.

Ihr Himmelreich will auch im Krieg gestaltet werden und dazu braucht der Mensch Macht. Dieses Buch konnte erste fertig geschrieben werden, als ich aus meiner eigenen erschrockenen Starre erwachte. Das Ziel des tugendhaften Erwachsenen, egal, ob Mann oder Frau, ist sein ganz ureigenes Königreich, seine eigene Welt, die aus den Einsichten entsteht, die in der Arbeit an sich selbst vollkommen klar werden. Welche Rolle sollen Ihre Beziehungen in Ihrem Königreich spielen? Haben Sie sich Gefährten ausgesucht oder Mühlsteine, die um Ihren Hals hängen? Unterstützen die Gefährten Ihr Wachstum oder sind sie einengend und destruktiv und wollen, dass Sie

---

[15] Wiegand Tina, Vision of Peace, CD Gospelpop, Videos Dailymotion

für ihre Komfortzone sorgen? Wenn das der Fall ist, viel Spass mit dem Frieden.

Es gibt einen wesentlichen Unterschied zwischen Menschen auf dem hellen Weg und den Gutmenschen des Mainstream. Der/die GutmenschIn vertritt immer das, was die Masse gerade als gut definiert und stellt aber weiter keine Fragen. Auf dem hellen Weg begegnet dem Menschen das Thema Macht. Je weiter Sie sich entwickeln, um so klarer wird Ihre Fähigkeit, etwas umzusetzen. In der Regel stammen die Werte der Gutmenschen aus den Massenmedien und diese vertreten das, was die Menschen laut ihrer Regierung, respektive der Börse, glauben sollen. Nachrichten heißen nicht Nachrichten, weil sie eine echte Realität zeigen, sondern weil sie Anweisungen sind, nach denen Sie sich richten sollen. Die Massenmedien haben die Predigt von der Kanzel ersetzt und erzeugen Dogmen auf hypnotischem Weg. Sie zeigen ein Bild von der Welt, zeigen aber nicht die echte Welt. Wir erleben nur einen kleinen , sorgfältig ausgewählten Ausschnitt. Wahrheit ist wesentlich größer und umfangreicher als das. Frauen und Männer auf dem hellen Weg werden zunehmend geführt und arbeiten an sich selbst und der Erweiterung ihres eigenen Bewusstseins. Überzeugungen des Mainstreams nehmen sie nicht an, da sie wissen, dass die meisten Massenmeinungen auf der Massenbeeinflussung beruhen. Menschen auf dem hellen Weg sind oft flexibler und anpassungsfähiger als diejenigen, die dem Mainstream verschrieben sind und dennoch untersuchen sie zu jedem Zeitpunkt die Wirkung ihres Tuns.

Selbst auf dem Weg der Entwicklung zu sein, während der Partner möglichst autoritär auf den Werten des Mainstreams verharrt, macht die Sache nicht einfacher. Die schlimmsten Kriegstreiber sind die, die die Meinung des Mainstream vertreten. Was machen Sie, wenn Ihre Partner oder Kollegen radikale Mainstreamer sind, die kratzbürstig werden, wenn man ihnen ihre Absicherung nimmt? Stillhalten ist nicht die beste Konfliktlösung, aber die Frage nach der Resonanz stellt sich auch hier. Welcher innere Konflikt bremst Ihre Entwicklung?

Und was ist Ihre Resonanz mit Kriegstreibern?

VISIONSARBEIT ALS ORIENTIERUNG

16. MERKSATZ: NORDPOL IST NICHT SANSIBAR

Wenn der eine Partner zum Nordpol will und der andere nach Sansibar, dann wird schon die Wahl des Schuhwerkes problematisch. Den Parka braucht man nicht in Sansibar und die Badeschlappen nicht am Nordpol. Aber es gibt Paare, die sich bis aufs Messer bekriegen, weil sie sich nicht einigen können, ob nun der Parka oder die Badeschlappen gekauft werden sollen. Erst wenn klar wird, dass die beiden völlig unterschiedliche Ziele haben, kann ein Konsens gefunden werden - oder eben auch nicht. Wer den Nordpol und die Kälte liebt, kann des lieben Frieden willens mit nach Sansibar reisen. Vielleicht auch, weil sie ihm sonst Schuld zuweist und ihm vorwirft, dass sie nicht glücklich ist. Aber glücklich wird sie in Sansibar nicht, denn am Nordpol wartet vielleicht ein Problem, das nur er lösen kann. Und während seine Frau zufrieden am Strand brutzelt, verabschiedet er sich innerlich zum Nordpol, um seinen Weg in den Träumen zu vollenden. Seine Frau hat ihr Recht bekommen, aber sein Lebenswerk wird nicht vollendet werden und deswegen wird er nie wieder glücklich mit ihr sein. Wenn sie auf dem hellen Weg unterwegs ist, findet sie das irgendwann heraus. Bleibt sie jedoch im Mainstream verhaftet, wird sie vor lauter Zeitvertreib vielleicht nicht einmal erkennen, wie sehr sie ihn langweilt. Aber letztlich ist es an ihm, sie irgendwann zu verlassen und seinen Gefährten zu folgen, die bereits am Nordpol warten.

17. MERKSATZ: PARTNER SIND KEINE THERAPEUTEN

Den Partner für die Lösung der eignen psychologischen Verletzungen, die Komfortzone oder den Lebensweg verantwortlich und zum

Therapeuten zu machen, ist kein faires Mittel der Wahl. Menschen, die schon von ihren Eltern parentifiziert und ausgenutzt wurden, werden gerne von bequemen Partnern vor den Karren gespannt und für das seelische Wohlbefinden verantwortlich gemacht. Aber eine solche Situation darf nicht einreißen. Partner können nicht wieder gut machen, was an Defiziten aus der elterlichen Beziehung mitgebracht wurde. Ein Ansprechpartner außerhalb ist wichtig.

Auf dem hellen Weg wird ein Mensch sicherlich mit der Zeit eine Art Heiler, aber das bedeutet nicht, dass der Partner sich im Angesicht dieser Leistungen in die Hängematte legen kann. Niemals sollte man einen treuen Partner als selbstverständlich ansehen. Beziehung ist ein gemeinsamer Entwicklungsweg und wenn das angenommen werden kann, können Krisen in eine Bereicherung münden. Wenn aber unterwegs fest gestellt wird, dass der verdeckte Ehevertrag besagt, dass einer der Partner die Elternrolle und der andere die Kind-Rolle einnimmt, wird es schwierig. Kann dieser Konflikt nicht aufgelöst werden, ist eine Trennung unvermeidlich.

Nehmen Sie sich doch einen Moment Zeit und überlegen Sie, wie Sie Ihr Königreich gestalten würden, wenn Sie einen Zauberstab hätten. wüssten Sie, was Sie wollen - und zwar OHNE den Willen eines anderen zu beeinflussen?

VERANTWORTUNG, FREIHEIT UND ENTSCHEIDUNG

Wer Verantwortung übernehmen will, muss Antworten auf viele Fragen der Lebensbewältigung finden. Das ist in einer freiheitlichen Welt weit schwieriger als in einem Regime, in dem alles vorgeschrieben wird. Wer frei sein will, muss auch bereit sein, aus Negativerfahrungen seine Schlüsse zu ziehen und diese als Teil seines Erfahrungsschatzes sehen. Wer sich immer und überall vor Negativerfahrungen schützen will, baut sich und anderen Käfige aus Angst. Hundertprozentige Sicherheit kostet die Freiheit. Deswegen neigen ängstliche Menschen dazu, andere zu strangulieren. Unvorsichtiges Verhalten und Leichtsinn hingegen können das Leben kosten. Deswegen muss die Balance zwischen Risikofreudigkeit und Sicherheitsbedürfnis gefunden werden. "Nichts wird so heiß gegessen wie es gekocht wird" sagen Erfahrenere den Zauderern, die zum ersten Mal vor einer bestimmten Erfahrung stehen. „Wer fällt kann nur einen großen Fehler machen: liegen bleiben!" ist ein anderes Sprichwort, das Ängstlichen eine Perspektive gibt. Doch Aufstehen, Krone richten und weiter gehen muss man selbst. Niemand nimmt einem dieses Bemühen ab. Auch „aus Erfahrung wird man klug!" gehört zu den mutmachenden Lebensweisheiten, die aber nur der erlebt, der wieder aufgestanden ist. So mancher wunderbare Tiger bleibt im Käfig sitzen, selbst wenn die Tür weit offen ist und wird die Grandiosität des exotischen Dschungels deswegen niemals erleben.

TRANSGENERATIONALE TRAUMATA

18. MERKSATZ: DIE AHNEN LEBEN WEITER

Zahllose Menschen re-inszenieren die unbewussten Konflikte ihrer Eltern und Großeltern in endlosen, schmerzhaften Lebensdramen, ohne Aussicht, jemals den mentalen Gefängnissen zu entkommen. Sie wissen nicht, dass ihre Psychospiele Zusammenhänge enthalten, die weder ihnen noch den Eltern bewusst sind. Auch Familiengeheimnisse können sich in schweren Schicksalen niederschlagen. Besonders die Nachkommen der Kriegskinder und Kriegsenkel müssen damit rechnen, dass die schweren Traumata der letzten 5 Generationen sich negativ auf ihr Leben niederschlagen. Vielleicht werden die Nachkommen eines Tages von einer Zeit der gigantischen Endauszahlung berichten und unsere heutige Zeit meinen. Eine Zeit, die verlangt, zwischen der psychologischen Wahrheit der Familienlinie und ökonomischen, religiösen und politischen Marketingstrategien zu unterscheiden. Schicksal ist jiddisch und bedeutet geschicktes Glück - es ist nur selten so, dass man das

„Glück" der Erkenntnis auf den ersten Blick erkennt. Deswegen wird der Selbstunerfahrene Schicksal ausschließlich negativ sehen. Aber dazu später mehr.

UNBEKANNTE SELBSTREFLEXION

Aus meiner Sicht ist es weniger die Unfähigkeit, die lange Zeit bis zum Tod zu überbrücken, wie Berne das sah, als vielmehr die noch wenig ausgegorene und noch fast unbekannte Fähigkeit der Selbstreflexion. Es wird in den letzten Jahren jedoch immer üblicher, über Persönlichkeitsentwicklung nachzudenken. Doch dabei geht es oft eher um das bewusste: „wie bin ich" und „wie werde ich perfekt" oder „wie werde ich erfolgreich". Noch wird ängstlich vermieden, über die unbewussten Strukturen nachzudenken und so bleiben viele Menschen in ihren toxischen Interaktionen verhaftet. Die wenigsten wissen, dass man durch die Veränderung innerer Mechanismen aus scheinbar chancenlosen Situationen aussteigen kann. Der Mensch hat seine Umwelt erforscht und die Technik weit vorangetrieben, aber wie er selbst tickt und was das Menschsein ausmacht, wurde in dieser Phase der Außenorientierung bisher zurückgestellt, vielleicht sogar als „esoterisch" verunglimpft. Nur wer Ehr-lich ist hat die Ehre. Deswegen: wenn wir die Wahl haben zwischen einem Aluhirn und einem Aluhut, dann lassen Sie uns mutig zweites wählen. :-) Aber schauen wir uns an, wie wir in die heutige Situation geraten sind.

AUSSTIEGSSZENARIEN

Die folgenden Überlegungen können Ihnen in Psychospielen ersten und zweiten Grades viel Unterstützung geben. Wenn die Situation jedoch angespannt ist oder gefährlich wird oder schon sehr lange andauert, empfehle ich Ihnen, wie schon gesagt, an einem Lotusseminar teilzunehmen oder sich durch die Psychosophics[16] professionell unterstützen zu lassen.

---

[16] www.psychosophics.de

Analyse

Wer selbsterfahren ist, kennt seine Schwachstellen besser, als jemand der nicht reflektiert und seine wunden Punkte nicht kennt. Wer also zum ersten Mal über diese Strukturen nachdenkt, wenn sie oder er sich bereits in Schwierigkeiten befindet, ist gut beraten, sich einen professionellen Begleiter zu suchen, der bei der Analyse hilft.

Wichtig ist es oft erst einmal, zu sich zu kommen, sich selbst wahrzunehmen und die eigene Befindlichkeit in Worte zu fassen. Gehen Sie zu diesem Berufe folgende Wahrnehmungsliste durch

WAHRNEHMUNGSLISTE

Lernen Sie, sich selbst und Ihre Reaktionen auf bestimmte Situationen genau wahrzunehmen. Richten Sie Ihre Aufmerksamkeit auf

1. Ihren Magen

2. Ihre Muskeln

3. Ihre Gefühle

4. Ihre Körperempfindungen generell

5. Welche Worte/Sätze fallen Ihnen ein? Suchen Sie nach generalisierenden Sätzen (immer passiert mir das, ich werde nie glücklich werden, warum bekommen alle anderen mehr als ich? Wenn Sie solche Sätze wahrnehmen, dann notieren Sie sie.)

6. Gibt es bestimmte Sätze, die Sie denken?

7. Fühlen Sie Enge, Weite, Kälte, Wärme?

8. An wen erinnert Sie Ihr/e KonfliktpartnerIn?

9. Welches Gefühl löst sie/er in Ihnen aus?

10. Kennen Sie dieses Gefühl irgendwoher? Erinnern Sie sich.

11. Zieht ein bestimmter Gegenstand Ihre Aufmerksamkeit auf sich?

12. Möchten Sie sich setzen/legen/bewegen/ ruhig halten?

13. Möchten Sie den Raum verlassen, sich nähern/entfernen?

14. Wie fühlt sich Ihre Kleidung/Ihr Schmuck an?

15. Sind Sie hungrig/durstig?

16. Was assoziieren Sie mit der aktuellen Situation?

17. Fällt Ihnen sonst noch etwas ein?

Am besten arbeiten Sie diese Fragen in einer ruhigen Minute aus und führen ein Tagebuch darüber, wie es Ihnen geht. Nutzen Sie für diese Art der Selbstbefragung auch die „Lotuszeit[17]" mit ihren schönen Motivkarten. So können Sie die Selbstbefragung üben.

Schmerz der Vergangenheit

Denken Sie über Ihre Kindheit nach. An welche Situation erinnert Sie die aktuelle Situation? Welche schmerzhafte Kindheitssituation wird in der aktuellen Situation getriggert?
Stellen Sie den linken Fuß bewusst symbolisch in die Vergangenheit und den rechten in die Gegenwart. Üben Sie, bewusst zwischen den Gefühlen Ihrer Kindheit und der aktuellen Situation zu unterscheiden. Bemerken Sie eine Erleichterung der aktuellen Situation?

Spüren Sie Ihre beiden Füße bewusst auf der Erde stehen. Üben Sie, Ihre Vergangenheitsgefühle in Richtung des linken Fußes zu schicken und stellen Sie sich dabei vor, dass Sie das Kind, das Sie einmal waren freundlich trösten. Was hätte das Kind, das Sie einmal waren hören müssen? Können Sie Ihrem inneren Kind das sagen, was Sie gerne von Ihrer/Ihrem KonfliktpartnerIn hören würden oder damals als

---

[17] Wiegand, Tina: Lotuszeit - Kartendeck und Arbeitsbuch

Information gebraucht hätten? Schreiben Sie auf, welche Worte Ihnen gut getan hätten. Konzentrieren Sie sich auf die Kommunikation mit Ihrem inneren Kind und lernen Sie bewusst zwischen dem Kind von damals und dem Erwachsenen von heute zu unterscheiden. Beschreiben Sie diese Unterscheidung in Ihrem Tagebuch, zeichnen oder malen Sie ein Bild dazu. Nehmen Sie sich Zeit für sich und Ihr Selbstverständnis und lernen Sie, es ehrlich mit sich selbst zu meinen. Das ist nicht ganz so einfach, wie es klingt, denn Sie müssen eine bessere Mutter, ein besserer Vater werden als die Eltern, die Sie selbst erlebt haben. Es ist an Ihnen Ihr inneres Kind durch und durch zu verstehen.

Die neue Entscheidung

Es kann sein, dass das Kind, das Sie einmal waren, eine Überzeugung hat, das es für unverrückbar hält. Niemand mag mich! Könnte so eine Überlegung sein oder „nie bin ich genug" oder „ich werde es niemals schaffen" oder „niemand hilft mir". Überlegen Sie, welche Überzeugung besser in Ihr heutiges Leben passt und von welcher Überzeugung Sie sich wünschen würden, dass sie wahr wird. Tun Sie so, als würden Sie für Ihr inneres Kind einen Zauberspruch entwickeln wie: „Ich werde von allen geliebt" oder „Ich bin ein Glückspilz". Schreiben Sie den Zauberspruch auf einen Zettel und stecken Sie diesen in Ihre Hosentasche.

Im Erwachsenen-Ich

So vorbereitet fällt es Ihnen vielleicht leichter, sich nun in das Erwachsenen-Ich zu begeben und sachlich auf die aktuelle Situation zu reagieren. Nehmen Sie nun gemeinsam eine Suchhaltung ein und beschließen Sie, solange zu suchen, bis Sie die Haken und Ösen Ihrer Verstrickung identifiziert und unschädlich gemacht haben. Das ist hilfreicher, als ewig den Schuldigen identifizieren zu wollen.

- Kannst du mir das noch mal erläutern?
- Was ist gerade dein Ziel?
- Kannst du sagen, was du gerade brauchst?

Übernehmen Sie nicht die Verantwortung für das innere Kind Ihres Gegenübers. Das muss derjenige selbst machen, ebenso, wie Sie das für sich tun müssen. Die Arbeit mit dem inneren Kind kann Ihnen niemand abnehmen. Führen Sie die Diskussion auf eine sachliche Ebene und wenn das nicht gelingt, entscheiden Sie zu einem Zeitpunkt weiterzureden, wenn sich jeder beruhigt hat.

Verständnis und Respekt

Ebenso wie Sie selbst, befindet sich Ihr Gegenüber in einer Kommunikationsspirale, die sie oder ihn gefangen hält. Wenn sie erkennen, dass Sie im selben Boot sitzen und gegenseitig ihre Verletzungen triggern, fällt es Ihnen leichter, nachsichtiger zu reagieren und dem anderen zuzugestehen, dass auch Ihr Gegenüber ein Mensch und kein Gott ist. Abgesehen davon, mit einem Gott oder einer Göttin kämen Sie auf Dauer sowieso nicht zurecht. :-)

Geruhigt - die Notbremse

„Ich hab mich geruhigt" rief mein Großer als Vierjähriger stolz, wenn er nach einem temperamentvollen Ausbruch wieder aus seinem Zimmer kam, dessen Türe er vorher mit Karacho zugepfeffert hatte. Er pflegte hin und wieder die Fassung zu verlieren und brüllte sich die Seele aus dem Leib und mich mit zornesfunkelnden Augen an.
Da ich selbst auch ein temperamentvoller Mensch bin, führte sein Gebrüll dazu, das ich die Fassung verlor und zurück brüllte. Damit die Situation nicht eskalierte, marschierte jeder in sein Zimmer und schloss - er mehr, ich weniger geräuschvoll die Türe, um die Selbstkontrolle wiederzufinden. Im Zimmer wurden dann erst einmal

ein paar Atemübungen gemacht und dann kamen wir noch mal neu rein.

Wenn er sich „geruhigt" hatte, wollte er reden, mir sagen, was ihn geärgert hatte und sich von mir eine Erklärung abholen, was mich an ihm gestört hatte. Es hat nie einen Konflikt gegeben, den wir nicht hätten lösen können.

„Geruhigt" ist gut, um das Gespräch auf eine sachliche Ebene zu ziehen. Die Möglichkeit, die Notbremse zu ziehen, sollte jeder Gesprächspartner als Zugeständnis bekommen, wenn die Situation zu emotional wird - was durchaus menschlich ist und in den besten Familien vorkommt.

Das Spiel offenlegen

Wenn Sie sich „geruhigt" haben, können Sie wieder sachlich werden. Sagen Sie Ihrer Frau nicht, dass sie wie Ihre Mutter ist. Lassen Sie den Vorwurf „typisch Mann" gegenüber Ihrem Mann. Sonst können Sie gleich die nächste Türe zuknallen. Auch eine Aussage wie: bei meiner Familie ist alles in Ordnung, deine Familie ist das Problem, ist gleich die Einladung zur nächsten dramatischen Episode. Was wesentlich weiter führt ist beispielsweise eine Entschuldigung dafür, dass man sich im Ton vergriffen hat oder im Eifer des Gefechts Dinge gesagt hat, die man im Nachhinein bereut.

Wenn sich alle „geruhigt" haben, in gutem Kontakt mit ihrem inneren Kind stehen - bitte, jeder mit SEINEM eigenen inneren Kind, nicht Sie mit dem inneren Kind des anderen!! - und soweit bei sich ist, dass jeder weiß, wer bei wem was getriggert hat, können Sie sich dazu austauschen. Sie werden bemerken, dass das Spiel beim nächsten Mal viel früher identifiziert wird und mit der Zeit seine Macht verliert. Zusammen mit den Verletzungen der Vergangenheit. Denken Sie immer dran: es ist nur ein Psychospiel, eine Szene, die neu inszeniert werden muss und eines guten Regisseurs bedarf!

Ich-Botschaften

„Ich fühle mich verletzt" ist eine andere Aussage als „du hast mich verletzt!" Das eine ist eine Botschaft über die eigene Befindlichkeit, eine Ich-Botschaft, das andere ein Vorwurf. Vorwürfe emotionalisieren und bringen das Gegenüber dazu, sich abzuschotten. „Ich fühle mich ignoriert" ist eine andere Aussage als „du hast mich ignoriert", denn der andere kann das ganz anders gemeint haben. Kritik ist etwas anderes als Feedback. Befassen Sie sich mit den Unterschieden und finden Sie heraus, wie Sie gemeinsam aus dem Schlamassel kommen, in das Ihr Unterbewusstsein Sie führt, damit Sie Altlasten loswerden und freier werden können. Gemeinsam durchgestandene Krisen vertiefen die Beziehung.

Ziele definieren

Was ist gerade dein Ziel? Was willst du erreichen? Fragen wie diese, vor allem, wenn sie einigermaßen sachlich gestellt werden, bringen in emotionalen Situationen den kühlen Kopf zurück. Was würde die Situation gerade besser machen? Hilft dabei, zielorientiert zu werden, wenn im Eifer des Gefechts die Emotionen einen Selbstzweck bekommen. Wie wollen wir in Zukunft damit verfahren? Kann dabei helfen insgesamt eine bessere Absprache zu finden und die Zukunft besser zu gestalten, wobei die Bedürfnisse von allen berücksichtigt werden können.

Es ist ein Unterscheid, ob Sie sich gegenseitig besiegen oder an Erfahrung dazu gewinnen wollen. Ersteres ist ein Ziel des dunklen Weges, der Wunsch nach Triumph und Überlegenheit. Vielleicht sogar der Wunsch, den anderen kleiner zu machen als sie oder er ist. Der Weg des Ego ist auch niederträchtig und verletzend. Der Wunsch des Höheren Selbst ist der Wunsch nach einer Win-Win Situation, die für alle gewinnbringend ausgeht. Wenn ihr Lebensskript ein Gewinnerskript sein soll, achten Sie gut auf Win-Win Situationen. Wie schon beschrieben ist dieser Weg manchmal schwierig, vor allem, wenn die Erkenntnisprozesse schmerzhaft sind. Aber der schwierigere Weg der Tugend ist auch der lohnendere Weg. Sie entscheiden, ob Sie billige Siege oder wertvolle Gewinne Ihr eigen nennen wollen.

Wie bereits bemerkt sind diese Vorgehensweisen bei Spielen der leichteren Grade hilfreich. Wenn es sich jedoch um ernstere Spiele handelt, sind oft tiefere Traumata beteiligt. In solchen Fällen ist die Unterstützung durch professionelle Helfer unerlässlich.

EHESPIELE

Stimulation (Strokes) ist ein Grundbedürfnis, wie essen und trinken. Doch unerwünschte Stimulation kann auch Stress auslösen und krank machen. Betrachten wir typische Ehespiele. Im Spiel „Ich gebe mir wirklich die größte Mühe" beschreibt Berne den Ehemann, bei dem die Entstehung eines Magengeschwürs eine Rolle spielt, als „tückisch". Das Paar geht zum Therapeuten, doch der innere Entschluss, sich scheiden zu lassen, steht für den Mann schon fest. Nur möchte er unschuldig aus der Mühle heraus kommen. (Hier ist der Bezug wichtig, dass die Ehe in einem Kontext geschieden wird, die noch auf schuldig oder unschuldig plädiert). Er geht also mit zur Therapie, wendet sich aber zunehmend gegen den Therapeuten. Scheitert die Therapie, kann er sich dennoch darauf berufen, dass er es ja versucht, sich also große Mühe gegeben hat. Doch wenn der Therapeut „nichts taugt", dann kann er aussteigen. So landet die Verantwortung beim Therapeuten. Macht seine Frau weiter, so bemüht sie sich offensichtlich tatsächlich um die Ehe. Doch dann entwickelt er ein Magengeschwür.

Berne beschreibt drei Stufen (Spiel 1., 2., und 3., Grades) - hier die Situation aus seiner Sicht.

Spiel 1. Grades: der Tapfere

Der Mann hat die Diagnose Magengeschwür bekommen, besteht aber darauf, weiterhin zur Arbeit zu gehen. Ein Mensch der Schmerzen hat, hat einen Anspruch darauf, rücksichtsvoll behandelt zu werden und Strokes in Form von Fürsorge zu erhalten. So sagt er: ihr seht, ich gebe mir die allergrößte Mühe!" Und alle antworten: „wir sehen und bewundern dich, weil du so tapfer bist."

Spiel 2. Grades: der stille Held

Der Mann hat seine Diagnose vor seiner Frau verborgen, bricht eines Tages im Büro zusammen. Die Frau fühlt sich aufgefordert, nun eine größere Wertschätzung an den Tag zu legen. Wenn andere Werbungsversuche misslungen sind, so kann die Erkrankung als ein Versuch der Werbung um sie gedeutet werden. Der Kranke übt Druck auf seine Frau aus und erpresst Liebe durch sein Leiden.

Spiel 3. Grades

Aus dem Magengeschwür entwickelt sich Krebs, der Mann „bringt sich um" und liegt eines Tages tot im Badezimmer.

Spüren Sie mal nach - haben Sie hier das Gefühl, dass es sich im eine einfühlende Beschreibung eines kranken Menschen handelt? Auf mich wirkt die Beschreibung, als hätten wir hier einen bösen Mann, der aus Boshaftigkeit eine Erkrankung entwickelt und eine arme Frau, die doch nur Blumen haben wollte. Aber so einfach ist das aus meiner Erfahrung heraus nicht.

Ich halte die Deutung von Berne in dieser Sache für falsch. Warum? Weil das Symptom Informationen preisgibt, die Berne offensichtlich nicht berücksichtigt hat. Schauen wir uns die Psychosomatik des Magengeschwürs bzw. der Gastritis an, die dem Magengeschwür voran geht. Symptome lügen nicht. Sie werden in der Transaktionsanalyse jedoch nicht so betrachtet, wie es hilfreich sein könnte:

Psychosomatik des Magengeschwürs (chronische Gastritis)

Gesellschaftlich betrachtet neigen eher Männer zu Gastritis, da sie stärker dazu erzogen werden, ihre Probleme durch Leistung zu lösen. Männer sind vom Ulcus 5mal häufiger betroffen als Frauen. Die meisten Krankheitsfälle ereignen sich im 50sten Lebensjahrzehnt. Bei Frauen gibt es einen Anstieg nach der Menopause. Gastritis ist eines der ersten „Stress-Symptome", das auftaucht, wenn wir aus unserem inneren Gleichgewicht fallen. Der Magen reagiert je nach innerer Gestimmtheit mit zu viel oder zu wenig Magensäure. Wut, Ärger und Groll beschleunigen die Magenpassage und führen zu einer übertriebenen Magensäurebildung. Angst, Resignation, depressive Grundstimmung oder der Wunsch, der Wirklichkeit zu entfliehen, verlangsamen den Verdauungsvorgang d.h. zu wenig Magensäure wird hergestellt.

Doch mit wem oder was steht der Magen in Verbindung? Unser Solar Plexus ist ein mit empfindlichen Nerven durchzogenes System. Dinge schlagen uns auf den Magen, wenn die Schläge zu hart werden. Muttermilch und Liebe gehen durch den Magen. Hass auch. Wenn der Magen rebelliert, ist die Situation meist nicht liebevoll. Ähnlich wie in Bezug auf die Muttermilch, kann auch das Essen in der Partnerschaft die Magennerven stressen.

Gemeinsames Essen sollte eine Geste des Friedens sein. Gemeinsames Essen ist das, was uns von Tieren mit Futterneid unterscheidet. Doch wenn gerade diese Friedenszeiten nicht friedlich sind, dann reagiert der Magen verschnupft auf die kriegerische Kommunikation.

Magengeschwür statt Blumen - MsB?

Laut Berne präsentieren manche Ehemänner ihren Frauen statt eines Blumenstraußes als Liebeserklärung ein Magengeschwür. Die Botschaft dabei seiner Meinung nach: "Du siehst, ich habe mein Äußerstes getan". Damit führt Berne ein Magengeschwür auf ein Psychospiel zurück, das einen regressiven Charakter in Form einer Erkrankung hat. Ich erlaube mir jedoch hier eine andere Betrachtungsweise. Dass die Auslösefaktoren des Magengeschwürs psychosomatischer Natur sind, ist wissenschaftlich anerkannt. Die auslösenden Faktoren erfordern alle eine tiefenpsychologische Ursachenforschung in der Kindheit - das was Berne eher ablehnte.

Psychosomatische Faktoren eines Magengeschwürs

1. Geborgenheitsverlust durch z.B. Ablösungsprozess, Verlassen des Elternhauses, Scheidung.
2. Zuwachs an Verantwortung, z.B. beruflicher Aufstieg, Selbst- und Fremdüberforderung
3. Stresssituationen z. B. gesellschaftlicher Art, Arbeitsplatzverlust, z.B. Naturkatastrophen, für deren Schockbewältigung eine grundlegende Erfahrung der Urgeborgenheit notwendig würde o.ä.
4. Und meine eigene Beobachtung: unverdauliche Dinge erleben, die traumatischer Natur sind und nicht verdaut werden können.
5. Geschluckter Ärger

Aktive Ulcus-Persönlichkeit

Abhängigkeitswünsche werden unterdrückt. Dabei kommt es leicht zur Selbstüberforderung. Dies könnte ein Individuum sein, welches kaum Hilfe von Außen akzeptieren kann und sich mit Verantwortung überfordert. Ehrgeiz kann den Menschen aufzehren und das Umfeld, z. B. Arbeitskollegen, empfinden die Person als unangenehm und konkurrierend.

Passive Ulcus-Persönlichkeit

Versorgungsbedürfnisse werden enttäuscht. Bei diesen Menschen werden die regressiven Wünsche offener benannt. Die Realität enttäuscht und erzeugt inneren Stress.

Aus dem Gesagten kann man erkennen, dass die Analysen des zwei mal geschiedenen Eric Bernes machmal nicht tief genug gehen und daher einen zynischen Charakter bekommen. Eine psychosomatische Erkrankung deutet eher auf ein Psychospiel hin und eine Frau, die vielleicht gar keine Blumen verdient hat, aber eine Aggression auslöst, die ein Mann nicht gegen eine Frau ausagieren darf. Vielleicht gibt es einen Grund, warum der Mann so sauer ist, dass es ihm die Magenwand verätzt. Aber er schluckt seine Wut herunter, anstatt sie auszudrücken.

Berne wagte es scheinbar nicht, die Frau zu kritisieren oder ihren Part im Spiel zu betrachten. Auch er neigte m.E. dazu, Spielarten der Frauen zu banalisieren und zu unterschätzen. Zu dieser Thematik findet Hans-Joachim Maaz in seinen interessanten Büchern klare Aussagen. Er führt den Zusammenbruch ganzer Gesellschaft und die Regime Entwicklungen auf den dunklen Teil in Müttern zurück, die ihre Söhne entsprechend seelisch versehrt haben.[18] Berne jedoch sieht nur, dass die arme Frau keine Blumen bekommt und der böse Mann

---

[18] Maas, Hans Joachim, Die narzisstische Gesellschaft.

stattdessen ein Magengeschwür entwickelt. Dabei spielt er auf den sekundären Krankheitsgewinn an, Fürsorglichkeit, die nur im Falle einer Krankheit erhalten werden. Sind die fehlenden Blumen das größte Problem, wenn der Mann krank geworden ist? Oder könnte es nicht sein, dass es sich bei der Frau um ein „Prinzesschen auf der Erbse" handelt, die von ihrem Vater bis auf einmal immer alle Spielzeuge bekam, das fehlende Spielzeug aber ein Leben lang als Vorwurf genutzt wurde? Könnte es sein, dass sie den Ehemann genau so dominiert, wie sie den Vater dominierte und der arme Mann seinen Ärger schluckte, weil sonst alles noch mehr eskaliert wäre?

All diese Fragen bleiben offen. Die Frau arm, der Mann böse. Wenn mich nicht alles täuscht, ist das ein Psychospiel :-).

Rückzug

Das „Selbst-Streicheln" ist eine Möglichkeit als anstrengend erlebte Kontakte zu kompensieren und die Batterien wieder aufzuladen. Allerdings kann der Rückzug keine angenehmen sozialen Kontakte ersetzen. Wer zum Rückzug neigt, sollte sich Gedanken über so genannte „Energiefresser" machen, die ihn oder sie vielleicht übermäßig strapazieren. Aber auch die Frage nach der Abgrenzung sollte gestellt werden, sowie unbewussten Überzeugungen, die eine Aussage haben wie: „nur wenn ich allein bin, bin ich in Sicherheit" o.ä. Das Alleinsein ist doch gleichzeitig die Chance, bewusst an der Lebensgestaltung zu arbeiten, nachzudenken und zu sich zu kommen.

Doch Rückzug kann auch in Form einer Spieleinladung vonstatten gehen und anzeigen, dass die Dominanz über die Kommunikation beansprucht wird. Wer sich zurückzieht, entscheidet in diesem Moment darüber, dass keine Kommunikation stattfindet. Wenn diese Vorgehensweise einen provokativen Charakter hat, ist zu überlegen, ob es sich hier um eine verdeckte Transaktion des Psychospiels handeln kann. Fragen Sie immer nach Ihrem eigenen „Haken" im Spiel. Wie geht es Ihnen, wenn sich jemand zurück zieht?

Aktivitäten

Nach Berne sind alle Tätigkeiten, die dazu gehören, den Alltag zu strukturieren, „Aktivitäten". Aufräumen, kochen, die Kinder in den Kindergarten fahren, einkaufen, etc. Berne bezieht auch den Aspekt „Arbeit" hier mit ein, was überall da angemessen ist, wo Arbeit dem reinen Gelderwerb dient und nicht den Anspruch der Selbstverwirklichung erfüllt. Mit Aktivitäten kann sich der Mensch viel Lob einheimsen (das gepflegte Heim, das saubere Auto) und folglich wird hier viel Zeit investiert.

Tollpatsch

Eine Person, lädt die andere ein durch ihre Tollpatschigkeit auf ihr herumzuhacken. Sie versucht es allen recht zu machen, aber je mehr sie sich bemüht, um so mehr geht schief. Darüber ist sie frustriert. Während der Tollpatsch das psychologische Spiel „Tritt mich!" spielt, spielt der andere den „Meckerer" oder „Jetzt habe ich dich, du Schweinehund."
Nutzen: der Tollpatsch bestätigt sich immer wieder, dass die Eltern Recht hatten und er sowieso nichts richtig macht, während der Meckerer seinen Selbstwert aufpoliert. „Da siehst du, was du wieder angerichtet hast". Unbewusst, wie immer in Psychospielen.

Warum muss das immer mir passieren (Waim)?

Vom Leben Enttäuschte sehnen sich ständig neue Ungerechtigkeiten herbei und begeben sich in Situationen, die negativ für sie ausgehen müssen. Für Außenstehende ist es oft klar erkennbar, dass die Betreffenden sich gerade wieder in einer Wiederholungsschleife begeben. Warner erleben dabei jedoch oft, dass sie unwirsch zurückgewiesen werden und die Betoffenen keinen Rat wünschen. So geschieht also das nächste Missgeschick. Warum muss das immer mir passieren?, fragen sie dann. „Weil du glaubst, schuld zu sein und Bestrafung verdient zu haben". Könnte eine mögliche Antwort aus dem Unbewussten in Form einer Überzeugung, einer so genannten Matrixüberzeugung lauten. Aber was ein echter Psychospieler ist, wird sie oder er mit „Ja aber..." antworten. Egal, was ein potentieller Spielverderber zu sagen hat, alles zahlt auf das Konto ein: „warum muss das immer mir passieren...?" Und wenn Sie nicht aufpassen, sind Sie als nächstes schuld, dass das wieder passiert ist :-).

Ist das nicht schrecklich?

Ja, es geschehen schreckliche Dinge, die uns rufen lassen: ist das nicht schrecklich? Die Sozialen Medien geben uns genügend Stoff um uns 24 Stunden über diese schrecklichen Dinge zu unterhalten, den Kopf zu schütteln und uns zu echauffieren. Aber wussten Sie, dass diese Schockerlebnisse und negativen Sensationen süchtig machen? Wussten Sie, dass Ihr Gehirn Hormone ausschüttet, an die man sich gewöhnen kann?

Wir Menschen sind, wenn wir nicht traumatisiert oder anderweitig psychisch versehrt sind, empathische Wesen. Wir sind erschrocken, wenn anderen etwas geschieht. Aber das Psychospiel „Ist das nicht schrecklich" hat einen ganz anderen Hintergrund. Es geschieht nicht aus Empathie. Die sozialen Medien geben einiges her, womit man seine Zeit füllen kann, wenn man den Lebenssinn nicht gefunden hat.
Natürlich wollen wir alle informiert sein, um möglichst gute Entscheidungen treffen zu können. Aber wenn man von seiner Sensationslust abhängig geworden ist, dann hat man dafür keine Muße und keine Lust. Dann ist das Lebenswerk langweilig. Da holt man sich lieber den nächsten Kick. Hier ein Unfall, da eine Schlägerei und hier hat eine Mutter ihr Kind verloren. Ist das nicht schrecklich? Das Gehirn schüttet ein Cortisol aus - besser als Langeweile und spannend wie ein Horrorfilm.

Keine Lösung bitte

Aber wo ist die Lösung? „Da ist eine Überschwemmung - ist das nicht schrecklich?"

„Dann sollten wir aber jetzt unsere Gummistiefel einpacken und losfahren zum helfen!" …

Schweigen.

In einer Gruppe, die das Spiel „ist das nicht schrecklich" spielt, sollten Sie niemals mit Lösungen um die Ecke kommen. Um die geht es nicht. Es geht darum, sich gemeinsam zu echauffieren, so als würde man gemeinsam koksen. Es ist ein Zeitvertreib, bei dem man gemütlich eine Shisha rauchen oder ein Glas Wein trinken kann. Gummistiefel sind da ganz falsch.

Aber was passiert, wenn man sich nie um Lösungen kümmert?

Die eigene Resilienz geht zurück. Und wenn dann der eigene Keller beim nächsten Unwetter voll läuft, wissen Sie nicht, was zu tun ist. Aber Sie können es ja filmen. Irgendwo sitzen dann Leute beim Wein und schauen zu, wie Ihr Keller voll läuft. Ist das nicht schrecklich?

Nicht gegrüßt

Eine wunderbare Möglichkeit, seine Lebenszeit zu vergeuden, ist die Beschäftigung mit Nebensächlichkeiten. Es gibt Menschen, die das Betriebsklima schwer belasten, weil sie schwer getroffen sind, weil jemand sie auf dem Flur nicht gegrüßt hat. Nun kommt es in einem Unternehmen vor, dass man seinen Kopf woanders hat, gerade in Eile ist oder am Telefon. Es kann sein, dass man gerade etwas Unangenehmes gehört oder erlebt hat oder jemanden anderen gerade im Blick hat. Aber dann geht die Welt für Menschen unter, weil man sie auf dem Flur nicht gegrüßt hat. Dieses Ereignis kann über Wochen, über Monate zum Gesprächsthema für manche Personen werden. Es wird dann auch wichtig, ob der andere weniger gelächelt hat oder sogar streng geschaut. Gott bewahre. Alles wird auf sich bezogen, alles wird bewertet beobachtet. Berne, der nicht gerne in die Tiefe ging, beließ es dabei, dass manche Menschen sich in Oberflächlichkeiten verlieren.

Doch bei genauer Betrachtung muss überlegt werden, ob hier nicht eine andere, gravierendere Ursache eine Rolle spielt, die gerade nicht ausgehalten wird. Also hängt man sich an einer Nebensächlichkeit auf und behandelt diese wie ein Lebensdrama erster Klasse. Sollten Sie also jemandem begegnen, für die oder den die Welt untergeht, wenn Sie auf dem Flur nicht grüßen, dann halten Sie im Hinterkopf, dass diese seltsame Kontaktaufnahme eine verdrehte Bitte um Hilfe sein kann. Letztlich sind alle Menschen, die sich stundenlang über Nichts unterhalten auf einem unguten Weg in eine schwere Zukunft.

Tumult

Das Psychospiel Tumult spielt sich zwischen Eltern und ihren gegengeschlechtlichen Kindern in der Pubertät ab. Verdrängte sexuelle Impulse der Eltern gegenüber den geschlechtsreif werdenden Kindern sorgen dafür, dass den Jugendlichen keine freie Bewegung gestattet wird. Hintergrund ist eine nicht eingestandene Ablehnung der ersten jugendlichen Sexualkontakte ihrer gegengeschlechtlichen Kinder aus Eifersucht. Kommen die Jugendlichen von einer Party, einem Rendezvous oder anderen Zusammenkünften, gibt es Streit mit den Eltern, die mit dem Zuknallen der Zimmertüre enden. Das Knallen der Türe ist laut Berne ein symbolisches Unterstreichen der Tatsache, dass alle in getrennten Schlafzimmern schlafen werden. Eifersüchtige Eltern können ihren Kindern das Leben schwer und Beziehung unmöglich machen, da sie selbst den Anspruch auf die Kinder erheben. Hier wäre es wichtig, dass die Eltern ihre Beziehung und ihre Sexualität überarbeiten, anstatt die Kinder zu belasten.

Triumph

Ein typisches Beispiel für ein Verliererskript ist das Spiel „Triumph". Da der Gegner unterschätzt wird, wird vorschnell über einen vermeintlichen Sieg triumphiert. Hier noch mal den Unterschied zum Gewinner: der Verlierer benötigt Siege, in denen andere die Rolle der Verlierer übernehmen. Der Gewinner gewinnt Menschen für sich - auch Konfliktpartner. Wer also in einem Gespräch triumphierende Gesten beobachtet, sollte wachsam werden, denn derjenige, der triumphiert hat in der Regel seinen baldigen Absturz geplant.

Hilfe Vergewaltigung (HIVE) oder „Schwarze Spinne"?

Das Psychospiel „Hilfe Vergewaltigung" wird primär von Frauen gespielt und ist nicht mit einer tatsächlichen Vergewaltigung zu verwechseln. Bei diesem Spiel handelt es sich um eine Form der Verleumdung, hat also einen durchaus kriminellen Charakter. Eine Frau verführt einen Mann nach allen Regeln der Kunst oder lädt ihn ein, sich ihr zu nähern. Fällt er jedoch auf die Verlockung herein, lässt sie ihn abblitzen, um ihm dann sexuelle Belästigung zu unterstellen. Es kann auch passieren, dass sie mit ihm schläft, um ihn hinterher wegen angeblicher Vergewaltigung anzuzeigen. Berne beschreibt dies als die letzte Stufe des Spiels „Abblitzen lassen", das der Selbstbestätigung der Frau dienen soll.

Da hier jedoch aus voller Berechnung die Existenz eines Mannes auf's Spiel gesetzt wird und solche Spiele durchaus im Suizid des Mannes enden können, handelt es sich meiner Ansicht nach um weit mehr. Der vernichtende Männerhass der Frau äußert sich in kriminellem Tun, das sich für den Mann äußerst schwer nachweisen lässt. Ich würde das Spiel umbenennen in „Schwarze Witwe" nach der Spinne, die das Männchen nach der Paarung ermordet und frisst.

Auf alle Fälle handelt es sich um ein gefährliches Spiel mit Schädigungsabsicht und ist der Frau vermutlich bewusst. Der Mann hingegen ist in einer unbewussten Opferrolle, die auch transgenerationale Hintergründe haben kann. Man könnte auch unken, Frauen morden anders, wie das unter dem Punkt Horror-Mütter schon angedeutet wurde.

In seinem Werk „Schuld und Sühne" beschreibt der Schriftsteller Dostojevski auf über 1000 Seiten: Nach seinem Mord an einer alten Frau findet Raskolnikow keine Ruhe mehr, selbst seine eigene Mutter verwirft er. So dauert es nicht lange, bis er vom Ermittlungsrichter Porfirij als Schuldiger erkannt wird, obwohl dieser Raskolnikows Täterschaft nicht zu beweisen vermag. Es steigert sich das intellektuelle Gefecht zwischen den Widersachern zu einem subtilen psychologischen Spiel, welches Raskolnikow immer mehr in die Enge treibt. Die gläubige Sofja Semjonowna, welche er kennen und später auch lieben lernt, rät ihm schließlich, sich zu stellen, um für seine Sünden zu „bezahlen". Raskolnikow, der selbst schon etliche Male den Gang zur Polizei erwogen und wieder verworfen hat, stellt sich tatsächlich. Erst durch die Haft wird er vom „Leiden des Mörder-Daseins" erlöst.

Um gestellt werden zu wollen, muss ein Ganove jedoch ein entwickeltes Gewissen haben, hier dargestellt durch Sofia (Weisheit). Wenn eine Straftat dem Selbstwertgefühl dienen soll, muss es herauskommen, am besten in der Zeitung stehen. Täter, die sonst keine Möglichkeit vorsehen, von sich reden zu machen, können diesen Weg einschlagen. Solche Täter machen dann die seltsamsten Fehler, um überführt zu werden. Bei dem Psychospiel „Überführ mich" geht es also tatsächlich nicht darum, zu entkommen.

Eine andere Form der Psychospiele, die in der Täterschaft enden, ist die, in der das Ziel ist, im Gefängnis zu landen, um versorgt zu sein. Vor allem Langzeitinhaftierte kommen oft in der freien Welt nicht zurecht und tun nach ihrer Entlassung alles, um wieder ins Gefängnis zu kommen. Nur so haben sie ein Dach über dem Kopf und ihren strukturierten Alltag. Das Spiel könnte man „Sperr mich ein" nennen.

Makel

Das Psychospiel Makel ist vergleichbar mit dem Kontrolldrama des Vernehmungsbeamten. Je unreifer der Mensch, um so mehr ist sie oder er auf Zuwendung durch Aufmerksamkeit abhängig. Die Abwesenheit von Aufmerksamkeit kann zu schweren Stresszuständen und Panik, bis hin zu dem Gefühl der Selbstauflösung führen. Grundsätzlich gilt, dass es besser ist negative Aufmerksamkeit zu erhaschen als gar keine. Kritiksucht und das Suchen nach dem Makel am anderen sichert nicht nur die negative Aufmerksamkeit, sondern auch, dass das Gegenüber sich bemüht zu gefallen, was dem eigenen Kontrollbedürfnis schmeichelt. Auf allen Unzulänglichkeiten der Mitmenschen, seien sie noch so banal, wie beispielsweise schlecht sitzende Krawatten, wird herumgehackt und zu einem großen Diskussionspunkt aufgebauscht. Ziel ist, vom eigenen Makel abzulenken.

Trivial - Hat den Hut vom letzten Jahr auf
Zynisch- hat nicht mal 30.000 $ auf der Bank
Dünkelhaft - hat nicht mal Rilke gelesen
Rassistisch - für eine Goj ganz nett
Intim - Kann seine Erektion nicht halten
Intellektuell - Was will er eigentlich damit beweisen.

Wer gehört dazu und wer nicht? Selbst kompetente Menschen können in solche Spiele einsteigen, wenn sie das Vergleichsspiel auf einer Party spielen.

Der Nutzen ist Zeitvertreib, das Verhindern von Intimität und Abwehr der eigenen Wertlosigkeit.

Hintergründe der Psychospiele in der Ehe

Gehen wir hier auf die Hintergründe von Psychospielen in der Ehe ein. Je stärker die Liebe zwischen zwei Menschen ist, um so größer die Chance, dass sie sich gegenseitig mit Schwachstellen konfrontieren. Liebe bringt Licht in die dunkelste Ecke und dann wird es Zeit dort aufzulösen. Kommen noch Kinder hinzu, werden Eltern mit den Strukturen ihrer eigenen Erziehung konfrontiert. Kinder reagieren schon als Babys instinktiv auf nicht gelöste Konflikte in der Familie. Ihr Verhalten konfrontiert die Eltern mit ihren eigenen ungelösten Kindheitsgefühlen und so wird die Familie zu dem Ort, an dem alles re-inszeniert wird, was bisher ungelöst geblieben ist. Deswegen ist es zielführend, Familienleben als Lernreise zu definieren, in der es gilt, die Persönlichkeit zu entwickeln und Selbsterfahrung von vornherein als Grundvoraussetzung mit in den Ehevertrag zu nehmen. Wird dies berücksichtigt, können die manchmal schmerzhaften Re-Inszenierungen von Kindheitserfahrungen als Hinweis für notwendige Reflexionsprozesse dienen.

Makel in der Ehe

Herr Grind und seine Frau haben zwei kleine Kinder. Jeden Abend, wenn er von der Arbeit kommt, hat seine Frau ein Mehrgänge-Menü vorbereitet, die Wohnung aufgeräumt und die Kinder hergerichtet. Doch Herr Grind findet jeden Abend irgendeine Kleinigkeit, die er als Kritikpunkt anmerkt und dann während dem gesamten Abendessen bespricht. Die Kommunikation endet immer darin, dass er seine Frau als schmutzig darstellt, wobei er das wohnliche Zuhause ebenso ignoriert, wie das gute Essen. Er ist in strengster katholischer Umgebung aufgewachsen. Schmutzig ist nach seinem überstrengen katholischen Eltern-Ich sein eigenes sexuelles Begehren, das es durch die permanente Kritik zu verhindern gilt.

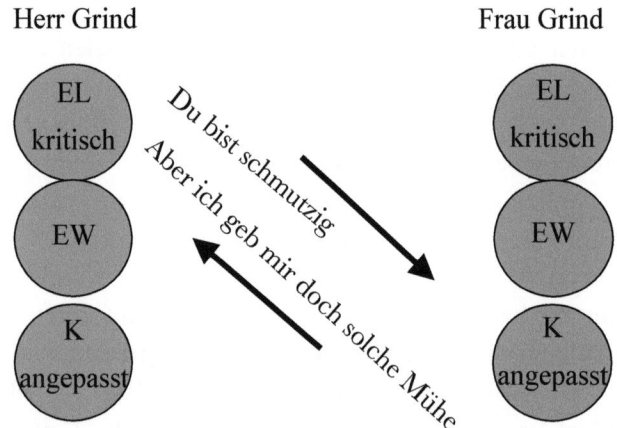

Herr Grind | Frau Grind

EL kritisch

EW

K angepasst

Du bist schmutzig

Aber ich geb mir doch solche Mühe

EL kritisch

EW

K angepasst

DAS EHEPAAR GRIND

Das kritische Eltern-Ich von Herrn Grind tadelt das Kind-Ich seiner Frau und kritisiert ihre Art den Haushalt zu führen. Seine Botschaft: „du bist schmutzig!" Das angepasste Kind-Ich seiner Frau antwortet mit einer Verstärkung ihrer Bemühungen, ihn zufrieden zu stellen. Beide kritischen Eltern-Ichs sind sich einig, dass die Wohnung sauber und gepflegt sein muss. Die inneren Kinder bemühen sich, die elterlichen Normen zu erfüllen, sind brav und angepasst.

So weit so gut, die beiden sind sich einig, dass die Frau sich mehr anstrengen muss. Doch das kritische Eltern-Ich des Mannes ist nicht zufrieden zu stellen, denn der Haushalt ist nicht das eigentliche Problem. Das Geheimnis hinter seiner Kritik ist sein eigenes sexuelles Begehren, das er zu unterdrücken versucht. Mit seinem immer währenden Gemäkel treibt er seine Frau an die Belastungsgrenze, denn sein Gemäkel beinhaltet einen Schwindel: in der verdeckten Transaktion geht es gar nicht um den Haushalt, sondern um „schmutzige Gedanken". Herr Grind hat sexuelle Vorlieben, die seine Frau nicht teilt. Da er jedoch eine starke Fixierung auf seine Vorlieben hat, ist das Geschlechtsleben der beiden nicht besonders erfüllend. Um davon abzulenken, dass seine Unzufriedenheit mit seinen sexuellen Fixierungen zu tun hat, spielt Herr Grind „Makel". So kann er sich von seiner Frau abwenden und ihr den schwarzen Peter zuschieben. Gleichzeitig führen die ewigen Querelen dazu, dass sie sich von ihm zurück zieht. Hier wird verständlich, dass Gefährten eines gemeinsamen Weges sich auf eine gemeinsame Richtung einigen müssen, da sich die Wege sonst trennen und in unterschiedliche Lebensrealitäten führen. Sexuelle Fixierungen sind peinliche Themen und es fällt schwer, diese anzusprechen. Es ist auch nicht so ohne, sich wegen solchen Themen therapeutische Hilfe zu holen, obwohl das dringend notwendig wäre. Frau Grind ist hier auf verlorenem Boden. Ihre einzige Möglichkeit wäre herauszufinden, welche Rolle sexuelle Fixierungen in ihrer Ursprungsfamilie gespielt haben - wenn sie denn erführe, um was es wirklich geht. Möglicherweise müsste sie dazu in ihrer Familie peinliche Fragen stellen. Herr Grind wiederum müsste nicht nur seine Fixierung zugeben, sondern in unter Umständen belastende Zusammenhänge seiner frühkindlichen Traumatisierungen tauchen. Möglicherweise würde das Bild seiner geordneten, sauberen Eltern einen Sprung bekommen, was er instinktiv verhindert. So bleiben die beiden mit ihrem Thema hängen und es bleibt dabei, dass Frau Grind „schmutzig" ist.

Als Frau Grind durch eine Therapie erkennt, dass sie immer wieder ihre eigene Überzeugung: "egal, was ich tue, ich genüge nicht!" aus ihrer Ursprungsfamilie mit in die Ehe gebracht hat, steigt sie mit therapeutischer Hilfe aus dem Spiel aus und sucht aus dem Erwachsenen-Ich heraus das Gespräch. Das Ehepaar findet jedoch keinen Weg, sich zu einigen und trennt sich. Frau Grind findet erst nach Jahren heraus, dass ihr Vater „Tumult" mit ihr gespielt hat. In den Jahren danach steigt sie immer tiefer in den Hintergrund ihrer Resonanz mit ihrem sexuell fixierten Mann und findet heraus, dass die Hintergründe ihrer negativen Familienerfahrungen im Herkunftssystem, also einem transgenerationalen Trauma liegen, die mit der Leibfeindlichkeit kirchentreuer Vorfahren zusammenhängt. Herr Grind hat sich erwartungsgemäss geweigert, tiefer in sein Unbewusstes einzusteigen.

Wenn du nicht wärst - „Weduniw"

Wie viele Ehepartner beklagt sich Frau Tanz darüber, dass ihr Mann ein Despot ist und sie niemals unkontrolliert lässt. Durch therapeutische Interventionen schafft sie es, sich gegen ihren Mann durchsetzen und zum Tanzen zu gehen. Doch schon bald muss sie erkennen, dass sie beim Tanzen Panikzustände entwickelt. Die Eheleute spielen „Weduniw". „Wenn du nicht wärst, könnte ich…" Die verdeckte Transaktion ist aber: „wehe, wenn ich muss!" Es ist ein doppelbödiges, unehrliches Spiel, das viele Ehen zusammenhält. Die EhepartnerIn verbietet, was die Gattin oder der Gatte im Leben fürchtet. Herr Tanz hingegen leidet unter einer panischen Angst vor dem „Verlassen werden". Anstatt dies jedoch zum Thema zu machen und diese Kindheitsangst zu überwinden, tyrannisiert er seine Frau und versucht durch Verbote zu erreichen, dass sie immer zuverlässig zuhause auf ihn wartet. Letztlich sind die beiden sich aber einig: Herr Tanz: "Bleib du zu Hause und kümmere dich um den Haushalt!"Frau Tanz: „Schütze mich vor der großen Welt und der Anstrengung." Früher oder später werden beide den Schmerz der Nicht-Entwicklung fühlen. Während Herr Tanz sich jedoch durch den Beruf weiter entwickeln muss, bleibt Frau Tanz zuhause und langweilt sich. Sie möchte sich amüsieren und konfrontiert ihn mit ihrem Bore Out: Frau Tanz: "Wenn du nicht wärst, dann könnte ich jetzt ausgehen und mich amüsieren."

Herr Tanz erkennt, dass er sie verliert, wenn er seine Kontrolle aufrecht erhält und erlaubt ihr den Ausflug - doch schon wird sie damit konfrontiert, dass sie sich all die Jahre nicht entwickelt hat und kann mit der neuen Situation nicht umgehen. In ihrer Panik vor dem Tanzboden liegt auch begründet, dass sie sich zu anderen Männern hingezogen fühlt und dadurch ihre Stabilität gebende Ehe gefährdet, in der ein „Papamann" auf sie aufpasst. So kann sie ein Mädchenkind bleiben, das in Sicherheit ist. Aber „no risk, no fun" und so droht die Unzufriedenheit sich Zutritt zu verschaffen. Die beiden halten sich in einer wenig zufrieden stellenden Pattsituation der Unreife gegenseitig in einer Komfortzone fest.

Du oder ich

Wie zwang- und schicksalhaft solche Spiel-Konstellationen den Lebensgang von Menschen bestimmen, ist nicht nur von Berne artikuliert worden: Die Dramenfiguren Ibsens etwa quälen sich mit der "Lebenslüge" und in dem Ehe-Horrorspiel "Wer hat Angst vor Virginia Woolf?" des amerikanischen Dramatikers Edward Albee steigern sich die Erwachsenenspiele bis zum Exzess. Bis dass der Tod uns scheidet und hoffentlich tut der Tod das bald…
Ehespiele sind nicht selten gefährliche Spiele, die einer von beiden mit dem Leben bezahlt. Drum prüfe wer sich ewig bindet… was sein unbewusster Plan für dieses Leben ist.

Haltet den Dieb

Der Täter rennt mit der Geldkasse aus der Bank und ruft „Haltet den Dieb" und lenkt damit von sich ab. Dieses Spiel wird überall da gespielt, wo Täter von sich ablenken wollen. Angefangen vom Raubüberfall, über den Missbrauch, der jemandem anderen in die Schuhe geschoben wird, bis hin zur False Flag wird immer wieder gerne auf „Haltet den Dieb" zurück gegriffen. Dieses Spiel kann nur da greifen, wo Menschen leichtgläubig sind und leicht abgelenkt und in die Irre geführt werden können.

Discount - Die Abwertung

Discounting bedeutet, eine andere Person oder ihre Leistung abzuwerten, um eigene Negativgefühle oder Gefühle des mangelnden

Selbstwerts zu vermeiden. Wer die Flamme des anderen kleiner dreht, wirkt selbst größer. Mit dem Discounting lenkt man von der Tatsache ab, dass man selbst etwas zu lernen hätte und wertet sich auf, in dem man andere abwertet. Sie können ja gerne mal drüber nachdenken, was es gesellschaftlich aussagt, wenn Sie im Discounter einkaufen gehen. Da, wo Psychospiele zu beobachten sind, gibt es in der verdeckten Transaktion immer eine Form von Niedertracht, die eine Rolle spielt. Aus dem Grund ist es für manche Menschen schwer, sich einzugestehen, das sie selbst mitgespielt haben.

Ja, aber

„Mein Gatte bemüht sich ja sehr, alle Reparaturen selbst zu machen, aber irgendwie bringt er nichts zustande." Sagt Frau Weiß bei einem Abendessen. Die Gruppe macht Vorschläge, neue Werkzeuge, Kurse für Heimwerker, die Aufträge abzugeben. Aber Frau Weiß hat alles schon bedacht und spielt „ja aber", bis das berühmte Schweigen einsetzt. Alle „ja aber"-Spiele enden im Schweigen, weil es nichts mehr vorzuschlagen gibt. Sie setzt zum Crescendo ein: „Männer machen sich immer wichtig, tun so, als wären sie tüchtig, aber letztlich taugen sie eben nichts!" Damit hat sie ihren Mann in Abwesenheit unmöglich gemacht. Ihre Absicht war von Anfang an das Discounting ihres Mannes in ihrer Damenrunde.

Du oder ich

Spiele zwischen Tätern und Opfern, die extreme Folgen haben sind das Spiel „Du oder ich" oder „ich möchte auch mal in die Zeitung". Das Geltungsbedürfnis kann in unbewussten Strukturen so eklatant sein, dass die einzige Möglichkeit, berühmt zu werden über das Opfer-Dasein erfolgt. Im Spiel „Du oder ich" stehen sich zwei Kontrahenten gegenüber und einer von beiden wird sterben. „Du oder ich" ist nicht selten Hintergrund einer schweren Erkrankung innerhalb einer Familie. Menschen, die einen solchen Schicksalsweg beschreiten, sind oft extrem stur und unbelehrbar. Der Gegenspieler hat hier die Aufgabe, die Dramatik des Tuns zu erkennen und sich gleichzeitig für das Leben zu entscheiden, damit das Leben unterstützen kann.

Eine gemeinsame Visionsarbeit kann Aufschluss geben, auf alle Fälle eine gemeinsame Selbsterfahrung mit der Erforschung des Unbewussten, die über einen längeren Zeitraum praktiziert wird und tiefes Vertrauen aufbaut. Aber es muss auch klar gesagt werden, dass bei einer Visionsarbeit vermutlich klar wird, welche Spiele gespielt werden. Es ist immer wieder interessant zu sehen, wer diese Arbeit energisch ablehnt. Meist sind es Spieler, die etwas zu verbergen haben.

Gericht

Das Psychospiel „Gericht" bezieht sich nicht auf echte Gerichtsverfahren, in denen professionelle Richter und Staatsanwälte ihren Dienst tun. In dem Spiel „Gericht" übernimmt einer der Partner unbefugt die Rolle des Richters und drängt den anderen in die Rolle des Angeklagten. In der Regel lädt der Richter zum Spiel ein und versucht das Gegenüber mit strenger Mine zu überführen. Das Gegenüber gerät in eine Rechtfertigungsspirale, die ihm gleich wieder als Schuldeingeständnis vorgeworfen wird.

„Und wieder hast du…."

„Aber ich hab doch nur…"

„Ja, das sagst du immer…."

Das Spiel „Gericht" läutet oft eine Situation ein, in der die oder der Angeklagte bestraft wird. Die Kommunikation wird eingestellt und Liebesentzug über mehrere Tage vollzogen oder der Richter holt sich über die Verurteilung des Angeklagten das Recht, nun selbst die Regeln zu brechen. Das Spiel „Gericht" ist nicht dazu da, Lösungen zu finden, sondern Dominanz und Machtverhältnisse zu klären. Dabei hat die oder der Angeklagte geringe Chancen auf Klärung, denn das Spiel beinhaltet immer eine Vorverurteilung. Endauszahlung ist die Bestrafung bzw. Recht-fertigung des eigenen Fehlverhaltens.

Du kannst mich mal

Eine Art, Aggression auf eine Weise auszuagieren, die den anderen völlig chancenlos lässt, ist die passive Aggression. Die Mutter bittet ihren pubertierenden Sohn aufzuräumen, doch dieser setzt seine Kopfhörer auf und stellt die Musik laut. Alle Situationen, bei denen einer der Konfliktpartner „abtropft", beruhen auf passiver Aggression. Das sich Entziehen, Verweigern oder arrogant aus der Affäre ziehen sind die Muster, die beim Gegenüber Wut triggern. Sobald die Wut jedoch gezeigt wird, findet die Täter-Opfer Verkehrung statt. Wer schreit hat unrecht, heißt es dann. Doch wer schreit hat manchmal durchaus Recht, denn die Wut ist angemessen, auch wenn sie vielleicht nichts bewirkt. Passiv-aggressive Auseinandersetzungen sind fast nicht lösbar, da der passiv Aggressive sich in einer großen Machtposition befindet. Er entscheidet, wann gesprochen wird und ob überhaupt. Der Chef, der seine passiv-aggressive Mitarbeiterin zurechtweist, kann damit rechnen, dass sie sich am nächsten Tag krank meldet. Auch wenn sein Hinweis korrekt und richtig war, wird sie ihn mit Verweigerung strafen. Passiv-aggressive Menschen sind, wie alle Psychospieler nicht an Lösungen interessiert, sondern genießen es, den anderen in seiner Wut zu sehen. Es gibt ihnen das Gefühl der Kontrolle und der Souveränität. Natürlich sind auch diese Spiele Verliererspiele, die nicht auf eine lösungsorientierte win-win Situation in Form einer authentischen, befriedigenden Beziehung abzielen. Die Zufriedenheit wird der Dominanz geopfert. So werden die kompetenten Menschen in Machtpositionen ausgehebelt. An dieser Stelle darf ich die Frage nach der verdrängten Macht noch mal stellen?

Manipulation

Manipulation motiviert zu Taten entgegen unserer Überzeugung. Wenn das richtige „Knöpfchen" gedrückt wird, tun wir Dinge, die wir „eigentlich" nicht tun wollen, uns aber „uneigentlich" über seelischen Druck dazu drängen lassen. Vor allem die, die uns nahe stehen, können uns leicht manipulieren. Wir wollen sie nicht kränken, was uns an der Stelle vulnerabel macht.

- Wie kannst du mir das nur antun?
- Wie kann man nur so egoistisch sein und immer nur an sich denken?
- Was denken da die anderen Leute?
- In Sozialen Medien: du bist unglaubwürdig, wenn du das machst
- Du bist der/die Größte, mein Messias (also mach ja keinen Fehler und versorge mich perfekt, sonst kreuzige ich dich.)
- Du kannst alles, du schaffst alles, das kannst nur du, du bist einmalig (ich nicht! - also rette mich)

Wenn wir nachgeben, konditionieren wir den anderen auf sein Verhalten und machen es erfolgreich. Damit laden wir zur Wiederholung der Verantwortungslosigkeit ein.

Manipulation: Ich bin wie du.

Wir trauen denen leichter, die uns ähnlich sind, bzw. dem, was wir kennen. Deswegen passen sich Betrüger schnell unserer Sprache an. Das Benutzen des aktuell anerkannten „Neusprech" zeigt, dass man ähnliche Werte vertritt und sagen kann: du gehörst dazu - oder eben nicht. Manipulatives „Mir geht es wie dir" kann die Illusion von Intimität erzeugen. „Ich komme aus …" „ach, welch Zufall, meine Tante auch". Im Disney Film Dschungelbuch gibt es diese wunderbare Szene der Schlange Kah, die singt „vertraue mir", verdeckte Transaktion: „weil ich dich dann besser fressen kann!"

Erstes Treffen mit einer neuen Putzfrau

„Was, Sie sind Psychotherapeutin? Ach, das Universum weiß immer genau was es tun muss. Ich hätte da mal eine Frage: wissen Sie, mein Vater…" Wer auf solche Manipulation einsteigt, hat anschließend der Putzfrau die Arbeit bezahlt, die sie nicht erbracht hat und kostenlos zwischen Tür und Angel ein therapeutisches Gespräch geführt. Kostenlos, versteht sich. :-)

Echtes Vertrauen braucht Zeit und Krisenüberwindung und wer zu schnell zu nah kommt ist, in der Regel auf Dauer nicht vertrauenswürdig. Also nicht vorzeitig zum Vertrauen verführen lassen.

Manipulation: Das tun doch alle

Wenn wir in unbekannten Gegenden sind, schauen wir uns oft um und suchen nach Verhaltensweisen bei anderen, an denen wir ablesen können, wie man sich vor Ort verhält. Menschen sind geneigt, sich anzupassen. Daraus kann eine Manipulation entstehen. Die größte und kritischste Form der Anpassung ist die Massenhysterie. Ein Beispiel, wie man die Anpassung manipulativ nutzen kann: Die 12jährige Jugendliche konfrontiert ihre Eltern damit, dass „Alle" bis Mitternacht ausbleiben dürfen, nur sie nicht." Fragen die Eltern jedoch nach, wer „alle" sind, kommen dabei meist die 15- oder 18-jährigen Geschwister heraus.

Manipulation: Das kannst du nicht

Diese Aussage fordert bei manchen Menschen Trotz heraus. In der Boutique sagt die Verkäuferin - „oh, diese Tasche ist eine höhere Einkommensklasse!" Verdeckt sagt sie: Sie können sich doch diese Tasche nicht leisten! Nicht wenige Kundinnen werden so ihr Konto überziehen, um es doch zu schaffen und der Umsatz ist gerettet.

Der Pygmalion Effekt

In einem Feldexperiment untersuchten die US-amerikanischen Psychologen Robert Rosenthal und Lenore F. Jacobson 1965 die Lehrer-Schüler-Interaktionen an einer Grundschule. Den Lehrern wurde vorgetäuscht, dass auf der Basis eines wissenschaftlichen Tests die Leistungspotenziale der Kinder eingeschätzt werden sollten. 20 Prozent der Schüler wurden ausgewiesen, als „angeblich kurz vor einem Entwicklungsschub stehend". In Wirklichkeit wurden diese 20 Prozent der Schüler zufällig per Los ausgewählt, doch den Lehrern wurde erklärt, es sich um *„Bloomers"* (Aufblühern) und *„Spurters"* (Sprintern) handelte, bei denen mit besonderen Leistungssteigerungen zu rechnen sei.

Die so informierten Lehrer unterrichteten die Schüler, deren IQ zu beginn des Experimentes gemessen wurde und acht Monate nach dem ersten IQ-Test wiederholt. Die angeblichen „Bloomer" und „Spurtes" wiesen im Gegensatz zu den anderen Kindern eine wesentlich höhere IQ-Steigerung auf, als die Kontrollgruppe. Der einzige Grund für die faktische Leistungssteigerung der Schüler kann also in den Erwartungen der Lehrer gegenüber diesen Schülern gelegen haben. Egal, ob bewusst oder unbewusst: sie förderten die Kinder aufgrund ihrer Information mehr, als die anderen. Insgesamt steigerten 45 Prozent der Aufblüher ihren IQ um 20 oder mehr Punkte, und 20 Prozent gar um 30 oder mehr Punkte. Die IQ-Steigerungen war bei den Kindern am stärksten, die ein besonders attraktives Äußeres hatten und der Charakter, der so genannten Aufblüher wurde von den Lehrern positiver beurteilt, als der der anderen. Damit war der Beweis erbracht, dass die Einstellung der Lehrer Schülern gegenüber einen klaren Einfluss nicht nur auf die Entwicklung des IQs der Schüler haben, sondern auf deren Entwicklung insgesamt.

Wahrscheinlich haben etliche Leser diese selbsterfüllende Prophezeiung entweder an sich selbst oder an anderen schon einmal erlebt. Wir alle reagieren positiv auf Zuspruch und Zutrauen. Es gibt, wie bei allen Studien auch Gegenstudien zu diesem Experiment. Doch die Erfahrung zeigt, dass wir gut beraten sind, wenn wir Vertrauen in die Kompetenz von Kindern haben, ihnen vertrauen und etwas zutrauen.

Halten Sie einen Moment inne und fragen Sie sich, was dann die Hauptschulen mit den Kindern machen und was Kinder mit einem niedrigen IQ erlebt haben müssen.
Was erwarten Sie von anderen?

Manipulation: Ich weiß das besser!

Autoritäten mit und ohne Kittel steuern unser Leben mehr recht als schlecht. Doch echte Autoritäten sollten Dienstleister ohne Dünkel sein. Wenn du nicht tust, was ich sage, dann geschieht ein Unglück (geht die Welt unter, musst du in der Hölle braten). Wenn du nicht tust, was ich sage, dann wirst du sterben (Ich herrsche über Leben und Tod.). Widersprich mir nicht - ich weiß alles, du nichts! Das Prädikat „wissenschaftlich bewiesen" sorgt bei den meisten dafür, dass sie nicht weiter fragen. Welcher Wissenschaftler in welcher Studie hat was wie geschrieben oder gesagt? Was war die wissenschaftliche Kritik an der Aussage? Die wenigsten stellen diese Fragen und deswegen sagen heute 97 % der Wissenschaftler das, was ihre Geldgeber von ihnen hören wollen.

Der Einschüchterer

Das Gegenteil der passiven Aggression ist der Einschüchterer, der seine Dominanz über Lautstärke oder körperliche Dominanz einfordert. Die Manipulation über Angst kann auf verschiedene Arten eingesteuert werden. „Wenn du nicht tust, was ich sage, wirst du krank!", kann beispielsweise so eine Methode sein. Wenn zehn Kinder im kühlen Herbst in einer Pfütze spielen, kann es sein, dass sich zwei von den zehn Kindern eine Erkältung holen. Doch das Spielen in der

Pfütze fördert nicht per se die Erkältung. Oft sind es die Stimmen der Mutter im Kopf eines Kindes, die eine Erkrankung begünstigen, denn Kinder geben ihrer Mutter gerne recht. Wenn also Mutter sagt, in der Pfütze wirst du krank, kann es eine Form von Gehorsam sein, dies auch tunlichst zu erfüllen. Man nennt diesen Effekt „Nocebo Effekt" und dieser Effekt spielt bei allen Erkrankungen mehr oder weniger eine Rolle. Der Arzt, der dem Patienten noch "6 Monate gibt", setzt mit solch einer Aussage eine Hypnose, die nicht selten mit dem entsprechenden Ableben beantwortet wird. Mit dieser Methode stärkt der Arzt seine Position als „Herrscher über Leben und Tod", während die Mutter ihr „hab ich`s doch gleich gesagt" Recht bekommt, wenn das Kind krank wird. Die nicht ausgelebte Neigung zu einem magischen Leben werden hier auf verdrehte und krank machende Weise ausgelebt. Wobei ich Hypnose nicht zwangsläufig als magisch bezeichnen würde. Dafür ist sie zu logisch. Gleichzeitig sind diese „magischen Weissagungen" abzugrenzen von jemandem, der an Psychospielen erkennen kann, dass eine negative Endauszahlung im Raum steht. Diese Vorgehensweise stärkt die Selbstwirksamkeit der Spieler, indem sie zur Reflexion und zur Eigenverantwortung angehalten werden, während die „magische Weissagung" den Menschen der Übermacht der Weissagung ausliefert.

KRISEN - DAS KOMFORTZONE CRUSHING

Entwicklung ist Teil des Lebens und Wachstum kann nur begrenzt unterbunden werden. Jede Pattsituation, jede Wachstumsverweigerung wird früher oder später durch eine Krise aufgerissen. Das kann eine Erkrankung sein, in der sich körperlich zeigt, dass das Wachstum nach innen gerichtet und entartet ist. Der Ausweg aus der tödlichen Langeweile und Sinnlosigkeit kann in ein weiteres Spiel münden, z.B. Mein „Doktor hat gesagt..." Beobachtet man beispielsweise Krebspatienten dabei, wie sie sich über Medikamente austauschen, so könnte man meinen, dass sie ihre Berufung darin gefunden haben, so begeistert scheinen sie zu sein. Das Umfeld wird mit detaillierten

Ausführungen, lateinischen Begriffen und Medikamentennamen samt Inhaltsstoffen beglückt und die Kranken erhalten eine Bühne, die sie vorher im Leben nicht hatten. Vielleicht hätten sie eine Fortbildung machen sollen, um etwas zu sagen zu haben, anstatt eine solche Erkrankung zu entwickeln. Gekrönt werden die Kommunikationsstrukturen mit Ausführungen über die Kompetenz der Ärzte, die zu Göttern in Weiß hochstilisiert werden. Nun stellt sich immer wieder die Frage, kann ein Patient die Kompetenz eines Arztes einschätzen? Nein, das kann er nicht. Er kann nur beurteilen, ob ihm der Arzt sympathisch ist oder nicht. Er kann berichten, welche Titel der Arzt hat, aber ob der Arzt dadurch kompetenter ist, das kann eine PatientIn nicht beurteilen. Doch wer sich viel in Krankenhäusern aufhält, übernimmt in den Dynamiken und Spielen der Krankenhäuser die Rolle der Experten. Manche informieren sich im Internet und halten dann ihren Ärzten Vorträge über die richtige Behandlungsform. Offensichtlich trauen solche Patienten den Ärzten wenig, aber sich selbst nicht zu, einen alternativen Weg zu wählen.

So erscheint es dem Beobachter, dass Erkrankungen wie beispielsweise eine Krebserkrankung für viele eine Dynamik hat, die ihren eigenen Sinn findet und so auf eine bestürzende Weise zu befriedigen scheint.

Schwere Erkrankungen sind ein eigenes Thema und komplexe Verstrickungen zwischen Traumata, Wachstumsverweigerung, Umfeld und unbewusster Todessehnsucht. Halten wir hier nur fest, dass jeder schweren Erkrankung ein Psychospiel vierten Grades vorausgeht.

Tit for Tat

Es gibt viele Spielformen, die Sexualität verhindern, weil diese aus den verschiedensten Gründen nicht erlaubt ist. Eine Spielform ist Tit for Tat oder auch: „würgst du mir eine rein, würg` ich dir eine rein". Es ist ein Psychospiel, in dem die Partner immer wieder versuchen sich zu verletzen und damit gleichzuziehen. Wie du mir, so ich dir. Oft findet das in Ehen mit narzisstischem Charakter statt, in denen die Partner nachtragend sind. Wer in den Sozialen Medien schon mal über Videos gestolpert ist, in denen sich Paare gegenseitig „Streiche" - auf engl.: „pranks" - spielen, sieht, dass hier immer härtere Bandagen aufgezogen werden und die Grenzen des groben Unfugs nicht selten überschritten werden. Kaum hat sie ihm eine ausgewischt, schon stellt er das nächste Video ein, in dem er sich revanchiert.

Hab ich dich, du Schweinehund

Ein typisches und gern gespieltes Psychospiel besteht darin, Fehler im anderen zu finden und ihn darüber zu überführen und bloßzustellen. Wenn man unsere Bundestagsdebatten anhört, kann man dieses Spiel immer wieder beobachten. Man könnte zu dem Schluss kommen, dass Politik darin besteht, anderen Politikern am Zeug zu flicken. Das dürfte sich mehr als negativ auf die Zukunft eines Landes auswirken, denn überall, wo „Hab ich dich, du Schweinehund" gespielt wird, ist der Untergang geplant. Lösungen sind nicht möglich, weil zu viel Energie in Marketing und Schein wahren investiert wird. Die Strippen ziehen andere.

Ich bin arm

Das Spiel „ich bin arm" (und du bist böse) spricht das Helfergen und die Verantwortung im Gegenüber an. Wenn jemand arm ist, muss man alles tun, was derjenige will. Wussten Sie das? Na klar, wussten Sie das, das kennen Sie auch. Man könnte auch sagen: „gib ihr, sie guckt!" Es reicht die Manipulation durch einen Blick und alle laufen. Im vorauseilenden Gehorsam wird die oder der bemuttert, der arm ist, sonst hagelt es Schuldzuweisungen. „Du bist schuld, wenn es mir schlecht geht." Wenn der Mensch etwas verhindern will, dann ist es Schuld. Da aber die Manipulation über Schuldgefühle Hand in Hand geht mit dem „Armen-Ich", muss man schnell sein, damit alles erledigt ist, bevor der Vorwurf kommt. Der erste Weg zur Besserung ist hier die Überlegung, dass man anderen schadet, wenn man alles für sie macht und dass jeder Erwachsene für sich selbst verantwortlich ist. Wichtig ist das Bemühen um die eigenen Traumata, denn Vorwürfe, vor allem, wenn sie ungerechtfertigt sind, traumatisieren und die daraus resultierende „Fürsorge" entspringt dem traumatischen Gehorsam, den man niemals einfach so im Raum stehen lassen sollte.

Und bist du nicht willig…

so brauch ich Gewalt. Jegliche Form von Gewalt ist ein Psychospiel, in dessen Abhängigkeit man leicht geraten kann. Hier sollten die Helfer mit entsprechenden Behörden gemeinsam arbeiten. Doch die Abhängigkeit ist hier besonders hoch und der Stress verhindert unter Umständen die Konzentration auf die eigene Kreativität. Doch sind Opfer oft sehr loyal den Tätern gegenüber. Viele Frauenhäuser kennen den Aspekt, dass sich Frauen mit ihren Kindern dort in Sicherheit bringen, aber nach kurzer Zeit doch wieder in die Gewaltsituation zurückkehren. Oft liegen hier herkunftssystemische Probleme zugrunde. Das Gewaltopfer muss vor allem dafür sorgen, dass seine Werte nicht ins Gegenteil verkehrt werden und es der Meinung ist, es habe die Gewalt „verdient". Niemand hat Gewalt verdient! Aber manche Menschen werden von ihren Eltern zum Opfer erzogen, zum Beispiel, indem sie lernen, dass man sich nicht wehren darf.

Trickster

Ein Beispiel für einen großen Trickster in der Literatur waren die Legenden um den Berggeist Rübezahl[19]. In den Märchen über ihn setzt er seine großen Zauberkräfte ein, um Menschen zu übertölpeln. Doch bei genauerem Hinsehen erkennt der Leser, dass Rübezahl denen, die reinen Herzens sind hilft und nur die austrickst, die selbst Schlitzohren sind. Anders als beim neurotischen Trickster, gehören bei

---

[19] Musäus, Johann Karl August (1735–1787), Die fünf Legenden von Rübezahl

Rübezahl nicht die gutmütigen, vertrauensvollen Menschen zu den Opfern, sondern die, die aus seiner Sicht eine Abreibung benötigen: diejenigen, die selbst Trickster sind und absichtlich denen schaden, die vertrauen oder in abhängigen Situationen sind. Hier wird das Schicksal durch eine Fügung, dargestellt durch den magischen Geist als Höhere Macht, die Opfer positiv beeinflusst, während die neurotischen und/oder kriminellen Trickster ihre Abreibung bekommen.

Schmücke mich

Dieses Spiel wird oft in narzisstischen Zusammenhängen[20] gespielt, in denen einer der Partner die Rolle des Schmuckstücks des anderen ist. Auch Wunschkinder haben oft die Aufgabe, ihre Eltern zu schmücken und die „Perle in der Krone der Mutter" zu sein.[21] Das Schmuckstück wird selbst dafür sorgen müssen, dass es als Lebewesen gesehen wird.

Pflege mich

Vor allem Ehen, die im späteren Lebensalter geschlossen werden, haben als mehr oder weniger eingestandenen Hintergrund, dass der Plan, ein Pflegefall zu werden schon beschlossene Sache ist. Hier wird dann ein kostenloser Pfleger gesucht. Als Herr Qualm entschied, seine Putzfrau zu heiraten, die ein extrem loses Mundwerk hatte, eine Tochter mit in die Ehe brachte und nicht gerade für ihr Zartgefühl bekannt war, stand er kurz vor der Rente. Nach wenigen Jahren einer anstrengenden Ehe mit ihr, wurde ihm wegen einem Raucherbein ein Bein amputiert. Die offizielle Version war, dass sein übermäßiger Tabakkonsum der Grund für die Amputation war. Ich stelle angesichts der psychischen Gewalt, die er täglich erduldete zur Disposition, dass er innerlich gerne weggelaufen wäre, die eheliche Abmachung ihn

---

[20] Willi, Jörg, Kollusionen

[21] Miller Alice, Drama des begabten Kindes

aber daran hinderte. Möglicherweise spielten bei dem Kriegsveteran auch Überlebensschuld und andere Kriegstraumata eine Rolle. Kriegsveteranen, die erlebt haben, wie Kameraden zu Tode kamen, selbst aber überlebten, erleben oft schwere Schuldgefühle, die sie mit Selbstbestrafung beantworten. Eine Ehe mit einer hartherzigen Frau, deren wenig erbauliche Logorrhoe (Sprechdurchfall) wie eine psychologische Dauerfolter wirkte, war da offensichtlich eine passende Selbstbestrafung. Reden „wie ein Maschinengewehr" ist eine extreme Form der psychischen Gewalt und greift die Nerven an. Wenn aber gleichzeitig das „Arme-Ich" vorgetragen wird, das sich in Endlosschleifen über die ungerechte Welt beschwert und darüber, wie arm es selbst und wie böse alle anderen sind, entsteht, die paradoxe Kommunikation, die ich schon erwähnt habe. Die Aggression der Art und Weise *wie* gesprochen wird, widerspricht dem Inhalt der Worte. Viele Opfer der logorrhoeischen Gewalt reagieren mit übermäßigem Mitleid mit den so vorgehenden Menschen. Logorrhoe kommt bei Frauen öfter vor als bei Männern.

Im vorliegenden Fall war die Frau 20 Jahre jünger als er und überlebte ihn um einige Jahrzehnte. Er verließ die Welt in einem friedvollen Sterbeprozess, friedvoller, als sein Leben je gewesen war, und hinterließ sie, gut versorgt durch seine Rente. Doch war die Pflege eines Mannes mit nur einem Bein im Nachhinein wohl mehr gewesen als sie für ihre Versorgung bereit gewesen war zu leisten. So blieb sie auch nach seinem Tod in der dauernden Beschwerde. Niemals kam ein Wort der Dankbarkeit über ihre Lippen und nach und nach zogen sich alle zurück, die es dennoch gut mit ihr gemeint hatten. Sie starb verbittert und einsam, ohne je den Weg in die Liebe gefunden zu haben. Und das war dann wohl ihr Ziel als Endauszahlung gewesen.

Odie, der Blitzableiter

Kennen Sie Garfield? Garfield ist ein Cartoon, der Charakter eines schlecht gelaunten, verfressenen Katers, der sein Umfeld gut im Griff hat. In Garfields Haus lebt auch Odie, der Hund. Dieser Hund, ein treuer kleiner Beagel muss einiges ertragen, denn er bekommt immer als erster die Schläge des schlecht gelaunten Katers ab.

In vielen Familien, Klassen, Firmen und anderen Gruppen gibt es solche „Odies". Sie dienen als diejenigen, die immer die Schuld bekommen, die von den anderen immer in die Ecke gestellt werden und an denen schlechte Streiche gespielt werden. Sie bekommen Abwertungen und dumme Witze zu hören und werden nicht wirklich ernst genommen. Doch sie haben eine wichtige Funktion. In einer Gruppe von Verlierern sind sie die Verlierer der Verlierer, die die anderen entlasten. Wie ein Blitzableiter lenken sie die Spannung der Gruppe ab, entlasten die verletzten Egos der anderen und stehen als diejenigen zur Verfügung, die das Selbstwertgefühl der anderen wieder aufbauen, weil sie selbst ja noch schlechter, noch schwächer, noch unfähiger sind als die anderen.

Verlässt ein Odie eine Gruppe, kommt es nicht selten in der Gruppe zu schweren Erkrankungen oder anderen Schicksalsschlägen. Oft sind gerade die Odies der Gruppe besonders treu, weil sie diese Zusammenhänge intuitiv erahnen und sich unbewusst zur Verfügung stellen, um die anderen zu entlasten. Solche Menschen wirken dann wie treue Golden Retriever, die immer wieder eins auf die Nase bekommen, dann aber trotzdem freundlich wedelnd wieder angelaufen kommen. Vergessen wir auch nicht, dass dem Odie eine wichtige Rolle zukommt, die ihm eventuell eine Daseinsberechtigung einräumt.

All diese Psychospiele können als Teilbereiche in größeren, gefährlicheren Spielen beobachtet werden, aber auch im vergleichsweise „harmlosen Bereich" der Spiele 1. und 2. Grades. Wenden wir uns den Spielen zu, die ernsthaft gefährlich werden können, wenn die Fähigkeit zu Reflexion nicht etabliert ist.

GASLIGHTING - EINLADUNG IN DEN IRR-SINN

Die Methode des Gaslightings ist nach dem Theaterstück „Gas Light" des britischen Autors Patrick Hamilton benannt, das durch seine Verfilmungen „Gas Light" (1940) und "Das Haus der Lady Alquist" (1944) weltweit bekannt wurde.

Der Name des Films leitet sich von einer Szene ab, in der die Gaslichter in der gemeinsamen Wohnung flackern und gedimmt werden. Lady Alquist wird aufmerksam, doch ihr Mann reagiert nicht. Als sie ihn anspricht, negiert er, dass die Lichter geflackert haben und wirft ihr einen irritiert-verärgerten Blick zu, der sie schwer verunsichert. Dies ist der Beginn eines dramatischen Psychospiels, das dieser Manipulationsmethode den Namen gab, die die geistig seelische Stabilität der Opfer aufweicht und sie in tiefe Selbstzweifel stürzt, vor allem den Zweifel an ihrer Wahrnehmung.

Der Plot von „Gas Light"

Als die reiche Lady Alquist den Pianisten ihres Gesangslehrers ehelicht, ist sie verliebt und überglücklich. Sie kommt nicht auf die Idee, dass der angebetete Ehemann etwas im Schilde führen könnte, was ihr schadet. Doch eine schreckliche Zeit, die sie an die Belastungsgrenze bringt, kommt auf sie zu. Sie wird Opfer schwerer psychischer Gewalt, dem Gaslighting.

Die Lüge

Bevor das Ehepaar ins Theater gehen will, sucht der Mann verzweifelt seine Uhr. Mehrfach fragt er sie, ob sie wisse, wo diese sei, doch sie verneint. Als sie im Zuschauerraum sitzen und auf die Vorstellung warten, öffnet er ihre Handtasche und findet seine Uhr. Sie steht unter Schock, denn sie weiß nichts darüber, dass sie die Uhr genommen hat. Tatsächlich hat sie das auch nicht. Ihr Mann hat seine Uhr in ihre

123

Tasche gelegt, um sie zu überführen. Doch Lady Alquist ist ahnungslos.

Anspielung auf Charakterschwäche

Nun tadelt der rücksichtslose Betrüger sie mit leiser Stimme. „Naja, er wisse ja, wie sie sei….“ Scheinbar nachsichtig macht er ihr bewusst, dass es für ihn eine Belastung ist, mit ihr liiert zu sein und sie dankbar sein sollte, dass er noch da sei. Der Stress über ihre eigene Unzulänglichkeit und die Angst, nicht richtig wahrzunehmen steigen so sehr an, dass sie kurz davor steht die Beherrschung zu verlieren. Zunehmend glaubt sie ihrem Mann, dass etwas mit ihr nicht stimmt und sie ist untröstlich. Ungehalten, aber scheinbar fürsorglich führt er sie aus dem Theater, um eine emotionale Eskalation zu verhindern.

Verdrehung der Fakten

Nachdem er seine Frau vor allen bloßgestellt hat, wirft er ihr vor, dass sie dafür gesorgt habe, dass die ganze Stadt über sie spräche. Dabei war er derjenige, der die Eskalation voran getrieben hat. „Ich wünschte, ich könnte in dein Hirn eindringen und herausfinden warum du diese verdrehten Dinge tust!“ Sie ist entsetzt. „Du meinst, ich wäre verrückt?“, fragt sie erschrocken.

Moralisieren und Wiederholung der Vorwürfe

Immer und immer wieder wiederholt er die Vorwürfe, nachdem sie angeblich eine Brosche, die er ihr schenkte, verloren hat. Immer mehr gerät sie unter Druck, versucht sich zu rechtfertigen und je mehr sie sich rechtfertigt, um so mehr behauptet er, sich bestätigt zu fühlen. Wenn sie ihn lieben würde, dann würde sie ihre Verfehlungen einfach zugeben. Bei allem, was er für sie tut. Dabei muss sie ja dankbar sein, dass er überhaupt noch da ist, bei dem Stress, den sie ihm verursacht. Sie hat keine Chance auf Vergebung oder Realitätsprüfung, denn für ihn ist der Fall klar und sie stellt ihre eigene Wahrnehmung in Frage.

Gleichzeitig leidet sie unter Schuldgefühlen, die sie nicht abwehren kann. Er nimmt ihr jede Möglichkeit, sich zu rechtfertigen, sorgt so dafür, dass ihre Lage aussichtslos ist und treibt sie in die Enge.

Unverhohlene Lügen und Angriff

Als sie versucht, sich einen Reim auf die Problematik zu machen und herauszufinden, seit wann die ungeklärte Situation besteht, erinnert sie sich, dass sich sein Verhalten verändert hat, seit sie unter seinen Musiknoten einen Brief gefunden hat. Als sie dies erwähnt, schreit er sie an und behauptet, sie hätte sich über etwas aufgeregt, was gar nicht existierte. Sie habe von einem Brief erzählt, vor sich hingestarrt und nichts in der Hand gehabt.

Sie landet in der typischen Verwirrung des Psychospiels. Wie, sie erinnert sich an etwas, was es gar nicht gab? Kurz leistet sie Widerstand, doch dann resigniert sie. Sie muss tatsächlich irre sein, wenn sie sich an einen Brief erinnert, der nicht existiert. Sie versucht zu widersprechen, doch dann erwähnt er, dass er ja das mit der Mutter erfahren habe. Erschrocken fragt sie nach und er berichtet, ihre Mutter sei irrsinnig gewesen und in einer Psychiatrie gestorben. Er habe sich erkundigt, da sie sich so seltsam verhielte. Damit sitzt sie in einer Überzeugungsfalle. Er beschreibt, dass die Symptome der Mutter genau so begannen wie bei ihr und löst damit archaische Ängste und traumatische Reaktionen aus. Sie versucht noch einmal zu widersprechen, doch er beruft sich auf den Arzt und seine „Expertenaussagen" und fragt, ob er sie den Ärzten vorstellen soll. Der Besuch in einer Irrenanstalt, in der ihre Mutter angeblich verstarb, ist eine Horrorvorstellung für die verstörte Frau. Sie weicht zurück und so kommt er nicht in die Situation, in der er seine Behauptungen beweisen muss.

Verwirrung und verdrehte Faktenlage

Die Protagonistin ist nun traumatisiert, verwirrt und erschrocken. Neben den Schuldzuweisungen erfährt sie, dass ihre Mutter angeblich irre war und unter schrecklichen Umständen zu Tode kam. Dies ist der Kontext, in dem ihr Mann ihren eigenen Geisteszustand in Frage stellt. Auch ihr ist bekannt, dass Angehörige von Psychosen ein höheres Erkrankungsrisiko haben. Da sie noch keinen Grund sieht, seinen Aussagen zu misstrauen, beginnt sie nun selbst, ihren Geisteszustand in Frage zustellen. Ihre Nerven liegen so blank, dass sie für die nächste Zeit das Haus nicht mehr verlassen mag.

Isolation

Wie viele Opfer des Gaslightings reagiert Lady Alquist mit sozialem Rückzug auf die tiefen Selbstzweifel. Aber sie will sich auch vor der Traumatisierung durch andere schützen, da sie befürchtet, dass auch andere erkennen könnten, dass etwas mit ihr nicht stimmt. Dem Täter kommt die soziale Isolierung entgegen, denn sie schränkt mögliche Realitätsprüfungen und Austausch mit anderen zunehmend ein. Geheimhaltung ist die Grundvoraussetzung dafür, dass der Angriff gelingt.

Der Detektiv und die Realitätsprüfung

Im Film „Gaslight" verwirrt der Ehemann seine Frau so weit, dass sie glaubt, den Verstand zu verlieren. Doch es gibt jemanden, der den Ehemann beobachtet und ihn überführen will. Als der Ehemann außer Haus ist, klingelt ein fremder Mann an ihrer Türe und wird von der Bediensteten eingelassen. Dieser Mann konfrontiert sie mit kritischen Aussagen über ihren Mann und stellt einige Fragen. Doch noch ist Lady Alquist nicht bereit, ihren Mann zu verdächtigen.

Integration des Umfeldes

Natürlich erfährt der Ehemann sofort, dass sich ein fremder Mann in der Wohnung befunden hat. Nun setzt er die Bedienstete unter Druck und droht ihr, dass er sie sofort auf die Straße setzt, wenn sie erwähnt, dass dieser Mann das Haus betreten hat. Lady Alquist erwähnt den

Mann und dass die Bedienstete ihn eingelassen habe. Wie in einem Gerichtsverfahren ruft der Ehemann die Bedienstete als Zeugin dazu und gehorsam widerspricht sie den Ausführungen von Lady Alquist.

Nun gibt es scheinbar auch noch Zeugen für die fehlerhafte Wahrnehmung von Lady Alquist. Sie steht kurz davor, ihren letzten Rest von Widerstand aufzugeben und in die Psychose abzugleiten. Doch die Bedienstete ruft in ihrer Not den Detektiv, der sich in der Nähe aufgehalten hat. Inmitten der Szene, in der Lady Alquist kurz davor steht, sich ihrem eigenen Wahn hinzugeben und jeglichen Glauben an sich selbst aufzugeben, steht er plötzlich im Raum und fragt, ob ihre „Halluzinationen" unter Umständen etwas mit ihm zu tun haben könnten. Damit reißt er das Steuer der Situation herum.

Im weiteren Verlauf des Filmes untersucht der Detektiv den Schreibtisch des Ehemannes und dabei findet Lady Alquist nicht nur die Brosche, sondern auch den Brief, den es angeblich nicht gab. Es stellt sich heraus, dass ihr Mann ihre Tante ermordet hat und nun sie in den Wahnsinn treiben wollte, um an das Erbe zu kommen. Mit Hilfe des Detektivs fliegt der Schwindel auf. Doch in der wirklichen Welt haben die Opfer selten so viel Glück.

Zuckerbrot und Peitsche

Die anstrengenden Phasen in einer solchen Partnerschaft werden mit schönen Phasen angereichert. Es entsteht immer wieder ein kurzer Moment, in dem der Eindruck entsteht, dass nun alles wieder gut wird. Doch die nächste Aktion folgt auf dem Fuß. Ein schönes, entspannendes Abendessen und dann geschieht wieder irgendein Ungemach und der Streit beginnt von vorne. Das Ergebnis ist, dass sich das Opfer irgendwann nicht mehr erholen kann, sondern ununterbrochen unter Strom steht. Der Stress verselbständigt sich und wird oft schon morgens erlebt, wenn man die Augen öffnet. Abwechslung von scheinbarer Harmony und Auseinandersetzung verstärken die Unsicherheit. Nie weiß das Opfer, was als nächstes geschehen wird und wann es das nächste Mal zu Auseinandersetzungen kommt. Die Entspannung wird verlernt.

Mürbe machen

Dies ist eines der heimtückischen Dinge beim Gaslighting - es wird schrittweise und über einen langen Zeitraum durchgeführt. Eine Lüge hier, eine Lüge dort, ein abfälliger Kommentar hin und wieder... und dann fängt es an, sich zu entwickeln. In der Politik bekommen Lügen dann neue, salonfähige Begriffe. Man nennt sie „Narrative".

Selbst die aufmerksamsten, selbstbewusstesten Menschen können ins Gaslighting gesogen werden - so effektiv ist es. Es ist die Analogie "Frosch im Topf": Die Hitze wird langsam aufgeheizt, so dass der Frosch nicht merkt, was mit ihm passiert.

Nahestehende als Munition

Es ist eine typische Vorgehensweise, Nahestehende oder Menschen, die dem Opfer wichtig sind, ins Spiel zu holen. Die Mutter, die sie nicht kannte, war ein großer Schmerz für die junge Frau. Sie benutzt er, um in ihr die Überzeugung zu etablieren, sie sei irre. In vielen Partnerschaften dieser Art geht es in solchen Situationen um die Kinder, die angegriffen werden, um die Macht auszuüben.

Täter-Opfer Umkehr

Während das Opfer um seine Unbescholtenheit ringt, haben die Täter schon längst neue Strategien, um dem Opfer das in die Schuhe zu schieben, was sie selbst getan haben. Nicht selten sind sie am Vermögen des Opfers interessiert und beabsichtigen, sich dieses anzueignen. Doch sie finden immer neue Vorwürfe, die sie dem Opfer scheinbar gerechtfertigt machen können. Die Rollen von Täter und Opfer werden vertauscht.

Opfer isolieren

Damit das Opfer keinen Austausch und keine Realitätsprüfung vollziehen kann, isoliert der Partner sie. Er ist permanent um sie herum und überprüft jeden Kontakt, den sie macht. Erst als ihr dennoch der Kontakt nach außen gelingt, beginnt tatsächlich ihre Realitätsprüfung und schließlich kann sie ihren Mann überführen. Ein kriminelles Komplott, das er gegen sie geschmiedet hatte, wird offenbar und sie übergibt ihn nach einer dramatischen Schlussszene der Polizei.

Schutzlose Opfer

Versuchen wir einen Blick auf das Opfer. Da sie ohne Mutter aufgewachsen ist und nicht einmal weiß, wer ihre Mutter war, hat sie die frühkindliche Erfahrung des mütterlichen Schutzes nicht erlebt. Wenn Mütter unzuverlässig sind, zu Gewalttätigkeit neigen oder vielleicht krank sind oder sterben, fehlt dem Kind die Gewissheit, dass der Schutz des Mutterbauches auch in der äußeren Welt vorhanden ist. Die Schutzlosigkeit und der Verlust der nährenden Welt um das Kind herum, ist also, selbst wenn jemand anders die Pflege übernimmt, eine Ur-Erfahrung, die den Menschen als Opfer kennzeichnet. Da diese Erfahrung gemacht wird, bevor das Kind Worte hat, wiederholt der Erwachsene einfach nur das endlose Grauen des frühkindlichen Erlebens in der Form, dass die regulierende Wahrheit (wahre Mutter) nicht da ist und das zu schweren Lebensumständen führt.

Leichtgläubiges Vertrauen

Die Protagonistin vertraut ihrem Ehemann mehr, als sich selbst! Am Anfang des Buches haben Sie bereits etwas über die Leichtgläubigkeit gelernt, die in der Idealisierung der eigenen Eltern ihren Ursprung hat. Vor allem Mütter stehen oft jenseits jeglicher Kritik. Vertrauenswürdige Menschen ertragen es, wenn sie in Frage gestellt und geprüft werden, auch wenn das weh tut. Vertrauen ist ein wertvolles Geschenk, das man nicht leichtfertig jedem schenken sollte. Nur, wer auch bereit ist, sich ihr Vertrauen zu erarbeiten, sollte es auch bekommen.

Innere Zerrissenheit

Das Opfer kennt ihre Mutter nicht, weiß nichts über sie und so ist es ein Leichtes ihr eine Lüge aufzutischen. Eine Falschinformation über die eigene Vergangenheit führt im Individuum zu schwerem Stress. Die Seele kennt die Wahrheit, hat aber nur Gefühle und innere Bilder als Kommunikation zur Verfügung. Die Ratio nimmt das an, was scheinbar vernünftig an Informationen angeboten wird. Achtet man nicht auf diese Gegensätze in der eigenen Emotio, nimmt die innere Zerrissenheit bewusst wahr und sucht nach der Lösung - in dem Fall der Wahrheit - bleibt ein unglaublicher Stress vorhanden.

Früher Verlust der Mutter

Typisch für solche Erlebensformen ist auch die Unbestimmtheit, die Unsicherheit, dieses „nicht wissen, was denn wirklich los ist". Das Baby kann nicht begreifen, dass die Welt, die es vorher umgeben hat, plötzlich weg ist. Übrig bleibt nur die Verunsicherung und die Todesangst, denn Worte gibt es noch nicht in dieser Phase des Lebens und so bleibt die quälende Sprachlosigkeit. Eine perfekte Situation, in der ein Köder angebracht werden kann, der sich hier sofort verhakt.
Erst wenn andere Menschen Worte für die Situation finden und eine Realitätsprüfung stattfindet, kommen Erleichterung und Klarheit ins Spiel. Die Opfer erkennen, dass sie absolut nicht irre sind und im Rahmen einer Therapie lernen sie zu fühlen, was wahr ist und was nicht.

Wenn Menschen solche Strukturen mit ihren eigenen Angehörigen erlebt haben, kann es sein, dass ein beständiger Zweifel an der eigenen Wahrnehmung bestehen bleibt. Solche Menschen haben oft ein dringendes Bedürfnis nach Realitätsprüfung.

Denkstörungen und Schizophrenie

Menschen, die Stimmen hören oder Denkstörungen entwickeln, reagieren auf die paradoxe Kommunikation ihres Umfeldes mit einer Defragmentation eigener Seelenanteile. Sie hören dann Stimmen, die ihnen eingegeben werden durch einen selbstentfremdeten, abgespalteten Teil von sich selbst. Dieser abgespaltene Teil wird dann als etwas wahrgenommen, was nicht zu einem selbst gehört. In der Psychiatrie werden Schizophrenien als endogene Psychosen, also durch Gehirnstoffwechselstörung verursachte Störungen, medikamentös behandelt. Doch es gibt in der Forschung auch Gegenstimmen, vor allem da, wo systemisch gedacht werden kann.[22] Vor allem betroffenen Angehörigen sind systemische Simulationen zu empfehlen, um die unbewussten Strukturen des eigenen Familiensystems zu verstehen.

Psychologische Schäden

Opfer von Gaslighting erleiden zum Teil schwere psychische Erkrankungen. Sie verfallen in eine tiefe **Depression, Angst, Panik** oder **wahnhafte Zustände, traumatische Zustände** mit dissoziativen **Störungen** und den entsprechenden Folgeschäden können zudem eine **Posttraumatische Belastungsstörung** nach sich ziehen. Manche Menschen verändern unter dem Druck ihre gesamte **Persönlichkeit** zu einer **selbstunsicher-vermeidenden Haltung.** Die vom Täter wiederholt genährten **Selbstzweifel** in Verbindung mit **Drohungen** und **verstörenden Informationen** können Opfer in den Wahnsinn treiben. Das Gefühl, sein eigenes Leben nicht mehr im Griff oder den Verstand verloren zu haben, wird oft durch eine Substanzenabhängigkeit ergänzt, mit der das Opfer sich selbst zu medikamentieren versucht. Ein Besuch beim Arzt endet meist mit einer starken

---

[22] Mara Selvini-Palazzoli (Autorin), Stefano Cirillo (Autor), Matteo Selvini (Autor), Anna M. Sorrentino (Autorin), *Die psychotischen Spiele in der Familie*, 2. Aufl., Stuttgart 1996, ISBN 3-608-91806-X.

Medikamentierung. Überschießende Aggressionen sind eine weitere mögliche Reaktion, ebenso wie, **Stresserkrankungen und psychosomatische Beschwerden** sind möglich. Wenn also jemand von psychisch verursachten Erkrankungen spricht, bedeutet das nicht, der Patient bildet sich etwas ein, sondern es bedeutet, dass der Patient unter Umständen Opfer schwerer psychischer Gewalt geworden ist und Hilfe braucht.

Herausforderung in der Therapie

Eine besondere Herausforderung in der Therapie der Opfer ist die oft vorhandene Täteridentifikation. In Form eines Stockholmsyndroms hängen die Patienten am Täter und können die tatsächlichen, absichtlichen Motivationen nicht erkennen. Für diese Menschen lassen sich die Manipulationsmuster des Gaslightings erst mit einem gewissen Abstand erkennen. Es kann Jahre oder Jahrzehnte dauern, bis ein Opfer versteht, dass es nicht schuld ist, nicht wahnsinnig und auch nicht böse, sondern Opfer einer kriminellen und/oder pathologischen Handlung geworden ist. Oft kann es sehr viel Zeit und therapeutische Unterstützung erfordern, bis sich das Opfer wieder stabilisiert und zu neuem Selbstvertrauen findet.

Identifikation mit Namenlosen

Heilungsprozesse können verstärkt werden, wenn die Opfer eine Sinnhaftigkeit in ihrem Erleben erkennen. Vielleicht sind sie identifiziert mit einem Angehörigen, der in der Psychiatrie zu Schaden kam oder totgeschwiegen wurde. Vielleicht waren Familienangehörige selbst Opfer von Mindcontrol-Versuchen. In der Zeit um den 2. Weltkrieg hatte die Forschung in dieser Richtung Hochkonjunktur und viele Menschen fielen solchen Experimenten zum Opfer. Waisenkinder, die in Babyklappen abgegeben wurden und zahllose Namenlose wurden von diesem grausamen Schicksal ereilt. Manche Menschen, manchmal weitläufige Verwandte, setzen mit ihrem eigenen Leiden solchen vergessenen Seelen unbewusst ein Denkmal.

Eine Familienaufstellung oder eine Psychosophic Simulation (was nicht das gleiche ist!) kann hier dafür sorgen, dass blockierte Energien freigesetzt werden und Opfern von Gaslighting neuen Aufwind geben. Es ist in solchen Verstrickungen notwendig, das Schicksal der Leidenden anzuerkennen und den Respekt zu erweisen. Die Art und Weise, wie Kinder solche Zusammenhänge in ihr Lebensdrehbuch einarbeiten ist immer wieder faszinierend und der Frage: woher wissen sie das? lohnt es sich sicherlich nachzugehen.

ENDAUSZAHLUNG SCHWERE KRANKHEIT

Wer einige Erfahrung in der Beobachtung von Psychospielen in Familiensystemen hat, kann erkennen, dass sich schwere Lebenssituationen ankündigen, schon lange, bevor Symptome offenbar werden. Die Art der Kommunikation zeigt, welches Psychospiel in einem Familiensystem, einer Firma oder anderen Gruppen gespielt wird. Wenn Konflikte gelöst werden und Win-Win Situationen entstehen, wird die Familie oder die Gruppe zu einem Ort der Persönlichkeitsentwicklung. Findet das jedoch nicht statt, ergehen sich die Mitglieder der Gruppe in nicht enden wollendem Affenzirkus. Konflikte wiederholen sich in der Endlosschleife und die Kommunikation erstirbt in Machtkämpfen, Dominanzgebaren, Maschengefühlen und destruktiven Auseinandersetzungen. Wenn es nicht gelingt, die Grundrichtung der Gruppe in eine positive Vision zu begleiten, ist die Chance groß, dass die Gruppe scheitern wird. Das gilt ebenso für Organisationen, Institutionen und Staaten - wenn nicht sogar die gesamte Menschheit.

Wenn schwere Erkrankungen, Psychosen, Suizid oder andere schwere Entwicklungen anstehen, kann man im Vorfeld ermüdende Auseinandersetzungen und schmerzhafte Beziehungsverstrickungen erkennen. Da negative Entwicklungen im Unbewussten oft unverrückbar entschieden sind, werden diejenigen, die versuchen heilend einzugreifen, oft heftigst bekämpft. Aussteigern bleibt manchmal nichts anderes übrig, als die Gruppe zu verlassen.

ENDAUSZAHLUNG GEWALT

Manche Menschen reagieren auf Psychospiele mit Gewalt. Es ist modern, Gewalt in Bausch und Bogen abzulehnen und ich möchte hier auch nicht für Gewalt plädieren, sondern dafür, sich ein tieferes Verständnis der Gewalt anzueignen, um besser damit umgehen zu können. Im Lotusbuch habe ich Spiral Dynamics erklärt und damit das „Grüne Mem", in dem wir uns gerade befinden. Das „Grüne Mem", also der Bewusstseinszustand, in dem wir uns gerade mehrheitlich befinden, glaubt Gewalt moralisieren und dauerhaft unterdrücken zu können. Doch das führt nur dazu, dass sich das „Rote Mem" des Faustrechts im Außen erheben wird. Ich empfehle dazu die Lektüre des Lotusbuches.

Gewalt als Beziehungsform

Gewalt erzeugt immer eine Entscheidung, ist z.T. eine Entscheidung. Gewalt (althochdeutsch waltan = stark sein, beherrschen): Im Sinne der Rechtsphilosophie ist Gewalt gleichbedeutend mit Macht (englisch power, lateinisch potentia) oder Herrschaft (potestas). Als Gewalt werden Handlungen, Vorgänge und soziale Zusammenhänge bezeichnet, in denen oder durch die auf Menschen, Tiere oder Gegenstände beeinflussend, verändernd oder schädigend eingewirkt wird.

Soziologie: Gewalt = Quelle der Macht.

Psychosophics: Gewalt = Quelle endloser Diskussionen über Recht und Unrecht. :-).

Zivilrecht und Strafrecht basieren auf dem allgemeinen Gewaltverbot.

Um die Struktur einer Gruppe aufrecht zu erhalten, muss Gewalt kontrolliert und eingedämmt werden. Daher basiert das Gewaltmonopol des Staates (Verwaltung, Gewaltenteilung, etc.) auf dem allgemeinen Gewaltverbot, es sei denn jemand handelt aus Notwehr.

Landfriedensbruch gefährdet den Zusammenhalt eines Staates und entspricht der Missachtung des Gewaltmonopols des Staates, was zu entsprechend gewaltigen Sanktionen führt. Zum Thema Gewalt gibt es vorrangig Vorurteile und Wertungen, aber wenig Differenzierung. Gewalt ist radikal oder fanatisch und zeichnet den Täter als schlechten Menschen aus.... aber da gibt es weit mehr.

Physische Gewalt als Entscheidungshilfe

Gewalt sorgt für Klarheit. Man kann nicht ein „bisschen" gewalttätig sein. Eine Ent-Scheidung im Sinne von „das Schwert aus der Scheide ziehen" steht an. Ja oder nein. Leben oder Tod. Du bist für oder gegen mich. Du tust, was ich sage oder es kracht. Insofern hat jede klare Entscheidung einen Gewaltaspekt. In einer gewalttätigen Situation entscheidet sich der Adressat der Gewalt in der Regel für den Gehorsam. Durch diesen scheinbaren Erfolg wird der Täter im Sinne einer Belohnung konditioniert und zur Wiederholung eingeladen. Durch die Wiederholung kann der Täter scheinbar häufiger seinen Willen durchsetzen, als das Opfer, was dann als „Macht" missverstanden wird.

Das Wochenende als „optimale Tatzeit"

Laut Hamburger Studie 1950-1967:

- 47 % aller Tötungsdelikte finden zwischen Freitag 20 Uhr und Sonntag 24 Uhr statt.

- Delikte an Wochenenden finden meist in einer für den Täter fremden Umgebung statt.

- Täter und Opfer stehen dabei signifikant öfter unter Alkoholeinfluss.

- 50% aller Körperverletzungen mit Todesfolge geschehen am Wochenende, sowie 29 % aller Totschläge und 19 % aller als Mord abgeurteilten Taten.

- Geliebten- und Ehegattentötungen liegen mit 41 % am Wochenende erheblich höher als an anderen Tagen.

- Die überwiegende Anzahl der Tötungsdelikte geschieht zwischen 20 und 4 Uhr in der Nacht (nach der Hamburger Studie sind hiervon Mord-Selbstmord-Kombinationen, die gleichmäßig über die Tageszeiten verteilt sind, ausgenommen).

- Die Rate für Körperverletzung mit Todesfolge ist zwischen 20 und 4 Uhr besonders hoch.

GEWALTMOTIVATIONEN

Blutrausch und Kriegslust

Blutrausch ist ein psychischer Ausnahmezustand, in dem Gewalttaten ihren zerstörerischen Höhepunkt finden. Es gibt keine Hemmschwelle mehr. Der „Sympathikus", das Nervensystem, das für Angriff zuständig ist, übernimmt vollständig die Vorherrschaft über den entwicklungsgeschichtlich jüngeren ventralen Vagus, der für friedfertige Kommunikation zuständig ist. Der Täter will Blut sehen, will, dass „Blut spritzt". Die Ratio wird ausgeschaltet. Einen Menschen im Blutrausch stoppen zu wollen, ist lebensgefährlich. Er unterscheidet nicht mehr zwischen Feind und Freund und ist wie ein Raubtier im Angriff auf archaische Kräfte zurückgeworfen. Gladiatoren im römischen Zirkus waren oft ebenso im Blutrausch, wie die Raubtiere, mit denen sie kämpften. Splattermovies, die sich am Blutrausch orientieren, erfreuen sich bis heute größter Beliebtheit.

Kriegslist und Kampfmaschine

Weniger leidenschaftlich, aber dafür beängstigend wird die „rote Ebene", wenn aus Kriegslist Soldaten in ausweglose Situationen gesendet werden. Dort, wo sie nichts mehr zu verlieren haben, verwandeln sie sich in gefühllose Kampfmaschinen. Die Soldaten haben keine Angst, ein eingeschränktes Schmerzempfinden und keine Moral mehr. Sie agieren aus einem archaischen Überlebens- und daher Siegerinstinkt. Sie sind in der Regel nur mit Waffengewalt zu stoppen. Das „Hop oder Top" ist hier auf die Spitze getrieben.

Selbst- und Fremdgefährdung

In Spielen 4. Grades führt die Endauszahlung zum Äußersten, indem das eigene Leben oder das Leben eines anderen gefährdet wird. Solche Extreme finden häufig in Verbindung mit psychotischen Zuständen statt, die sich schon lange im Vorfeld durch Psychospiele ankündigen. Wenn Menschen so gestresst sind, dass sie nur unter schwerer Medikamentierung existieren können, macht es immer Sinn, eventuelle Spiele im Bezugssystem auszuschließen.

Gewalt bei Psychiatrischen Erkrankungen

In psychotischen Schüben verliert der Verstand seine Kontrollfähigkeit. Manchmal können derartig Erkrankte durch mehrere geübte Pfleger nicht gehalten werden. Gummizelle und Zwangsjacke sind beunruhigende Instrumente, um die Rasenden davon abzuhalten, sich oder andere schwer zu verletzen.

Der „pathologische Rausch" ist ein extrem gewalttätiger, etwa 15-minütiger Blutrausch, der aus einer Kombination aus Alkoholgenuss und neurologischer Erkrankung entsteht. Ein Mensch im psychotischen Schub ist ebenso wenig zu bremsen, wie jemand, der aus einer Minderung der Alkoholtoleranz in einen aggressiven Ausbruch gerät. Durch den neurologischen Hintergrund kann er diesen Ausbruch weder kontrollieren, noch stoppen und reagiert danach oft mit einer Amnesie. In allen pathologischen Gewaltsituationen ist die Kommunikationsfähigkeit mit anderen ausgeschaltet. Empathie existiert nicht. Es existieren keine Mechanismen, die den Kontakt zwischen Helfer und Angreifer so herstellen, dass er oder sie gestoppt werden könnte. Die Täter sind in der Regel nicht oder nur bedingt straffähig.

Raubüberfall

Hier muss unterschieden werden zwischen einer Tat aus finanzieller Not und Verzweiflung, die unter Umständen aufgehalten werden kann, indem an die Moral appelliert wird oder geübten Kriminellen, die unter Umständen auch zu Raubmord bereit sind. Wenn es sich um suchtbedingte Beschaffungskriminalität handelt, ist anzunehmen, dass der Täter aus einer verzweifelten Entzugssituation heraus handelt und nichts zu verlieren hat. Die Verantwortlichen sind in der Regel voll straffähig, aber schwer zu stoppen. Wenn Sie kein professioneller Helfer sind und von solchen Plänen erfahren, sollten Sie niemals selbst den Helden spielen, sondern die Polizei einschalten.

Massenhysterie

Eine kollektive Straflust kann dazu führen, dass sich eine Menschenmasse in eine gefährliche Kampfmasse verwandelt, den „Mob". Auch ist hier Moral kein Thema mehr und die Übergänge zum kollektiven Blutrausch sind fließend. (Beispiel: französische Revolution). Es schlagen Emotionen manchmal in Sekundenschnelle in eine rasende Walze aus Gewalt um. Elias Canetti[23] schreibt dem „Lynchmob" die Funktion der gesellschaftlichen Entladung zu. Grundsätzlich kann jede Feiermenge plötzlich in eine Flucht- oder Hetzmenge umschlagen und die Feiermasse wird zur Flucht- oder Kampfmasse. Wie bei einer animalischen Stampede kann hier kaum eingegriffen werden. Menschen, die sich in Massensituationen

---

[23] Canetti, Elias, Masse und Macht

begeben, sind nicht selten mit ihrem individuellen Leben überfordert und suchen Entspannung in der Verantwortungsabgabe, die nur in der Masse möglich ist. Es ist ein Eintauchen in die Zugehörigkeit, ein Aufgeben der eigenen Grenzen zugunsten der Menge. Viele Massenveranstaltungen, die dem Feiern und der Freude dienen sollen, können in gefährliche Exzesse ausarten, die viele Tote fordern. Vergessen wir nicht, dass die Überforderung mit dem Leben, die Sehnsucht nach der Ruhe des Todes auslösen kann. Auch wenn diese Todessehnsucht zutiefst unbewusst ist, kann ich nur immer wieder darauf hinweisen, dass diese Sehnsucht lebensgefährliche Situationen erzeugen kann und daher aufgelöst werden sollte.

Gewalthandlung im Affekt

Die Handlung im Affekt erwächst aus einem starken emotionalen Reiz. Dabei kann es sich um Scham, Schreck, Eifersucht, Demütigung oder eine Reaktion auf eine als schmerzhaft erlebte Grenzüberschreitung handeln. Manchmal ist „das Maß voll" und „der Tropfen bringt das Fass zum Überlaufen". Gaslighting kann zu solch einer Entladung führen, aber auch alle Spiele, die mit Herabwürdigung einhergehen. Der Affekttäter geht in seiner rasenden Wut bis zum Äußersten, aber das Gewissen kehrt nach der unkontrollierbaren Affektabfuhr zurück und hinterlässt ihn in schwerer Schuld. Er erfährt keinen Lustgewinn durch die Tat, sondern befindet sich im Nachgang oft in der Selbstanklage.

Affekthaft reagieren auch traumatisierte Menschen, wenn ein bekanntes Muster das ursprüngliche Trauma triggert. Es entstehen dann für das Umfeld unverständliche Reaktionen wie plötzliche Flucht, Wutausbrüche oder Totstellreflexe und/oder Ohnmacht. Das Strafmaß für Affekthandlungen ist milder als das für vorsätzliche Taten.

Notwehr

Jede Biene hat einen Stachel, den man ihr nicht verbieten kann. Menschen jedoch kann man durch falsche Erziehung das Recht zur Notwehr verbieten und sie damit auf das Opfer-Dasein vorbereiten. Notwehr ist erlaubt, weil ein Mensch in der Bedrohung das Recht hat für sein Leben oder das seiner Nächsten einzustehen. Wer in Notwehr handelt, kann große Kräfte entwickeln. In Kulturen wie unserer, in denen Gewalt tabuisiert ist, können Aggressionsblockaden in gefährlichen Situationen zur Selbstschädigung führen. Aggressionsblockaden können sich auch im traumatischen Freeze zeigen, der traumabedingten Bewegungsunfähigkeit. Wer im Schock „wie angewurzelt dasteht" muss manchmal hilflos zusehen, wie nahestehende Menschen zu Schaden kommen, während sie oder er sich nicht bewegen kann. Solche belastenden Situationen lösen im Nachhinein schwerste Störungen aus, die mit schweren Schuldgefühlen und Autoaggression beantwortet werden können. Arbeiten Sie also unbedingt an Ihrem Recht auf Verteidigung Ihres Lebens.

Niederer Antrieb

Gewalt durch Vorsatz ist eher eine „kalte" Gewalt, die emotionslos und kalkuliert abläuft. Die kalte Gewalt räumt unter Umständen Hindernisse aus dem Weg, aber es liegt eine überlegte Handlung vor, die auch abgebrochen werden kann - etwa weil eine veränderte Situation am geplanten Tatort eintritt. Der Täter handelt oder lässt handeln, aus einer sicheren Überlegenheit heraus, die ihm die Berechtigung zur kriminellen Handlung gibt, um etwas Bestimmtes zu erreichen. Auch hier sei angemerkt, dass Menschen, die zum Täter werden, oft auf selbst erlebte oder transgenerationale Traumata[24] reagieren. Auch Täterschicksale sind Verliererskripte, weil sie andere

---

[24] Ruppert, Franz, Dr. Prof., Wer bin ich in einer traumatisierten Gesellschaft?

Menschen nicht für sich gewinnen, sondern besiegen und damit eine unentwickelte Persönlichkeit bleiben müssen.

Vorsatz durch Ideologie

Übergriffe von Einzelpersonen oder von einer Gruppe können aus ideologischen Motiven stattfinden (Ausländerfeindlichkeit, rechtsextremes und linksextremes Gedankengut, terroristische Absichten usw.). Hierher gehören auch psychologische Kriegsführung, Wirtschaftssabotage und Massen- und Werbehypnosen. So können wir immer wieder beobachten, wie es zu Ausschreitungen zwischen Angehörigen verschiedener politischer, religiöser oder rassistischer Ideologien gibt.

Vorsatz durch Lustgewinn

ist auch dort zu erkennen, wo mit dem Gewaltakt Aufmerksamkeit erzielt, Vergeltung ausgeübt oder Macht demonstriert wird. Für das Buch „Geil auf Gewalt" recherchiert der Journalist Bill Buford[25] zum Thema des Lustgewinns durch Gewalt bei Hooligans. Er wird Teil der Szene und reist mit ihnen umher, bis er eines Tages tatsächlich in den Strudel der Gewalt gerissen wird und beinahe selbst Hand anlegt. Hierzu gehört auch die Sexuelle Gewalt. Da der Lusttäter Lust empfindet, wenn er Gewalt ausübt, ist es schwer bis unmöglich ihn von weiteren Taten abzuhalten.

Vorsatz durch rituelle Gewalt

Ein Beispiel für rituelle Gewalt sind Opferriten. Tiere oder Menschen werden getötet, um rachsüchtige Götter zu besänftigen. Der Film „Sieben" von 1995 stellt die Ritualmorde entsprechend den sieben Todsünden dar. Der Täter ist ein besessener Christ, der mit einer Grausamkeit biblischen Ausmaßes an die Bestrafung seiner Opfer geht und sich anschließend selbst der Todesstrafe unterzieht und sich tötet.

---

[25] Buford Bill, Geil auf Gewalt

Auch wenn die Vergewaltigung mit einem sexuellen Akt einhergeht, handeln Täter nicht primär aus sexuellen Gründen. Sexualität ist tatsächlich eine Abwehrreaktion gegen psychotische Zustände, die vermutlich besser funktioniert, als jede pharmakologische Handlung. Eine Vergewaltigung ist jedoch vorrangig eine gewalttätige Unterwerfung des Opfers.

OPFERPROFILE

In all diesen Konfrontationen sind die Opfer hilflos ausgeliefert, da sie in der Regel nicht über Abwehrmechanismen verfügen, die in solchen extremen Situationen greifen würden. Wie mehrfach betont kann ein nicht aufgeräumtes Unbewusstes in schwerste Gefahren führen. Aber machen wir uns nichts vor. Nur weil jemand selbsterfahren ist, heißt das noch lange nicht, dass sie oder er nicht irgendwelche massiven Gewalterfahrungen machen kann. Dennoch ist das Opferthema nicht banal, wenn man die Psychospiele berücksichtigt. Jede Gewalterfahrung kann auch eine Endauszahlung sein, eine Situation, in die das Unbewusste aufgrund des Lebensskripts geführt hat.

Es stellt sich auch nach solch einem Erlebnis immer die Frage, ob jemand wirklich Heilung finden oder maximalen Profit aus dem Erlebnis schlagen will. Denken wir an die kleinen Mädchen auf dem Schulhof, die die Jungs solange piesacken, bis diese zuschlagen, um dann zum Petzen zum Lehrer zu rennen: „der hat mich gehauen". In der Beratungspraxis sind solche „Opfer" schnell erkennbar. Sie wollen die Beraterin auf ihrer Seite wissen und gegen die Partner aufmunitionieren und instrumentalisieren. Sie sind nicht an der Lösung des Ehekonfliktes interessiert, sondern an der Vernichtung des Ehepartners. Hier stellt sich dann die Frage, wer das wirkliche Opfer ist. Selbsternannte „Opfer" sind nicht selten mit niederträchtigen Manipulationsmethoden und vielen kleinen Fiesigkeiten unterwegs und zeigen einen gewissen Triumph, wenn dem Partner endlich die Hand ausgerutscht ist. Sie spielen „Schlag mich endlich!", um dann den Ehemann als Täter zu überführen. Ob ein Mann grundsätzlich jemand ist, der Gewalt befürwortet, erkennt man in der Regel daran, dass jemand, der im Affekt gehandelt hat, sich danach schlecht fühlt und Schuldgefühle hat und sich in Selbstvorwürfen ergeht.

Wenn Menschen zu Opfern werden, spielt die Kirche oft eine nicht unerhebliche Rolle. Die Anhänger sind oft zutiefst davon überzeugt, dass Gott will, sie mögen die andere Backe hinhalten. Wer so denkt und glaubt, läuft Gefahr in gefährlichen Situationen die Opferposition zu wählen, weil die Einschätzung entsteht, dass Gottes Wille nur durch das Selbstopfer erfüllt werden kann. Aber natürlich wirkt auch die allgegenwärtige psychologische Kriegsführung durch die Politik so, dass Menschen in selbstschädigende Spiele einsteigen. Aber es geht in diesem Buch nicht darum, Täter zu identifizieren, sondern immer um die Frage, wie die eigene Resonanz beim Ausstieg behilflich sein kann und welche Überzeugungen schützend zu wirken. Wichtig ist, dass Sie selbst über Ihren Opferstatus nachdenken und sich Gedanken machen. Spielen sie ruhig einen Worst Case bewusst durch und stellen Sie sich die Frage, welche Vorbereitungsmaßnahmen Ihnen helfen würden. Betrachten wir das Psychospiel, kann Gewalt nur stattfinden, solange sich den Tätern genügend Opfer unbewusst zur Verfügung stellen. Die Betonung liegt wie immer auf dem Wort unbewusst!

SUIZID ALS GEWALTAKT

- Im Jahr 1982 lag die Suizidhäufigkeit in der damaligen BRD bei 24,7 je 100.000 Einwohner, das ist ein im internationalen Vergleich hoher Wert.

- In der DDR lag der Wert bei 44 (Forscher führen dies jedoch weniger auf die Gesellschaftsordnung, sondern eher darauf zurück, dass das Territorium der DDR hauptsächlich Gebiete wie Sachsen und Mecklenburg umfasste, die schon im Deutschen Reich erhöhte Suizidraten aufwiesen.). In der Folgezeit ging diese

Häufigkeit jedoch zurück und liegt heute für Männer bei 20 und für Frauen bei 7.

- Die Zahl der Suizide ist einer jahreszeitlichen Schwankung unterworfen. Im Mai bis Juli bringen sich mehr Menschen um, als von August bis Februar.

- Die Suizidrate von Ärzten ist bis zu 3,4-mal höher als die anderer Bürger, bei Ärztinnen sogar bis zu 5,7. Neben der berufsbedingten dauerhaften Beschäftigung mit belastenden Themen wie Krankheit und Tod, ist eine mögliche Erklärung für diese hohe Rate, dass Ärzte sowohl die Expertise als auch Zugang zu Medikamenten zur Ausführung eines Suizids besitzen, über die andere Bevölkerungsgruppen seltener verfügen.

- Von 11.150 erfassten Suiziden in der Bundesrepublik Deutschland im Jahr 2004 wurden folgende Todesursachen erfasst: [destatis 6] (Vergleich: 2016: 9.838)

  - Erhängen/Ersticken 5.538 (50 %) (2016: 4.321 = 44 %)

  - Sturz in die Tiefe 1.100 (10 %) (2016: 981 = 10 %)

  - Vergiftung durch Medikamente 940 (8 %) (2016: 766 = 7,8 %)

  - Erschießen (meist Kopfschuss) 572 (5 %) (2016: 438 = 4,5 %)

  - Sich vor den Zug oder vor Autos werfen 556 (5 %) (2016: 684 = 7 %)

  - Abgase ins Auto leiten 216 (2 %) (2016 „durch Gase und Dämpfe": 537 = 5,5 %)

- Männer griffen 2006 in 52,6 % der Fälle zu den so genannten „harten" Suizidmethoden Erhängen, Erdrosseln oder Erstickens und damit häufiger als Frauen (34,5 %), die wiederum häufiger

„weiche" Methoden wie eine Vergiftung mit einer Überdosierung von Medikamenten etc. anwendeten.

- Im Jahr 2008 nahmen sich auf deutschen Bahnstrecken 714 Menschen das Leben, im Jahr 2009 waren es laut Bericht des Eisenbahn-Bundesamtes 875.

Die Suizidrate ist während der Corona Phase um ein vielfaches angestiegen und zeigt, wie gering die Resilienz der Gesellschaft tatsächlich ist. Laut destatis[26] lag die Suizidrate knapp unter der Zahl von 2019, aber seltsamerweise steht da, dass die Zahlen noch nicht vollständig ausgewertet sind. Wie das im Jahr 2021 passieren kann, ist eher verwunderlich und führt zu der Annahme, dass die Zahlen die Öffentlichkeit beunruhigen würden und daher nicht veröffentlicht werden.

PRÄSUIZIDALES SYNDROM & SOFORTHILFEMASSNAHMEN

Es gibt einige Zeichen, die einem Suizid vorausgehen können. Erwin Ringel[27] führte für drei solcher Symptome den Begriff präsuizidales Syndrom ein:

- Einengung des Denkens,
- Aggressionshemmung bzw. Aggressionsumkehr und
- Suizidphantasien

Viele Suizide könnten verhindert werden, wenn Menschen im Umfeld aufmerksam werden und ihre Besorgnis mitteilen.

Wenn diese Situation eintritt und ein Gespräch vom Suizidalen angenommen wird, gibt es einige Maßnahmen, die der Soforthilfe dienen können:

---

[26] Destatis - Statistisches Bundesamt

[27] Ringel Erwin, Der Suizid, Abschluss einer krankhaften psychischen Entwicklung

1. Weitere Gesprächstermine vereinbaren und sich selbst Supervision holen.

2. Einen Non-Suizid-Vertrag schließen: „Hiermit verspreche ich an Eides statt, körperliche und seelische Fürsorge für mich zu übernehmen. Sollte ich ernsthaft darüber nachdenken, mir das Leben nehmen zu wollen, werde ich mich an … wenden / mir kompetente Hilfe holen." Datum, Ort, Unterschrift und Unterschrift der Zeugen.

3. Wer die Situation einschätzen kann und sich traut, kann Wutarbeit wagen: wen möchtest du denn wirklich umbringen? Auf wen hast du eine Mordswut? Wer ärgert dich so - ins Kissen boxen, Sturmsegler Emotionastics mit der Person gemeinsam machen.

4. Wenn man den Eindruck hat, dass die Entscheidung schon getroffen ist und man keine Einflussmöglichkeiten mehr hat: Polizei verständigen
Der Polizei die Situation schildern und sagen, dass man „Selbst- oder Fremdgefährdung" nicht ausschließen kann. Wenn das nicht ernst genommen wird: Namen des Beamten geben lassen um der Ernsthaftigkeit Nachdruck zu verleihen und im Zweifel die Meldung zu beweisen.

MASSNAHMEN IN GEWALTSAMEN SITUATIONEN

Wie aus dem Gesagten hervorgeht, sind Gewaltsituationen sehr komplex.

Kennzeichen von Gewaltsituationen: Sie sind

- emotional aufgeheizt

- in ihrem Verlauf kaum berechenbar und kontrollierbar

- treten häufig unvermittelt auf, so dass eine besondere Vorbereitung auf die spezifische Situation kaum möglich ist

- erfordern oft sofortiges Handeln

- Absprachen mit anderen in der Situation sind oft nur schwer möglich

Egal, wie kritisch eine Situation ist: Die eigene Sicherheit geht vor. Wer bewusstlos am Boden liegt, kann nicht helfen. Es gibt zunächst ein paar einfache Anweisungen, was bei eskalierenden Situationen zu tun ist:

<u>Verhalten in eskalierenden Situationen:</u>

1. Ruhe bewahren. Sich selbst, den Täter und die Situation einschätzen.

2. Hilfe holen. Wenn nötig 110 wählen.

3. Das Opfer und sich selbst in Sicherheit bringen. NIEMALS den Täter angreifen!

4. Wenn überhaupt, dann dem Täter respektvoll gegenübertreten:
   Ihn Siezen, klar und respektvoll kommunizieren, ihn ernst nehmen. Keine demütigenden Äußerungen oder Beschimpfungen.

5. Im Zweifelsfall dem Täter recht geben.

6. Beschwichtigen statt eskalieren.

<u>Auf keinen Fall etwas von Folgendem tun!!!</u>

- den Täter erziehen wollen und zurecht weisen!

- den Täter bestrafen wollen

- den Täter überwältigen wollen, wenn man kein versierter Kampfsportler und ausgebildet ist

- provozieren

- empören

- demütigen oder abwerten

Oft wird empfohlen in solchen Situationen zu schreien. Da jedoch die Gefahr besteht, dass ein Täter, der nicht richtig eingeschätzt wird, den Schreienden zum Schweigen bringt, muss zunächst die Lage sondiert werden. Wichtig ist immer Punkt 1: Ruhe bewahren zu können, hysterisches Geschrei heizt unter Umständen die Emotionen an.

Häufig ist es hilfreich, dass das Umfeld aufmerksam gemacht wird und sofort erkennt, wer Opfer und wer Täter ist. Wer weiß, was zu tun ist, kann anderen Umstehenden Anweisungen geben, z.B. Hilfe zu holen, das Opfer zu schützen, etc.

In einem Selbstverteidigungskurs kann man hierzu viel Hilfreiches lernen und sich für verschiedenste Situationen wappnen.

DER HELFERSCHOCK

Der Helferschock versetzt den Helfer in eine optimale Helfersituation, in der er traumwandlerisches „Richtigmachen" bei innerer Sicherheit der Unversehrtheit erlebt. Im Helferschock gibt es kein Trauma, keine Stressgefühle, keine Angst, keine Aufruhr, nur ruhige, kraftvolle Orientierung. Oft steht mehr Kraft zur Verfügung als der eigentlichen Konstitution entspricht. So kann eine Mutter beispielsweise plötzlich über einen 3 m breiten Graben springen, um ihr Kind zu retten o.ä. Dieser Umstand ist darauf zurück zu führen, dass die in den Körperzellen gespeicherten ATP-Energien freigesetzt werden und kurzfristig zu enormem Kraftzuwachs führen können. Aus diesem Zustand kann man ableiten, was in Krisensituationen hilfreich ist, z.B. ruhige Konzentration, eins nach dem anderen, instinkthaftes Reagieren, Gewissheit, dass sich alles zum besten wendet, nach bestem Wissen und Gewissen handeln. Oft entstehen für jemandem im Helferschock erst im Nachgang traumatische Erlebnisweisen.

PRIMÄRE TRAUMAZEICHEN

In existenzbedrohlichen Situationen können primäre Traumareaktionen auftreten.

Überschießende Aggressionen treten dann auf, wenn eigene Gewalterlebnisse nicht verarbeitet sind. Traumabedingte Totstell- und Fluchtreflexe sind nicht kontrollierbar und können vor allem in lebensbedrohlichen Situationen die Führung übernehmen. Im Nachgang kann dann die Arbeit mit eventuellen Schuldgefühlen notwendig werden. Auch hier wirkt eine intensive Selbsterfahrung dem entgegen. Bitte miteinbeziehen, dass geübte Gewalttäter nicht traumatisiert werden. Kampfsportler, Polizisten und Sicherheitskräfte stehen in Gewaltsituationen ebenfalls selten unter Schock. Das hat damit zu tun, dass sie die gewalttätigen Situationen erwarten, darauf eingestellt sind und darauf trainiert sind. Das ist bei Otto-Normalverbraucher in der Regel eher nicht der Fall.

Sensibilität für demütigende Haltungen

Manche Menschen reagieren in Gewaltsituationen mit Demütigung des Täters, in dem Versuch, ihn zu beschämen und damit von seinem Tun abzubringen. Offensichtlich ist es gelungen, sie selbst über dieses Dominanzmittel zur Räson zu bringen. Das kann lebensgefährlich werden. Es ist vielleicht möglich ein Kind oder einen sehr angepassten Menschen über Demütigung zu dominieren, nicht aber einen gewaltbereiten, körperlich überlegenen Erwachsenen. Man erinnere sich an die U-Bahn Schlägerei, bei der ein pensionierter Lehrer totgeschlagen wurde, nachdem er versucht hatte, zwei junge Türken zurechtzuweisen und ihr Verhalten kritisierte. Die jungen Männer fühlten sich in ihrem Stolz verletzt und herabgewürdigt. Einer der jungen Männer geriet in einen Blutrausch und tötete den Lehrer.

Respekt bedeutet, Sicherheitsabstand einzuhalten. Respekt kann in so einer Situation eine lebenserhaltende Maßnahme sein. Wenn das Gegenüber respektlos handelt, macht es dennoch Sinn, selbst respektvoll zu bleiben, um zu deeskalieren. Das höfliche „Sie" schafft auch bei Hitzköpfen kühle Distanz und kühlt so manche heiß gelaufene Situation wieder ab. Es hilft, sich so zu verhalten, als hätte man eine würdevolle Persönlichkeit vor sich. Es hilft, sich vor dem Stärkeren höflich neigen zu können, ohne verächtlich zu werden. Mit der Anerkennung der eigenen körperlichen Unterlegenheit und Ohnmacht gelingt es leichter, die rote Ebene[28] zu integrieren. Wenn der Respekt vor dem Gegenüber absolut nicht gelingen will, mag die Verneigung vor dem Leben als solchem hilfreich sein.

Hühnerpopo und Perspektivenwechsel

Eine weitgehend wertfreie Beurteilung des Kampfgeschehens deeskaliert leichter, als ein Urteil, das „man", wenn schon nicht einer spirituellen Ebene, dann wenigstens den Richtern überlassen sollte. Wenn wir uns in unser kritisches Eltern-Ich begeben, empören wir uns. „Das tut man nicht!" „Man sollte das anders machen!" ist die erzieherische Botschaft. Dabei ist die Benutzung des unscheinbar wirkenden Wörtchens „man" ein Zeichen dafür, dass das soeben geäußerte elterliche Gesetz für alle 7 Milliarden Menschen auf dieser Welt zu gelten hat. :-) Wenn Sie merken, dass jemand mit spitzen Lippen spricht, die an eine Gouvernante oder an einen Hühnerpopo erinnern, haben Sie ein lebendiges Bild von Empörung. Empörung ist jedoch immer das Eingeständnis der Verstiegenheit und des Unverständnisses der Sachlage, die sich zu gouvernantenhaftem Moralismus aufbläst. Empörung ist immer die schlechteste Methode, einen Machtkampf zu beginnen. Vor allem, wenn das Gegenüber körperlich überlegen ist. Der unbewusste Hintergrund der Empörung ist immer die Überzeugung, dass man den Papa holen kann. „Mein

---

[28] Wiegand Tina, Das Lotusbuch - Ich bremse auch für Führungskräfte, Spiral Dynamics.

Papa wird's dir zeigen!" Dabei wird leicht übersehen, dass nicht jeder die selbsternannten Richter akzeptiert und mit „dir zeig ich's" reagieren kann und schneller Hand anlegt, als der Papa laufen kann. Von der Empörung zur Souveränität führt ein weiter Weg der Reifung. Dabei hilft die Überlegung:

Wie reagiere ich selbst auf die ehemalige Zurechtweisung durch meine Eltern oder Lehrer?
Was macht Empörung mit mir?
Der Weg von der Selbstüberhöhung durch Empörung zur tatsächlichen Souveränität führt in der Regel über den eigenen Ungehorsam und eine nachgeholte Pubertät, am besten in einem angebrachten Setting.

Das innere Raubtier anerkennen

Der Mensch ist ein Raubtier, der, um zu leben, töten muss. Selbst Veganer, die sich nur von Fallobst ernähren, weil alles andere noch lebt, brauchen den Tod der Pflanze, um sie mit ihren knallharten Zähnen und extrem aggressiven Verdauungssäften in sich aufzunehmen, aufzuspalten und zu integrieren, bzw. das nicht Brauchbare auszuscheiden. Wir finden nur dann zu einem gewaltfreien, grundlegenden Verständnis für menschliche aggressive Impulse, wenn wir die eigenen Zähne und Krallen anerkennen.

Es ist eine Frage der Ehrlichkeit und der Würde, dem Menschen seine aggressiven Impulse zu lassen, denn ohne sie wird kein Kind geboren, kommt kein Mensch mehr morgens aus dem Bett, muss er sich alle Zähne ziehen lassen und jegliche sexuelle Regung unterlassen. Wäre doch schade drum und ist sicherlich nicht liebevoll. Abgesehen davon, dass das der Leugnung des eigenen Selbst gleichkommt, ist das menschenverachtend. Wutarbeit unterstützt dabei, die eigenen aggressiven Impulse verstehen und lieben zu lernen. So mancher lernt erst auf diesem Weg, dass er ein Recht auf Revier-Grenzen hat, die sein eigenes inneres Kind vor Übergriffen schützen. Diese Grundlagen der Selbstliebe sind Voraussetzung für gelungene Beziehungen zu anderen. Wenn negative Kräfte dominieren, stellt sich die Frage nach der Aussöhnung mit der eigenen Dominanz, um selbst das Lebenssteuer zu übernehmen.

Wer krisen- und konfliktscheu ist, zieht nicht nur in Gewaltsituationen den Kürzeren. JEDER Mensch ist ausnahmslos aggressiv und es ist keine Frage, ob, sondern nur, wo und wie er diese Aggression auslebt. Die Beschäftigung mit dem Thema Sublimation, also die Umleitung von aggressiven Impulsen in künstlerische oder anderweitig sozial verträgliche Aktivitäten, ist dann der nächste Schritt für Fortgeschrittene. :-)

Spirituelles

Der Kriegsgott Mars tut nichts Gutes, wenn er wütend ist. Das weiß jeder, der den Krieg kennt. Wer den Krieg nicht kennt, kann manchmal aus Empörung nach dem Krieg rufen. Danach weiß er Dinge, die er gar nicht wissen wollte.

Dabei ist Mars auch Geburtshelfer, der die Austreibung vorantreibt. Das Prinzip des Mars ist eine spirituelle Komponente der Zerstörung, die notwendig ist, damit Neues entstehen kann. Im permanenten „Stirb und Werde"-Prozess des Lebens ist er nicht wegzudenken. Wenn Mars nicht für Durchbrüche sorgen würde, gäbe es nur das Wachstum nach Innen - schlecht bei Barthaaren und Frühlingsblumen.

Wer sich mit der Tatsache auseinandersetzt, dass Zerstörung ein Teil des (Über-) Lebens ist, schafft den Blick über den Tellerrand hinaus und gewährleistet unter Umständen ein tief greifendes Vertrauen in das Universum und seine oft unverständlichen Gesetzmäßigkeiten. Schicksal kann für jeden als not-wendige Chance begriffen werden und wir wissen oft nicht, welche Not gerade gewendet werden muss im Leben derer, die gerade Gewalt erleben. Wir wissen zu wenig darüber. Aber ein Grundvertrauen in den tieferen Sinn des Geschehens hilft dabei, Ruhe und Zuversicht zu bewahren, was in schwierigen Situationen grundsätzlich hilfreich ist.

Wer über sein materielles System hinaus denken kann, kann leichter einen machtvollen mentalen Impuls „ich befehle Frieden - jetzt!" in eine Katastrophensituation schicken oder einfach Licht schicken, damit das passiert, was passieren muss, damit es wieder gut werden kann. Wahre Macht liegt im Geistigen und nicht in der Faust, aber das muss man vielleicht erst erlebt haben. In diesem Sinne ist das „Stoßgebet" zu verstehen und das instinktive Umschalten auf den göttlichen „Autopiloten" in Situationen, die man selbst nicht mehr kontrollieren kann. Wunder kann man nur erleben, wenn man sie für möglich hält.

Übungen zum Thema „Gewalt"

Bitte beantworten Sie sich folgende Fragen:

- Wie geht es mir selbst mit der Gewalt?

- Was macht mein Körper?

- Wie fühle ich mich?

- Wie reagieren die anderen?

- Wie reagiere ich auf die anderen?

- Wie erlebe ich die anderen und ihre Reaktion auf mich?

- Was ist meine Definition von Gewalt?

Weitere Übungen:

1. Wutarbeit - Ablauf einüben

2. Arbeit mit den persönlichen Grenzen

3. Fühl-Übung / Perspektivenwechsel zur Unterscheidung von: Demut - Hochmut - Demütigung - Stolz - Unterwürfigkeit

4. Energiearbeit

Einiges davon finden Sie auf den Soulfit CDs im Soulfit Shop als Anleitung. Bitte beachten Sie auch die kostenlosen Downloads. Zu finden auf www.soulfit.de

VERTRÄGE

Allgemein

Wer versteht, dass jeder menschlichen Beziehung bewusste oder unbewusste Agenden zugrunde liegen, wird die tiefere Bedeutung von Verträgen zu schätzen wissen. Gerade, wenn man sich in krisenhaften Situationen befindet, ist es hilfreich, sich Verträge zu überlegen.

Verträge können im weitesten Sinne als jedwede Basis verstanden werden, die das Zusammenleben betreffen wie Rahmenbedingungen, Inhalte, Art und Weise des miteinander Umgehens etc. Ein Vertrag ist gemeinsame inhaltliche Festlegung über das jeweilige Handeln und zwingt dazu, darüber nachzudenken und auszuhandeln, was man genau will und was nicht.

Wenn Verträge bewusst oder unbewusst, implizit - unausgesprochen sind, nehmen die „Vertragspartner" an, dass die Vertragsinhalte ohnehin bekannt und klar sind. Dieser Vertragstyp trifft auf die meisten unserer täglichen Beziehungen zu. Und das ist meist ein Irrtum, was man aber in der Regel erst erkennt, wenn man die Verträge bewusst verhandelt. Verträge sollten also offen ausgesprochen und / oder schriftlich festgehalten sein.

Verdeckte Verträge

Verdeckte Verträge können so klingen: „Du wirst mich den Rest meines Lebens versorgen!" Niemand wird das einfach so unterschreiben. Der Vertragsinhalt wird dem anderen daher nicht mitgeteilt. Letztendlich entscheidet jedoch der verdeckte Vertrag über das weitere Tun. Daher sind solche „Vereinbarungen" Teilbestand der meisten Ehen. In Beratungssituationen können z.B. Klienten mit dem offenen Vertrag kommen, an ihrem Leiden etwas ändern zu wollen. Tatsächlich aber haben sie geplant, den Berater als Verstärkung gegen den verhassten Ehepartner zu instrumentalisieren. Spielt der Berater nicht mit, so wird alles getan, um Beweise für die Inkompetenz des Beraters zu erbringen und seine Existenzgrundlage zerstören.

Therapeutische Verträge

Therapeutische Verträge kann man mit sich und anderen schließen, um die Beziehung transparent und bewusst zu gestalten. Dazu werden gegenseitige Erwartungen, Wünsche, Befürchtungen und Bedürfnisse offengelegt. Das kann beispielsweise durch eine Visionsarbeit geschehen. Notverträge helfen in Krisensituationen mit dem Ziel die sogenannten „Notausgänge" zu schließen, z.B. Non-Suizid-Vertrag. Aber sie können auch einen therapeutischen Spielvertrag mit sich selbst schließen, zum Beispiel, dass Sie mit sich selbst den Vertrag schließen, den Ausstieg bis zum Tag xx.xx.xxxx geschafft zu haben.

Verträge mit der Regierung

Ein Staat ist nichts weiter als der Zusammenschluss einer größeren Menge von Individuen, die sich vertraglich zusammenschließen, um Teile der gemeinsamen Lebensgestaltung in einer Verwaltung zusammenzufassen. Damit nicht jeder seine eigene Straße, seine eigene Schule, sein eigenes Krankenhaus bauen muss, werden manche Verantwortungen zusammengelegt. Um Kriminalität kann sich nicht jeder selbst kümmern, es sei denn man befürwortet die Lynchjustiz. Deswegen wird die juristische Gewalt an ein Staatsorgan abgegeben und der Schutz der Bevölkerung intern der Polizei und extern dem

Militär zugestanden. Eine Gewaltenteilung verhindert den Machtmissbrauch und dient dem Gemeinwohl. Die Gemeinschaft hingegen führt einen Teil seines Einkommens ab, damit der Gemeinschaft über zentrale Verwaltungen gedient werden kann.

So weit so gut der bewusste Vertrag zwischen einer Regierung und ihrer Bevölkerung. Doch Psychospiele machen auch vor dem Gericht und vor der Regierung nicht halt. Organisationen haben ebenso ihre unbewussten Strukturen, wie alle Gruppen. Das gilt nicht nur für Individuen, sondern auch für Institutionen und Staaten.

RAUSCH, EKSTASE, HYPNOSE - REH

Sprechen wir über ein schwieriges, ansteckendes und allgegenwärtiges Problem, die Sucht. Auch Sucht ist ein Psychospiel und zwar ein gravierendes Spiel 4. Grades, in dem es um Leben und Tod geht.

Am Anfang der Sucht steht die Sehnsucht nach dem seligen Schlaf in mütterlichen Armen, bzw. nach der Urgeborgenheit des Mutterbauchs. Wer keinen Vater hatte, der die Abenteuerlust und die Freude an der eigenen Kraft geweckt hat, fällt leichter der Sucht zum Opfer. Doch eine weitere Voraussetzung ist die Lebensverweigerung. Wer lieber einen trinken geht, als seine Probleme zu lösen, wird irgendwann erkennen, dass Probleme nicht schwimmen können. Doch wer erlebt, dass immer irgendwer daher kommt, die oder der die Welt wieder in Ordnung bringt, wird sich vielleicht gerne auf andere verlassen und sich selbst einen genehmigen.

Zu viel Anima

Zu viel Mutter (Anima) und zu wenig gute väterliche Führung (Animus), in ein unabhängiges, erfolgreiches Leben, haben eine Art Lebensunfähigkeit erzeugt. „Zu viel Mutter" kann die Bereitschaft zur Heldenreise der Auflösung minimieren. Jeder Kokainsüchtige, jeder Alkoholsüchtige kann ein Lied davon singen. Beginnen wir mit der verdeckten Transaktion der Sucht-Erkrankung: der Verweigerung der Problemlösung.

Lonely Wulf

Lonely Wulf, der sich statt sich zu grämen bis zur Bewusstlosigkeit betrinkt, ist fast ein Stereotypus in Hollywood Filmen. Was bei der Verromantisierung dieser dramatischen Charaktere übersehen wird ist, dass er aus vielen Gründen nicht an der Erfüllung seines Lebenswerkes interessiert ist. In seiner Unerreichbarkeit hat er etwas Attraktives für Frauen, die gern retten. Doch hat sich eine Dulcinea einen Lonely Wulf geangelt, wird sie feststellen, dass er unerreichbar bleibt und sich nicht durch ihre Liebe öffnet, wie sie es in ihren Träumen gesehen hat. Er hat eine Andere und die heißt Alkohol oder Droge. Im Zweifel ist die Droge Erstfrau und nicht Dulcinea.

Doch so, wie er am Alkohol hängt, was bei genauerer Betrachtung seine erotische Ausstrahlung mindert, hängt sie an der Aufgabe ihn vom Trinken abzuhalten. Der Trickster in ihm weiß jedoch genau, wie er sie an der Nase herumführen kann und so steigen die beiden in das Alkoholspiel ein, das ein ganzes Leben dauern kann.

Der Wirt

Am Alkoholspiel nehmen allerdings noch eine Menge anderer Leute teil. Ein wichtiger Mitspieler ist der Wirt, der über den Verkauf von Alkohol sein Geld verdient. Je mehr getrunken wird, um so mehr verdient er. Je nachdem, wie der Wirt aufgestellt ist, schenkt er bis zum Exitus aus und gibt dem Alkoholiker Kredit, wenn ihm das Geld fehlt. Begrenzt er den Alkoholkonsum nicht, so gibt er damit eine nonverbale Botschaft: „verreck doch". Der Alkoholiker nimmt den Schnaps und sagt damit: „mach ich!" Die beiden sind sich einig. Drogendealer sind die Wirte der Drogenszene und Ärzte die Wirte der Medikamentenszene.

Mit-Trinker

Auch der Mit-Trinker, mit dem er sich über die böse Welt austauscht, die nur im Suff zu ertragen ist, ist als Komplize unterwegs. Gemeinsam einigt man sich darauf, dass man ja alle Gründe zum Trinken hat. Man ist ja nicht allein, es ist diese schlechte böse Welt. Gut schmeckt es heute wieder und es ist klar, dass man andere, die nur Wasser trinken, doof findet und nicht an der Gruppe teilhaben lässt. Echte Männer trinken keine Limonade.

Die treue Frau

Die treue co-abhängige Frau entschuldigt Lonely Wulf in der Arbeit, der er wegen dem Rausch nicht nachkommen kann. Sie holt ihn aus der Gosse, damit die Nachbarn nichts mitbekommen. Sie findet immer wieder gute Entschuldigungen und verbirgt vor anderen, wie schlimm es wirklich ist. Lieber lädt sie niemanden mehr ein.

Die Mama

Suchterkrankungen sorgen nicht selten für den Umstand, dass kein Geld mehr im Haus ist. Doch Rettung naht in Form von Mama, die immer noch ein paar Tausender auf der hohen Kante hat, die sie dem Sohn geben kann. Sie weiß, dass sie das Geld nie wieder bekommen wird. Aber das sieht sie ihm nach und versteht nicht, dass das, das Schlimmste ist, was sie tun kann. Er wird das Geld vertrinken. Was sonst? Es kommt ja immer genügend nach, ohne dass er die Verantwortung übernehmen muss. Warum also sollte er sich anstrengen?

Krise als Motivation zum Überleben

Dulcinea und Mama enthalten, ohne es zu wissen, Lonely Wulf eine überlebensnotwendige Krise vor. Erst, wenn er in einer extremen Situation aufwacht, die er auch vor sich selbst nicht mehr schönreden kann, gibt es die berühmte 50:50 Chance, den Weg aus der Sucht anzugehen und sich zu entscheiden, Hilfe anzunehmen.

Dramatische Retter sind keine Helfer, wie Polizisten oder Feuerwehrleute, die die Situation eines Opfers verbessern. Vielmehr sind Retter die Identifizierer und Bekämpfer von vermeintlichen Tätern. Die dramatische Retter-Mama kann durchaus erkennen, dass die co-abhängige Dulcinea alles falsch macht und überhaupt an der Misere die Schuld trägt. Wäre es nach ihr, der Mama gegangen, hätte der Sohn eine andere geheiratet. Kein Wunder, dass er angefangen hat zu trinken. Dabei ist ihr Psychospiel: „Wenn du nicht wärst". Natürlich wird die dramatische Retterin Dulcinea in Zukunft ihre Bemühungen vervierfachen, Lonely Wolf vom Trinken abzuhalten. Sie möchte ja nicht Schuld sein an seinem Drama.

Möglicherweise gibt es wieder Auseinandersetzungen, weil sie es besonders gut machen will („nie tue ich genug") und den Fehler macht, den alle Co-Abhängigen irgendwann machen; sie versteckt die Flaschen. Lonely Wulf hingegen wird das als Anlass nehmen, seiner Mutter Recht zu geben. Meine Mutter hat schon recht, du stresst mich so, dass ich trinken muss! Und schon trifft er seinen Mit-Trinker beim Wirt und gibt sich die Kante.

Mama kann nun sagen: „Hab` ich`s doch gleich gesagt!" und Dulcinea kann sich Vorwürfe machen oder sich in die Wut über ihn und/oder seine Mutter hineinsteigern. Er kommt erst im Morgengrauen zurück und dann klappt das mit der Arbeit mal wieder nicht.
Schuld ist sie, Dulcinea. Er ist doch so sensibel.….
Vielleicht hat Dulcinea eine beste Freundin, mit der sie die Nacht hindurch reden kann - immer mit der Frage: wie schaffe ich es, ihn zum Aufhören zu bringen. Die Freundin könnte darüber schwadronieren, dass Dulcinea doch etwas viel besseres verdient hat und sich von Lonely Wulf trennen sollte. Ja, aber Dulcinea liebt ihn doch so. Egal, was die Freundin vorschlägt, Dulcinea antwortet mit

„Ja aber".

Nach hundert gemeinsam durchweinten Nächten und 50.000 „Ja abers…", könnte es passieren, dass die Freundin sich genervt von Dulcinea zurückzieht. („Auf Niemanden kann man sich verlassen"). Was die Freundin nicht getan hat, ist, Dulcinea darauf hinzuweisen, dass sie eine Therapie anfangen sollte, um an ihrer Lebenssituation, unabhängig von Lonely Wulf etwas zu ändern. Auch sie befindet sich im Spiel und schießt sich als dramatische Retterin abwechselnd auf den Täter Lonely Wulf, dessen Mama oder den Mit-Trinker ein. Sie möchte gerne Dulcinea retten, ohne zu erkennen, das Dulcinea eine ganz andere Form von Rettung bräuchte. Doch in Dulcineas Augen ist ja Lonely Wulf das Opfer, das es zu retten gilt und sie kann ihn unmöglich verlassen. Dann passiert ihm doch etwas.

Zunehmend isoliert, konzentriert sich Dulcinea immer mehr darauf, ihren Lonely Wulf zum Aufhören zu bewegen. Aber die Situation wird schlimmer. Vielleicht hat er ein paar Mal einige Tage oder sogar Wochen nichts getrunken, und kann dann um so mehr zurückfallen. Möglicherweise gerät er zunehmend in Schwierigkeiten, verliert den Führerschein, den Job. Weil niemand ihn versteht und die Welt aus lauter bösen Menschen besteht? Nein, sondern weil dieser Vorgang ein typischer Verlauf der Krankheit Alkoholismus ist. Wenn die sozialen Beziehungen in Mitleidenschaft geraten, dann ist der Alkoholiker bereits in einer chronischen und lebensgefährlichen Situation, denn der Alkohol beginnt, sich auf sein Gehirn auszuwirken. Freunde ziehen sich zunehmend zurück, weil die Beziehungen wiederholt durch Ausfälle belastet werden. Man kann das Paar nicht mehr einladen ohne mit einem Alkoholexzess rechnen zu müssen. Doch seine Freunde, die mit ihm trinken, werden mehr. Nur sie verstehen ihn noch, denn sie befinden sich im gleichen Teufelskreis und rationalisieren sich ihre Sucht zurecht. Es gibt immer einen Grund zu trinken, die Welt ist schlecht und die Alkoholiker arm.

Dulcinea ist eifersüchtig und regt sich auf. Doch ihre Freundin hat sich verliebt und steht nicht mehr zur Verfügung. Dulcinea ist verzweifelt und befindet sich im gedanklichen Chaos. Steigender Stress und zunehmender Kontrollverlust führt inzwischen sogar zu tätlichen Auseinandersetzungen. Nun kommt es vor, dass sie Verletzungen vor den anderen verbergen muss. Ihr eigener Arbeitsplatz gerät in Gefahr, denn Dulcinea versucht die Misere vor der ganzen Welt zu verheimlichen - auch vor ihren Kollegen und Vorgesetzten. Sie steht zunehmend unter Kritik, weil ihr Verhalten für die Kollegen nicht nachvollziehbar ist.

Die Szenen, bei denen er sich bitterlich weinend bei ihr entschuldigt und ihr mitteilt, wie schrecklich er sich fühlt, können sich vermehren. Ein auffälliges Symptom der Alkoholsucht ist ein gesteigertes Selbstmitleid. Es ist ein Symptom, ein alkoholbedingtes Maschengefühl und kein echtes Gefühl. Doch sie weiß das nicht und schmilzt dahin, wenn er sich ihr so emotional anvertraut und sie Einblick in seine „wahren Gefühle" bekommt. Niemand anders versteht ihn so, wie sie. Nicht einmal seine Mutter. Er hatte so eine traurige Kindheit (aber er wird den Teufel tun, daran zu arbeiten). Und das Spiel geht weiter. Je nach Ausprägung bis in den Tod. Das Spiel Alkoholiker kann in allen Härtegraden gespielt werden, endet nicht selten in schweren neurologischen Erkrankungen, Bettlägerigkeit und geistiger Verwirrung.

Co-Abhängigkeit

Alle Angehörigen von Alkoholikern, Medikamentenabhängigen und Drogenkranken sind Co-Abhängige und müssen aufpassen, sich selbst nicht zu verlieren. Die Sorge um den anderen, die Angst, es könnte etwas Schlimmes passieren und das Grauen und die Unkontrollierbarkeit des fortschreitenden Suchtgeschehens kosten Nerven. So, wie der Suchtkranke um die Droge kreist, kreist der Co-Abhängige um die Frage, wie sie oder er den Partner von der Droge wegbringen kann. Alkohol, Drogen und Medikamente zerstören nicht nur den Körper, sondern auch die Persönlichkeit eines Menschen. Die Beziehungen erfordern eine übermenschliche Anstrengung. Nicht selten bricht der Widerstand und die Co-Abhängigen beginnen, ebenfalls Drogen oder eben Alkohol zu konsumieren. Sie werden zu Mit-Trinkern, um in der Welt des Suchtkranken integriert zu bleiben.

Was in diesem Suchtgeschehen von allen Beteiligten übersehen wird ist, dass Sucht immer auch ein Selbstmord auf Raten ist. Mancher Ausstieg kann nur gelingen, wenn diese latente Todessehnsucht thematisiert und aufgelöst wird. Wir leben in einer traumatisierten und traumatisierenden Gesellschaft, die von ihren eigenen Traumata und dem Umgang damit wenig versteht. Deswegen wird die weit verbreitete Todessehnsucht in der Gesellschaft leicht übersehen.

Was alle Spieler des Alkoholspieles verbindet: ihr Spiel verhindert die Entstehung ihres Lebenswerkes. Das Leben verwelkt und mit ihm alle Talente, Begabungen und geistige Fähigkeiten. Suchtspiele sind oft Dramadreiecke mit mehreren Spielern, die sich im Kreis drehen.

DAS DRAMADREIECK

Psychospiele zwischen zwei Menschen lassen sich leichter lösen als diejenigen, an denen viele Menschen beteiligt sind. Mit dem Dramadreieck lassen sich viele Konflikte verstehen und die Rollen, die von einem zum anderen gegeben werden. Das Dramadreieck ist im Grunde die psychologische Struktur, nach der jeder Krimi, jeder Roman aufgebaut ist und es geht um drei Hauptcharaktere.

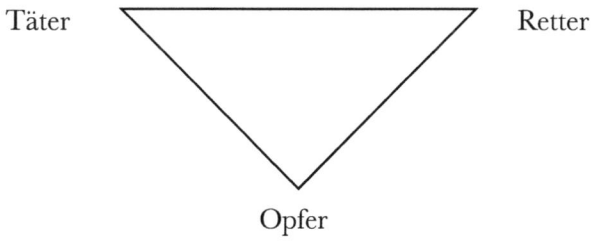

Wenn ein Polizist einen Mörder daran hindert einen Menschen zu töten und sich dafür selbstlos in Gefahr begibt, so wird er als Held gefeiert. Wenn jemand sich todesmutig in die Fluten stürzt, um einen Menschen vor dem Ertrinken zu retten, dann wird er von der Öffentlichkeit gefeiert. Vielleicht schreiben Zeitungen über den Vorfall oder sie oder er erhält eine Ehrenmedaille. Auf alle Fälle wird der Name bekannt und die Menschen applaudieren. Das sind eine Menge Streicheleinheiten und eine große soziale Anerkennung, wobei die Motivation dieser echten Retter fast nie aus dem Wunsch nach Anerkennung besteht. Bei echten Rettern handelt es sich um Profis, die anderen ihre Fähigkeiten zur Verfügung stellen und tun, was zu tun ist. Ansonsten sind sie eher bescheiden und machen keine Welle um das, was für sie selbstverständlich ist. Aber das gilt eben nur für echte Retter. Bei dramatischen Rettern sieht die Lage anders aus.

Das Retten steht in der Gesellschaft hoch im Kurs. Aber nicht jeder ist in der Lage einen anderen aus den Flammen zu retten, denn dafür muss man etwas können. Nicht jedem wird es gelingen, einen Mord zu verhindern. Nicht jeder kann einen Ertrinkenden aus einem brennenden Auto ziehen. In den allermeisten Fällen sind die Rettungsaktionen professionellen Helfern vorbehalten, die erstens wissen, was sie tun und zweitens einen Auftrag haben. Der Feuerwehrmann, der Polizist, die Krankenschwester, der Sanitäter, sie alle retten Leben, ohne großes Brimborium. In manchen brenzligen Situationen ist vielleicht ein Kampfsportler zur Stelle oder ein anderer durchtrainierter Profi. Im Gegensatz zu dramatischen Rettern brauchen sie die Opfer nicht, sie sind einfach im richtigen Moment an der richtigen Stelle. Sie tun, was getan werden muss, weil sie es können.

Soweit so gut. Damit könnte man nun das Spiel beenden. Das Opfer war in Gefahr, wurde gerettet, der Retter bekam Anerkennung und nun gehen alle wieder zum Alltag über. Aber so läuft der Hase nicht im Dramadreieck. Damit ist noch lange nicht Schluss.

Nicht zuletzt Dank der geldfixierten und oft unlogischen Regeln der Versicherungen kann es beispielsweise dazu kommen, dass jemand danach fragt, wieso das Opfer denn überhaupt Opfer geworden ist. Sofort wird der Schuldige gesucht („hab ich dich, du Schweinehund").

Als in einem 200 Jahre alten Dorfweiher drei Kinder ertranken, wurde der Bürgermeister wegen fahrlässiger Tötung verurteilt. Nach Meinung des Gerichts hatte der Mann nicht für genügend Sicherheit gesorgt. Dieses Urteil verursacht nun einen Rattenschwanz an Reaktionen. Im ganzen Land werden nun die Weiher zugeschüttet, da die Haftungsfrage nicht geklärt ist und die Bürgermeister unter Druck geraten, weil dramatische Retter ihnen die Hölle heiß machen: wehe, wenn etwas geschieht!! Hier ist der erste wichtige Punkt. Dramatische Retter wollen etwas verhindern, was gerade schon geschehen ist. Hier handelt es sich nicht um weit- und hellsichtige Menschen, die vor einer akuten Gefahr warnen, sondern um Menschen, die sich wichtig machen und ihr Ego aufblasen.

Der verurteilte Bürgermeister

Was aber hatte der Bürgermeister mit dem Weiher und den Kindern zu tun? Rein gar nichts. Die Eltern der Kinder wurden mehrfach darauf hingewiesen, dass ihre Kinder wiederholt gefährliche Dummheiten begingen, aber offensichtlich war es nicht möglich, die Kinder besser zu beaufsichtigen. Wer ist nun dafür zuständig? Eigentlich ja die Eltern. Die aber wiesen die Verantwortung von sich. Die Kinder sind Opfer geworden und plötzlich war der Bürgermeister der Täter.
Aber warum?

Eine Hypothese

In Beratungsprozessen hat sich in solchen Fällen manchmal herausgestellt, dass die Betroffenen unbewusst eine Schuld übernommen hatten, die nicht die ihre war. Wenn in einer Familienlinie kriminelle Aktivitäten stattfinden, so kann in späteren Generationen jemand kommen, der sich zur Verfügung stellt und sich stellvertretend bestrafen lässt. Hier findet auf der einen Seite eine Identifikation mit dem seinerzeit unschuldigen Opfer statt und gleichzeitig mit dem Täter aus der Familienlinie, der straffrei davon kam. Arbeitet man solche Schuldstrukturen auf, so lässt man die Schuld, wo sie hingehört und stellt das damalige Opfer dem damaligen Täter gegenüber. Niemand hat etwas davon, wenn Nachkommen sich in Konflikte einmischen, die schon längst vom Tisch sind. Ich sage nicht, dass das bei diesem Bürgermeister der Fall war, sondern nur, dass solche Strukturen bei Menschen, die unschuldig verurteilt werden, eine Rolle spielen können. Würde man das bei diesem Mann jedoch auflösen, dann wäre das Spiel vorbei und ich hätte kein Beispiel mehr, an dem ich das Dramadreieck erklären kann. :-)

Spiel der dramatischen Retter

Dramatische Retter, die auf keinen Fall mit professionellen, kompetenten Rettern verwechselt werden sollten, sondern Psychospiele spielen und Aufmerksamkeit brauchen, wollten also verhindern, dass anderen Kindern das auch widerfährt. Der Weiher war ja nun extrem gefährlich, auch wenn er das vorher 200 Jahre nicht war. Aber man weiß ja nie. Nun ist ja so etwas Schreckliches geschehen - ist das nicht schrecklich? - und das muss für die Zukunft verhindert werden - auch wenn zu bezweifeln ist, dass sich solch ein Drama wiederholen würde. Dramen wie diese spielen sich ab, wenn viele unglückliche Faktoren zusammen treffen. Doch Rettersyndromiker sind extrem aggressiv und wollen ihren Willen haben. Sie sind die personifizierte Heimsuchung für alle, die etwas aufzuarbeiten haben. Der Bürgermeister sollte also nun dafür sorgen, dass der Weiher nun permanent beaufsichtigt wird. Wer Dorfweiher kennt weiß, was das für ein Unsinn ist. Aber Rettersyndromiker erzwingen ihren Willen gegen jeglichen Sinn und Verstand. Dabei wollen sie ja angeblich verhindern, dass etwas Furchtbares geschieht. Damit haben sie eine wunderbare Moralkeule, die sie jedem überbraten könnten, der widerspricht. Schließlich hat das Furchtbare ja schon stattgefunden. Der Beweis ist erbracht. Dass man solche Ereignisse nicht auf die Zukunft übertragen kann, interessiert einen echten dramatischen Retter nicht, denn es geht um Dominanz, Einfluss und ein Psychospiel. Der Bürgermeister geriet unter Druck und sah keine andere Lösung, als den Weiher zuschütten zu lassen, was die Rettersyndromiker begrüßten. Hier sieht man, dass Lösungen, die dramatische Retter erzwingen, die Schädigung der Biosphäre des Kollektivs begünstigen. Dagegen gab es natürlich berechtigten Protest. Es muss immer berücksichtigt werden, dass man dramatische Retter als Kriegstreiber sehen muss. Deswegen ist ein Kollektiv gut beraten, sich vor solchen Leuten in Acht zu nehmen.

Rebellion der Anwohner

Das taten die Anwohner und rebellierten. Seit 200 Jahren prägte der idyllische Weiher das Leben im Dorf und nun sorgten Hysteriker dafür, dass er zugeschüttet werden sollte? Das ging zu weit. Die Anwohner sahen in den dramatischen Rettern nun die Täter.

Die Retter der zukünftigen Eventualopfer packten ihre Moralkeulen aus. Wie konnten die Anwohner so rücksichtslos sein und nicht auf die armen Kinder achten? Aus Sicht der dramatischen Retter waren nun die Verteidiger des Weihers die Täter. Die Anwohner waren auf einmal böse Kinderhasser, weil sie den Kindern den Weiher erhalten wollten. Schließlich war ja schon mal etwas passiert. Professionelle Retter, die so etwas mitbekommen, kratzen sich in solchen Momenten vermutlich ratlos am Kopf. Die Anwohner, die nun Täter waren, denen die Kinder egal waren und die dramatischen Retter der Kinder und Zerstörer des Weihers gerieten in wüsten Auseinandersetzungen aneinander. Der Bürgermeister versuchte den Frieden im Ort aufrecht zu erhalten, was ihm allerdings nicht gelang, denn er war ja sowieso schuld.

An die ertrunkenen Kinder und den echten Retter dachte inzwischen keiner mehr. Der Bürgermeister, der ja als Ersttäter in Frage kam, weil er das Unglück nicht verhindert hatte, stand nun im Getümmel zwischen schreienden Fronten. Die einen wollten den Teich zugeschüttet haben, die anderen nicht. Der Krieg um den Teich erfasste das ganze Dorf. Nun gab es welche, die den Teich retten wollten, andere, die die Kinder schützen wollten, wieder andere, die ihre Ruhe haben wollten und welche, die sich raushielten, nur um wegen ihrer Gleichgültigkeit angegriffen zu werden.

Der Konflikt dauert an und die Dorfgemeinschaft ist hoffnungslos zerstritten. Noch quaken die Frösche, aber es ist nicht klar, wie lange noch.

Soziale Anerkennung von Dramen

Dramen, die die soziale Anerkennung versprechen, locken Menschen an, die süchtig nach Anerkennung sind. Wer Opfer braucht, um sich wichtig zu machen, hat seine Talente nicht erkannt und sein Lebenswerk nicht identifiziert, was im Moment für die Mehrheit der Menschen in unserem Kulturkreis zutrifft. Einer der Hintergründe, warum das so ist, ist der, dass in unserer Kultur schon von Staats wegen lieber versorgt als befähigt wird. Die Regierung selbst muss sich ihre Daseinsberechtigung erstreiten. Hätte man ein Gesetz entworfen, nach dem alle Kinder schwimmen lernen müssen und das Schwimmen in den Schulen Pflichtfach wird, wäre vermutlich mehr Sinnvolles für den Opferschutz getan worden, als nun Dorfteiche zuzuschütten, das Schwimmen dort zu verbieten und irgendwelche Haftungsfragen zu diskutieren. Eltern sind dafür verantwortlich, dass ihre Kinder schwimmen lernen und die Schule kann dabei unterstützen. Doch das Verbot ist die Vorgehensweise der Unfähigen, die es nicht ertragen können, wenn andere befähigt werden. Es könnte ja trotzdem noch ein kleines Rest-Risiko übrig bleiben. Aber allem voran sind die Motivatoren der dramatischen Retter der Triumph über den Bürgermeister, die Aufmerksamkeit (Strokes) sei es gute oder verärgerte und die Befriedigung, einen Einfluss und eine Aufgabe zu haben, wichtig zu sein und dafür zu streiten.

Opfer gesucht

Wer einen Ersatz für das Lebenswerk und Anerkennung von Außen braucht, sucht sich Opfer, die sich retten lassen müssen. Opfer gibt es viele und wenn sie nicht wissen, dass sie Opfer sind, muss man es ihnen erklären. Also rettet man Bienen, Tiere, Wälder, das Meer, und natürlich: das Klima. Solange die Erde existiert, hat es immer ein Klima gegeben, mal heißer, mal kälter, mal lebensfreundlich, mal lebensfeindlich. Seit Millionen von Jahren ist unsere Erde von Klima umgeben und das Klima hat die Geschicke der Menschheit beeinflusst und über Leben und Tod auf diesem Planeten geherrscht. Aber jetzt muss es gerettet werden. Bevorzugt von kleinen Mädchen mit Zöpfen unterstützt von Millionärstöchterchen. Es ist anzunehmen, dass das Klima relativ verdutzt ist über dieses Tatsache. Aber wenn ein Retter des Dramadreiecks ein Opfer identifiziert hat, dann hat dieses nicht mehr mitzuschnabeln. Es muss sich retten lassen, denn es wird ein Argument gegen die bereits identifizierten Täter benötigt.
Gefälligst!

Täter

Wo Opfer, da Täter. Der Täter des Dramadreiecks ist kein echter Täter, wie der Mörder, der vom Morden abgehalten werden muss. Der Drama-Täter wird vom Drama-Retter identifiziert und bekämpft. Der Drama-Täter bestätigt den Drama-Retter in seiner Daseinsberechtigung und wird durch Schuldzuweisungen identifiziert. In unserem Klimadesaster sind das die Autofahrer. Genauer gesagt:

die deutschen Autofahrer und im weiteren Sinne der deutsche Wohlstand, der angeblich die Welt gefährdet - allem voran das Klima. Und wenn man es genau nimmt, die vielen Menschen, die es wagen zu atmen.

Um die Täter genauer zu benennen, benutzen die dramatischen Retter die Dieselfahrer und, um noch genauer zu werden, die SUV-Fahrer. Waren die Dieselfahrer bis vor kurzem noch die ökologischeren, die darauf achteten, weniger Brennstoff zu verbrauchen, sind es jetzt die Bösesten der Bösen. Täter eben, die die Zukunft der Kinder auf's Spiel setzen, weil sie Autofahren. Was ein echter dramatischer Retter ist, der kennt den einzigen Weg, wie das dramatische Opfer zu retten ist. Nur die dramatischen Retter wissen also, was beispielsweise das Klima braucht, um sich nicht zu erhitzen. Fahrverbote und Kohleausstieg in Deutschland. Ist doch klar.

Da es sich bei dramatischen Rettern niemals um Experten, sondern um selbsternannte oder instrumentalisierte Retter handelt, kommt dem unbeteiligten Betrachter die Lösung manchmal etwas seltsam vor. Es drängt sich die Frage auf, ob diese dramatischen Retter noch zu retten sind. Und die Antwort ist Nein! Sie leben ein Untergangsskript, aber sie nehmen andere mit in den Untergang. Deswegen muss es genau diese, von den dramatischen Rettern befürwortete Lösung sein, alles andere ist tödlich. Doch sie irren. Ihre Lösung wird tödlich sein für alle, die keinen kühlen Kopf bewahren und sich von der Hysterie dramatischer Retter mitreißen lassen. Was wir brauchen ist eine sachliche Analyse der Lage. Und die hat nichts damit zu tun, dass das Millionen Jahre alte Klima ein Dieselfahrverbot in Deutschland braucht, um sich nicht weiter zu erhitzen und gerettet zu werden. Die Automobilindustrie in Deutschland braucht jedoch neue Absatzmärkte - und wenn mich nicht alles täuscht, kommt eben dieser Industrie die Moralkeule des Umweltschutzes gerade recht.

Automobil steht für Autonomie

Aber lassen wir das denen, die dafür zuständig sind. Wir kümmern uns hier nur darum, warum Sie damit in Resonanz gehen. Vielleicht denken Sie über Ihre Autonomie, Ihre Beweglichkeit nach und darüber, wie es kommt, dass irgendwelche Industrien so einen Einfluss auf Ihre freien Entscheidungen haben. Der Angriff auf die kollektive Autonomie sollte uns zu denken geben.

Logik und konzentrierte Ruhe versus Drama

Hier kommt ein wichtiges und typisches Symptom des Dramadreiecks ins Spiel: Die Logik fällt der Emotion zum Opfer, der Faktencheck der Meinung. Dramatische Retter sind Rechthaber, die nicht entlarvt werden wollen. Sie möchten eine Medaille, als Held betrachtet werden, als Experten anerkannt und gefeiert werden, ohne etwas dafür tun zu müssen, außer zu schreien.

Echte Retter

Ein echter Retter redet nicht viel. Er springt ins Wasser und holt den Ertrinkenden raus. Er redet nicht erst stundenlang in den Medien darüber, was der Ertrinkende braucht und welche Schuhgröße er hat. Er sucht keine Schuldigen und fragt nicht, wer Schuld daran ist, dass der Ertrinkende ertrinkt. Das wäre auch unklug, denn es würde das Leben des Ertrinkenden ungemein gefährden. Ein echter Retter wird alles tun, um Ruhe zu bewahren, denn in einer echten Gefahrensituation kann Leben davon abhängen, ruhig und konzentriert zu reagieren und auch andere Beteiligte zu beruhigen. Panik ist das letzte, was Rettungsdienste brauchen können.

In der Ruhe liegt die Kraft - aber…

Drama-Retter sind weit davon entfernt, Ruhe zu bewahren. Sie bauschen die Rettungsaktion auf, um wichtig zu wirken. Sie unterlegen alles mit einem dramatischen Ton, bringen die Emotionen in Wallung, in dem sie einen weiteren Untergang prophezeien. Je mehr Menschen in die Hysterie einsteigen, um so besser. Und bald diskutiert alles aufgeregt über den Untergang der Welt. „Ich will, dass ihr Panik habt!" Und alle schreien durcheinander. Da dramatische Retter es nicht leiden können, wenn ihre Aussagen in Frage gestellt werden, greifen sie Kritiker an, die die eindeutige Identifizierung der Schuldigen in Frage stellen. Wer die Täter verteidigt ist ja selbst Täter, wer die Täter retten will, gefährdet ja nun alle und ist folglich böse. Schnell wird eine weitere Tätergruppe identifiziert, die will, dass die Menschen am Klima sterben. Die Klimaleugner kommen also gleich nach den massenmordenden Holocaustleugnern. Was das dritte Reich mit dem Klima zu tun hat, konnte ich bisher noch nicht identifizieren, aber wenn ich es heraus finde, werde ich es berichten.

Für die, die nun als Täter abgestempelt werden, nur weil sie widersprechen, sind nun die dramatischen Retter die Täter. Was fällt denen ein? Irgendwann gibt es nur noch Täter.
Verwirrt?
Ich erinnere an Merksatz 12 und fahre fort mit der Logik des Psychospiels.

Dramaopfer

Neben dem Opfer Klima wurden weitere Opfer identifiziert: die jungen Menschen. Sollte das Klima sich so verändern, dass Menschen daran sterben, würde das nicht nur junge, sondern auch ältere treffen. Opfer wären also alle. Aber im Damadreieck ist das etwas anders, denn die Älteren sind ja die Täter. Die Älteren haben den Klimawandel verursacht, also ist es sogar gut, wenn sie sterben. Es gilt also die guten Klima-Opfer (die Jungen) und die bösen Klima-Opfer (die Älteren) voneinander zu unterscheiden. Das Klima ist, ohne es zu merken, aus dem Opferstatus in den Täterstatus gerückt, denn es tötet Menschen. Aber natürlich ist das Klima ein unschuldiger Täter, denn es sind ja die Älteren, die das Klima erhitzt haben. Die

Älteren sind also schuldiger als das Klima, das ja nur zum Täter wird, weil es ein Opfer ist, ebenso wie die Jungen, die am Klima sterben. Man darf nicht aufhören zu wiederholen, dass sie die wahren Täter sind.

Was das mit den Älteren macht, wenn man ihnen sagt, dass sie den Klimatod verdient haben? Sie fühlen sich dann wohl als Opfer und werden die Klimaretter der Unverfrorenheit und der Unmenschlichkeit bezichtigen. Es entsteht ein heftiges Hacken und Stechen zwischen Älteren und Jüngeren. Ein Streit entbrennt, ob die Älteren nun eine Lebensberechtigung haben, obwohl sie in den vergangenen Wintern geheizt haben. Drama-Retter sind der Meinung, eher nicht. Die Klima-Retter werden vor allem dann extrem wütend, wenn ihre Älteren ihnen WLAN und Heizung abschalten und sie nicht mehr im Auto chauffieren. Energiesparen sollten die Älteren, aber nicht den Jüngeren den Saft abdrehen. Logisch. Wie man sieht, geht es hier unter keinen Umständen ums Klima. Wenn dem so wäre, würden alle sehr erschrocken zusammen sitzen und überlegen, wie sie die Bedrohung am besten überleben können. Vermutlich würden sie gemeinsam Höhlen bauen, um Zuflucht vor der Hitze zu finden. Aber das wäre eine Lösung, die allen entgegenkäme und somit ist diese hier *nicht* erwünscht. Die unbewusste Ebene des Spiels ist ein Konflikt zwischen Generationen, der nicht durch die Älteren beendet werden kann, die nicht in irgendeiner Form Weisheit gefunden haben. Die Alten Narren haben Hochkonjunktur.

Drama-Eskalation

Inzwischen haben alle vom Drama gehört und die Gesellschaft teilt sich in unterschiedliche Lager. Wer mehr Empörung mitbringt, als Wissen, wirft sich engagiert und emotional mit dem Spiel "ist das nicht schrecklich" in die Drama-Fluten. „Wir werden alle sterben - ist das nicht schrecklich?" Schön schaurige Adrenalinstöße reißen

Gelangweilte aus ihrer Komfortzone. Endlich ist hier was los und das Spiel ist erregender als die neue Version von „ES".

Scheinbare Jugendversteher und Wohlmeinende, erkennen nicht, wie alt sie aussehen, wenn sie mit den Jungen hüpfen, aber sie wollen unter keinen Umständen von den Drama-Rettern des Klimas als Feind gesehen werden. Lieber geben sie den Klimarettern Recht, identifizieren sich mit ihnen, loben ihr Engagement und … küren ihre Messiasse. Für einen Drama-Retter ist es großartig als Messias gesehen zu werden. MessiasInnen sind noch größer, noch strahlender als ein HeldInnen - und das ganz ohne nass zu werden. Das Spiel läuft für sie perfekt.

Egal, ob Ingenieure, Biologen oder Meteorologen - es melden sich echte Experten zu Wort, die versuchen die Situation zu versachlichen und eine Faktenlage zu schaffen. Fakten können ein Dramadreieck entkräften und die dramatischen Retter in ihre Schranken weisen. Das geht aber hier nicht, denn dann wäre das Spiel vorbei. Was also tun?

Was immer funktioniert, ist diejenigen zu kriminalisieren, die die Welt mit Fakten belästigen. Jeder, der versucht, die erhitzten Gemüter zu besänftigen, fliegt nun zu seiner oder ihrer Überraschung in die rechte Ecke. Dabei dürfen endlich auch die Lehrer wichtig sein und das Klima retten. Auf einmal stehen Heerscharen von unbegabten Laiensängern auf der Bühne und grölen mehr recht als schlecht: „wir wollen kein CO2 mehr". Wenn die Biologen, die etwas von Photosynthese verstehen, trocken entgegnen, dass sie einfach das Ausatmen einstellen sollten, gibt es den nächsten Krach. Die Gesamtaussage ist: wer nicht hysterisch wird, ist ein Klimaleugner und damit ein Nazi. In der Naziecke treffen die Klimaleugner die verdutzten Dieselfahrer und wütende Ältere, die sich darüber empören, dass man ihnen die Lebensberechtigung abspricht und ihnen Dinge vorwirft, die nicht wahr sind. Auch ein paar Eltern treffen sich, die nicht damit einverstanden sind, dass Lehrer ihren Kindern das

Atmen vorwerfen und vermischen sich mit den verstörten Querdenkern, die gestern noch dachten, querdenken sei etwas Gutes. Die Verschwörungstheoretiker trudeln ein und wundern sich gemeinsam mit den anderen, dass die „echten Rechten" freundlich „Guten Tag! sagen. Manchmal hat man das Gefühl, dass es inzwischen mehr Verschwörungstheoretiker gibt, als andere. Die hart kritisierte Tätergemeinschaft wird immer größer, vor allem, wenn es sich um alte, weiße Männer handelt. Der Mainstream hingegen scheint abzuschmelzen, wie angeblich die Gletscher an den Polen. Immer weniger Menschen nicken wie die Wackeldackel zum Rhythmus des Medienhypes um die gefährliche Gefahr. Gut, wenn es im Sommer heiß ist. Schlecht, dass es diesen Sommer nicht richtig heiß wurde. Aber da findet sich bestimmt eine Rechtfertigung. Klimawandel muss man nur entsprechend deuten. Zum Thema Deutungshoheit finden Sie mehr Hinweise im Kapitel über Gaslighting.

Wie man unschwer aus dem Gesagten schließen kann, herrscht ein Dissens über die Frage, wer hier Täter, wer Opfer und wer Retter ist. Stellt man die Frage nach dem Nutzen, landet man bei einer ganzen Bataillon von Nutznießern. Die Medien freuen sich mit den Gelangweilten, dass endlich mal was los ist. Wieder andere schlachten das Drama für ihren Wahlkampf aus oder für Steuererhöhungen. Verständlicherweise wollen die MessiasInnen nichts von dem Treiben hinter dem Getümmel wissen. Sie geben weiter Interviews und wenn die Resonanz nicht genügt, werden Maschengefühle eingeübt, um für Bestürzung zu sorgen.

Und wenn sie nicht gestorben sind…dann verlieren sie irgendwann das Interesse.

Und das Klima? Kühlt sich im Moment merklich ab. Das Dümmste was passieren könnte wäre, wenn sich ausgerechnet das Klima entscheiden würde, ein Spielverderber zu werden und eine Eiszeit zu fabrizieren. Eine Meldung, dass in der Arktis dieses Jahr mit 98,3 °C die kälteste jemals gemessene Temperatur stattfand, wird verschämt auf Seite geschoben, zusammen mit der Meldung, dass eine Expedition, die die Eisschmelze am Nordpol beobachten wollte, im Packeis stecken blieb, das wider Erwarten dicker war, als erwartet. Die Meldungen von 2004 und 2016, dass es dort weniger als 90°C hat, wurden offensichtlich überlesen. Fakten sind in einem aufgeheizten ideologischen Klima immer problematisch und werden nicht selten verdrängt.

Vielleicht wäre eine Eiszeit aber hilfreich, um dem ein oder anderen wieder zu einem kühleren Kopf zu verhelfen. Allerdings ist nicht gesagt, dass die ein oder andere RetterIn in Sicherheit ist, wenn das Gefüge zusammenbricht. Suizide oder Psychosen können ausbrechen, wenn das Spiel beendet wird. Und so spielt mancher aus unbewusster Loyalität weiter, um Schlimmeres zu verhindern.

Der Schwindel im Spiel?

Nach den unerkannten Hintergründen zu forschen ist den Verschwörungstheoretikern überlassen, die nächste Tätergruppe der Spielverderber, die versuchen, die Zusammenhänge zu erfassen. Für sie ist auch alles klar. Die Täter sind die Eliten. Wir sind nicht im Spiel, es sind die Eliten. Und die Medien und die Regierungen und da muss man angreifen....?
Nein, da muss man nach seiner Resonanz fragen.

Beliebtes Psychospiel

Das Dramadreieck ist das beliebteste und weit verbreitetste Psychospiel, das in unterschiedlichen Härtegraden überall da gespielt wird, wo gesellschaftlicher Misserfolg im Doppelpack mit persönlichem Misserfolg geplant ist. Wer Psychospiele identifizieren kann, wird sich beim Klima-Drama darüber wundern, wie viele Menschen in dieses Spiel einsteigen. Erst auf den zweiten Blick wird klar, dass unsere Gesellschaft sehr weit von der Selbsterfahrung entfernt ist und vorher schon in allen möglichen anderen Spielen, wie zum Beispiel Suchtspielen, involviert war und ist.

Die aktuelle Zeit erfordert, dass wir uns weiter entwickeln, unsere Versorgungswünsche aufgeben und Eigenverantwortung entwickeln. Die Sinnsuche ist zwar in aller Munde, aber nur in wenigen Socken. Will heißen, es ist leichter, Bücher zu lesen und sich dann für erleuchtet zu halten, als sich durch die Betrachtung der eigenen Resonanzen negativer Prägungen zu entledigen.

Wenn man über den Ausstieg nachdenkt, macht der Aussteiger meist den Fehler, dass er glaubt, das ganze Dilemma lösen zu müssen. Doch seine Aufgabe ist erst mal nur, aufzugeben und auszusteigen. Nicht nach Panama, sondern mental - aus dem Psychospiel.

PSYCHOSPIELE IN DER MASSE

Niemand hält Massenbewegungen auf

Es gibt zwei wesentliche Standardwerke zum Thema Massenpsychologie, die ich beide gerne empfehle, damit der geneigte Leser sich vielleicht in dem ein oder anderen wiederfinden kann. „Psychologie der Massen"[29] und „Masse und Macht"[30]. Es gibt viele verschiedene Lernaufgaben, die auf dem Weg gelernt werden müssen. Die Kriegsenkel haben schon in der Schule gelernt, dass die Bevölkerung an Regime-Entwicklungen schuld ist und es eben diese Bevölkerung ist, die die Entwicklung aufhalten muss. Doch nur die Masse hält eine Regime-Entwicklung auf, wenn die Zeit für eine Welle reif ist. Sie können gut energetisch unterstützen, indem Sie Ihre eigene Beteiligung analysieren und aufzulösen. Da Sie als Hologramm

---

[29] Le Bon Gustave, Psychologie der Massen

[30] Canetti Elias, Masse und Macht

auf das Große Ganze einwirken ist das eine große Hilfe, die Sie dem Kollektiv geben können.

Bewegungen

Eine Krise erzeugt in einem System, an dem viele Menschen beteiligt sind, eine Bewegung. Diese Bewegung hängt von der Resilienz der Allgemeinheit ab. So kann aus einer Feiermasse, die gerade noch ganz fröhlich getanzt hat, eine Hetzmasse werden, die in eine Massenschlägerei mündet. Die Hooligans, die Bill Buford beschreibt, habe ich an anderer Stelle schon erwähnt.

In großen, gesellschaftlichen Bewegungen kann sich ein System auch in die Richtung eines Regimes entwickeln. Ist diese Resilienz nicht gegeben, erfolgen typische gesellschaftliche Muster. Ich glaube an Wunder und habe erlebt, wie sie geschehen. Aber wir brauchen ein Wunder, damit wir nicht in einem Gesundheitssystem aufwachen, in dem Roboter uns morgens wecken, uns die Nase putzen und als erstes den Urin analysieren und die Blutwerte messen. In den letzten Jahrzehnten ist das Vertrauen in die eigene Gesundheit zunehmend einer hündischen Verehrung der Götter in Weiß gewichen. So kann es uns passieren, dass wir eines Tages von technologischen Nannys geweckt werden, die mit Computerchips in unserem Hirn kommunizieren, damit auch ja kein Kratzer an uns rankommt. Ich kann mit Kratzern umgehen und brauche solche seltsamen Planungen von übereifrigen Rettern nicht! Aber ich brauche auch keine zugeschütteten Teiche..... Andere schon. Eine Lernaufgabe ist das Vertrauen in die Höheren Mächte, denn sonst würde ich dieses Buch nicht schreiben, sondern weiterhin vergeblich versuchen, die Regime-Entwicklung aufzuhalten - so wie Dulcinea erfolglos versucht Lonely Wulf vom Trinken abzubringen. Es ist die vergeudete Zeit der Co-Abhängigen und kann nicht gelingen.

Es gibt ein kritisches Thema in all dem. Kann man verlangen, dass sich jemand therapeutisch behandeln lässt?

Ich denke, nein.

Es muss eine freiwillige Entscheidung sein, weil sonst der Erfolg der Therapie sowieso nicht gewährleistet werden kann. Dennoch wird sich die Gesellschaft von morgen etwas einfallen lassen müssen und die Frage beantworten, wie sie mit den vielen psychischen Störungen umgehen soll, die jetzt gerade entstehen. Eine völlig falsch verstandene Toleranz, die im Moment als gesellschaftliches Credo gehandelt wird, sorgt dafür, dass Störungen einfach nur anerkannt werden, und man Rücksicht darauf nehmen soll. Das bedeutet jedoch, dass Menschen mit gesundem Seelenleben sich dem Kranken anpassen müssen. Wenn das geschieht, dann werden die rigiden Werte des Krankseins und -bleibens zum Leitwert. Das würde bedeuten, dass Menschen sich nie wieder gesund und wohl fühlen dürfen.

Ist das das Ziel?

Nicht das bewusste, aber möglicherweise eins der unbewussten.

Wenn Gesundheit stört

Die Geschwister von gesundheitlich eingeschränkten Kindern können ein Lied davon singen, wie es ist, wenn einem gesunden Kind die Gesundheit vorgeworfen wird, weil das andere Kind krank oder eingeschränkt ist. Diese Vorgehensweise ist ein zutiefst unfaires Vorgehen von Eltern, die ihr Unbewusstes nicht geklärt haben und sich an dem gesunden Kind abreagieren. Das gesunde Kind muss den Frust der Eltern ertragen, den diese an dem gesundheitlich eingeschränkten Kind nicht ausagieren können, weil man das nicht tut. Also muss das gesunde Geschwisterkind dran glauben. Es darf sich nicht einmal wehren, denn das wäre ja den armen Eltern gegenüber nicht nett. Während das gesundheitlich eingeschränkte Kind immer im Mittelpunkt der Aufmerksamkeit steht, muss sich das gesunde Kind immer mit einem Platz zufrieden geben, wo das Licht nicht so hin scheint. Nicht selten sind Mutter und Vater ja mit dem kranken Kind auf der Bühne, wenn die Presse da ist und von dem schrecklichen Fall berichtet, damit der Rest der Gesellschaft „ist das nicht schrecklich" spielen kann. In einer Gesellschaft, in der die Kinder nicht mehr gesund und fröhlich sein können, macht das Leben keinen Spaß. Deswegen wird es umso wichtiger werden, aus diesen gesellschaftlichen Psychospielen auszusteigen und sich seinen Platz außerhalb zu suchen, um nicht mit den anderen früher oder später unterzugehen.

REGIME, PARASIT UND PSYCHOSPIEL

Resiliente Reaktionen

Es gibt verschiedene Möglichkeiten, auf eine Krise zu reagieren. Resistente Menschen, die schon über Erfahrung verfügen, werden eine Krise als Lernaufgabe definieren.

Wenn die Komfortzone erschüttert wird, stellen sich resistente Menschen die Frage, was in ihrem Leben wirklich wichtig ist und was sie auf der einen Seite loslassen und auf der anderen Seite entwickeln können, um das Problem zu lösen. Die Lösungen, die sie so finden, geben Ihnen neben der Krisenkompetenz das Selbstvertrauen, dass sie auch weitere Krisen gut überstehen können. Das beste Mittel gegen Zukunftsangst ist Krisenkompetenz und das Selbstvertrauen, das durch erfolgreich gemeisterte Krisen entstanden ist.

Regression

Menschen, die in schwierigen Situationen regredieren, fallen auf einen früheren Entwicklungszustand zurück, wie in der folgenden Grafik zu sehen. Ein wesentliches Zeichen für Regression ist das Warten auf einen Messias und der Rückzug in ein vollkommen kontrolliertes Gebiet. Während die resilienten Menschen bereits versuchen, das Problem zu lösen, klammern sich die Regredierenden an die

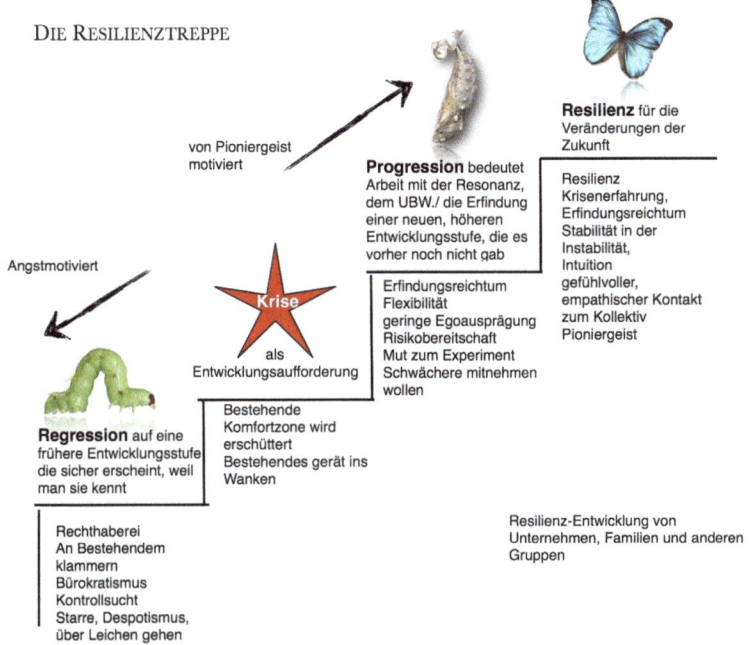

von Pioniergeist motiviert

Resilienz für die Veränderungen der Zukunft

Progression bedeutet Arbeit mit der Resonanz, dem UBW./ die Erfindung einer neuen, höheren Entwicklungsstufe, die es vorher noch nicht gab

Resilienz Krisenerfahrung, Erfindungsreichtum Stabilität in der Instabilität, Intuition gefühlvoller, empathischer Kontakt zum Kollektiv Pioniergeist

Angstmotiviert

Krise

als Entwicklungsaufforderung

Erfindungsreichtum Flexibilität geringe Egoausprägung Risikobereitschaft Mut zum Experiment Schwächere mitnehmen wollen

Bestehende Komfortzone wird erschüttert Bestehendes gerät ins Wanken

Regression auf eine frühere Entwicklungsstufe die sicher erscheint, weil man sie kennt

Rechthaberei An Bestehendem klammern Bürokratismus Kontrollsucht Starre, Despotismus, über Leichen gehen

Resilienz-Entwicklung von Unternehmen, Familien und anderen Gruppen

©Tina Wiegand

Hoffnung, dass irgendjemand „da oben" ihre Probleme lösen wird. Sie projizieren ihre eigene Macht auf Politiker, einen Star, einen Messias - je nach Gusto und bleiben in diesem kindischen Klammern verhaftet, anstatt sich selbst in Bewegung zu setzen und sich Lösungen zu überlegen.

In einem Psychospiel verhindern rigide Regeln die Entwicklung aller Spieler. Insofern ist ein Regime letztlich eine Verstrickung zwischen denjenigen, die ihre Verantwortung an die „da Oben" abgeben und denen, die ihre Kontrollsucht nicht behandeln lassen wollen. Gemeinsam bedienen sie ihren Untergang gegenseitig.

Parasit und Wirt - eine Lebensgemeinschaft

Die, die sich narzisstisch als Elite definieren und fälschlicherweise auch dafür halten, erkennen nicht, dass ihr Kontrollbedürfnis eine Neurose aus Todesangst ist. Wer andere versklaven muss, kann selbst nicht leben. Jeder Parasit braucht einen Wirt und ist von diesem und seiner Energie abhängig. Babys sind naturgemäss von Müttern abhängig, die sie nähren und pflegen. Erwachsene mit Kontrollzwang sind nie über dieses Stadium hinaus gekommen. Der Sklaventreiber ist von seinem Sklaven wesentlich abhängiger als umgekehrt. Der Sklave kann etwas, der Sklaventreiber kann nur Sklaven treiben. Ohne Sklaven eine brotlose Kunst. Sklaventreiber sind Parasiten, die sich an dem bereichern, was die Sklaven erarbeiten, denn sie selbst sind nicht in der Lage, etwas zu erarbeiten. Sie können nur nehmen, wie die Kinder von den Eltern. Unfähigkeit macht Angst, eine grauenvolle Angst vor dem Verlassenwerden und dem eigenen Untergang. Die Angst vor dem eigenen Untergang sorgt dafür, dass sie andere in überwachende Beziehungsstrukturen zwingen, denn ohne Sklaven und das, was diese hervorbringen, können sie nicht leben („Ich hasse dich, verlass mich nicht"). Letztlich sind die Ausbeuter die Schwächsten im gesamten System.

Straflust

Die Aufseher der Sklaven, die ebenfalls nichts leisten, bestehen aus denen, die gerne den großen Bruder holen, um Mitschülern eine auszuwischen. Diejenigen, die auf dem Reifegrad des Schulhofs steckenbleiben, können ihre Konflikte nie selbst lösen und pendeln zwischen dem wenig begabten Streber und dem Verpetzer hin und her. So können sie sich nützlich machen, jedoch nur in einem Regime. In einer gesunden Gesellschaft wären sie außen vor, also gehören sie zu den Nutznießern eines Regimes. Sie erleben eine tiefe Genugtuung, wenn andere „von oben" bestraft werden („Dir zeig ich's"). Ungeklärte Geschwisterkonstellationen spielen hier ebenso eine Rolle wie selbst erlebtes Unrecht, das sie nicht verarbeitet haben. Aber sie stellen sich ihrem Schmerz ebenso wenig, wie die Kontrolleure sich ihrer Angst stellen, sondern regredieren zu Insassen eines Cage aux Folles, einem Käfig voller Narren, der aus unentwickelten, infantilen Seelen besteht. Mit ihnen diejenigen, die Angst haben, verpetzt zu werden. Zutiefst verstrickt in Schuld und Angst, ohne Aussicht, dem Käfig entkommen zu können, tun sie alles, damit ja die Türe nicht aufgeht. Da draußen sind die Bösen, ganz bestimmt. Auch wenn es hier drin alles andere als schön ist, aber da draußen droht die Freiheit mit ihren anspruchsvollen Anforderungen an die Eigenverantwortung.

Regime sind Verlierer und Untergangsskripte

Was sich nicht entwickelt, geht unter. Ein Psychospiel IST also ein Regime oder anders herum: jedes Regime ist ein Psychospiel, das Entwicklung verhindert und damit dem Untergang geweiht ist. Erkennbar ist das Ganze am Verhalten seiner Individuen, die sich, wie die Zellen in einem autoimmun erkrankten Organismus gegenseitig schwächen und schaden. Toxische Beziehungsstrukturen, die nach toxischen, lebensverneinenden Regeln agieren.

Zensur - Selbstverteidigung der Traumatisierten

Die Zensur gehört zu den toxischen Spielregeln und schränkt die Lösungsmöglichkeiten ein. Nur ein Problem, das von allen Seiten betrachtet und analysiert werden darf, kann auch gelöst werden. Das pathologisch eingeschränkte Blickfeld in einem Regime verhindert diese kreativen Lösungsansätze.

Den Schein wahren

Doch warum spielt Zensur eine so große Rolle? Zum einen muss in einer narzisstischen Gesellschaft der Schein gewahrt werden. Fällt der Schein, kommt dahinter die kleine, verrunzelte graue Maus der Wahrheit zum Vorschein. Was hier ein wenig flapsig dargestellt wird, ist jedoch das große Trauma herabgewürdigter Menschen. Es bedarf einer großen Reife, immun zu sein gegen die Herabwürdigungen durch diejenigen, die die Flamme des Gegenübers kleiner drehen, um selbst größer zu wirken. Wer sein brüchiges Selbstbewusstsein nur gerade so über Wasser hält, kann Größe nicht ertragen. Wer andere kleiner machen muss, als sie sind, will dabei natürlich nicht entlarvt werden.

Strafangst

Auch die Angst vor der Strafe oder der Verurteilung kann ein Grund sein. Egal, ob in einem diktatorischen politischen System, der Mafia oder einer kleineren Einheit, wie einer Missbrauchsfamilie: Aussagen, die den Täter überführen könnten, werden mit Gewalt geahndet. Wer nicht schweigt, hat schmerzhafte Konsequenzen zu befürchten. Über die Androhung von Gewalt werden die Mitglieder eines Systems zum Gehorsam gezwungen und so am Ausstieg gehindert. Wenn die Angst vor der Bedrohung als existenziell erlebt wird, führt sie in den traumatischen Gehorsam, also eine Art „automatisierten" Gehorsam, der nicht mehr willentlich beeinflusst werden kann.

Trauma

Die dritte Motivation für Zensur ist das Trauma. Wenn ein Trauma getriggert wird, dann erzeugt dies im Traumatisierten einen starken Spannungszustand. Dieser wird abgewehrt. So wollen Traumatisierte über manche Dinge nicht sprechen. Nicht, weil sie grundsätzlich nicht wollen, sondern weil die Spannung zu stark wird. Um die Spannung abzuwehren, wird derjenige zum Schweigen gebracht, der die triggernden Worte benutzt. „Don't kill the messenger" ist ein geflügeltes Wort, das sich darauf bezieht, dass die Überbringer schlechter Nachrichten in allen Zeiten von den Herrschenden umgebracht wurden, obwohl sie nur die Nachricht überbracht hatten und sonst keine Schuld trugen. Die Nachricht triggerte eine traumatische Reaktion im Empfänger und löste damit eine spontane aggressive Reaktion aus, die zum Töten des Auslösers führte - auch wenn dieser völlig unschuldig war. Hofnarren hatten es da um ein vieles leichter, denn sie überbrachten die Informationen auf witzige Weise und die Spannung konnte sich im Gelächter entladen.

Wozu begegnet mir das?

Jedes Gewaltsystem ist ein Psychospiel und manches ist so verworren, dass der einzige Ausweg über die Frage führt:
Was hat das mit mir zu tun und warum begegnet mir das?
Wenn die Analyse einer Situation zu schwer fällt, hilft es, ganz bei sich selbst anzukommen.
Welche Gefühle löst das Geschehen aus?
Wenn Sie das vorrangige Gefühl visualisieren sollten, welches Bild käme Ihnen dann in den Sinn?
Welche Dynamik ergibt sich zwischen Ihnen und dem Gefühl?
Erinnert Sie diese Dynamik an etwas?
Können Sie einen Sinn im Geschehen erkennen?
Betrachten Sie Erkenntnis immer als Prozess. Manchmal muss man über eine Frage schlafen und findet dann am nächsten Tag die Antwort - oder sie zeigt sich in Form eines Traumes.

Die Macht der psychologischen Heilung

Wer immer wieder erlebt, welche Macht es hat, wenn unbewusste Muster aufgelöst werden und wie klar die Luft danach wird, fragt sich, warum das nicht alle machen. Die Erkenntnis ist manchmal schmerzhaft. Aber in der Regel führt Erkenntnis durch einen Tränen-Schwall an die frische Luft und danach ist alles klarer. Das ist weit weniger belastend, als die toxischen Erlebnisse im vergifteten Klima eines Psychospiels oder die Symptome, die die nicht ausgegorenen Blockaden im Körper erzeugen. Nur die eigenen Verstrickungen sorgen dafür, dass man ins Geschehen gezogen wird. Beginnen Sie nicht mit der Rettung der Welt. Beginnen Sie IMMER mit den eigenen Verstrickungen. Das ist der erfolgreichere Weg. Ich gebe in diesem

Buch so viele verschiedene Impulse, wie möglich, um Ihnen bei der Suche behilflich zu sein.

Verwöhnung und Despotismus

Ich weiß nicht, wann es begann, dass werdende Eltern auf allen vieren durch die Räume krochen, um ihre Wohnung hundertprozentig Kindgerecht zu machen. Sie waren diejenigen, die damit begannen die Welt dem Kind anzupassen, anstatt das Kind auf den Umgang mit der Welt vorzubereiten. Natürlich lässt man keine ätzende Säure im Handlungsbereich eines Krabbelkindes, aber es ist erstaunlich, wie schnell die Kleinen mit schwierigen Situationen zurecht kommen - vorausgesetzt sie dürfen. Die Gefahr, dass ein Kind eine gefährliche Treppe hinunter stürzt und sich verletzt ist weit größer, wenn ängstliche Gitter den Zugang versperren, anstatt Anleitung zu geben, wie das Hindernis zu überwinden ist. Je weniger Angst die Eltern ins System bringen und sich trauen den Fähigkeiten des Kindes zu vertrauen, um so leichter lernt das Kind seine Bewegungskompetenz zu erweitern. Was in der mechanistischen Welt absolut nicht bekannt ist: das Vertrauen einer Mutter in die Fähigkeiten des Kindes, ist stärker als jeder Schutzengel. Die Loyalität einer Mutter ist Gold wert für die seelische Entwicklung ihrer Kinder. Aber sie sollte sich nicht vor den falschen Karren spannen lassen und die Probleme ihrer Kinder lösen, die diese selbst lösen können.

Mama, der tut nicht, was ich sage!

Aus einem falsch verstandenen psychologischen Halbwissen heraus, den Kindern jegliche Frustration zu ersparen, werden Kinder seit geraumer Zeit in Watte gepackt. Da die Eltern selbst ihre Traumata nicht aufgearbeitet haben, lassen sie den Kindern eine Sanatoriumssituation zukommen, die sie entweder selbst gebraucht hätten oder ihre eigenen Eltern. Doch im Sanatorium kann das Kind nur das werden, was eben im Sanatorium sein kann: ein Patient oder ein kleiner Despot, der seine Lebensunfähigkeit kompensiert, indem er alle zu Sklaven macht - ein problematisches Verhalten, mit dem wir gerade im großen Stil konfrontiert sind.

Lebensunfähig

Eine Begebenheit wurde mir letztens von einer Kollegin beschrieben. Sie hatte einen Schrank über Ebay gekauft und war mit Werkzeug angereist, um das gute Stück abzuholen. Lediglich zwei Seitenwände konnte sie nicht alleine die Treppe hinunter bugsieren. Der Verkäufer, ein junger Mann von etwa 20 Jahren, ließ sich nicht bewegen, ihr beim Tragen zu helfen. „Das ist viel zu gefährlich" stammelte er sichtlich verängstigt, nachdem sein Blick zwischen Seitenwänden des Schrankes und Treppe hin und her geschweift war. Ende vom Lied war, dass sie den Schrank lassen musste, wo er war.

Das ist eines der schlimmen Beispiele für die Verweichlichung bis hin zur Lebensunfähigkeit, die überprotektive Eltern in ihren Kindern hinterlassen.

Die Welt anpassen

Es ist eine toxische Interaktion, einem Kind zu signalisieren, dass man die Welt für es anpassen wird, anstatt ihm bei der Anpassung an irdische Widrigkeiten behilflich zu sein und den Charakter zu entwickeln. Einem Kind Geduld beizubringen ist ein unbezahlbares Geschenk und ein erster Schritt zur Weisheit. Aber weit gefehlt. Ob bewusst oder nicht - Helikoptereltern erziehen ihre Kinder zu Despoten. Das Psychospiel „Verwöhnung" ist brutal, auch wenn das nicht auf den ersten Blick erkennbar ist. "Ohne mich kannst du nichts!" ist die nonverbale Botschaft der überprotektiven Eltern an ihre Kinder. Das Ergebnis ist der kontrollsüchtige Sklaventreiber, der andere in seiner Herrschaft hält, weil er selbst nicht existieren kann, so wie ich das schon beschrieben habe.

Paradoxe Affenliebe

Affenliebe ist keine Liebe, sondern paradoxe Kommunikation, die das Gedeihen und Erstarken des Kindes verhindert. Hinter der überbehütenden Fassade droht eine auf Lebensverneinung basierende Fratze. Woher dies kommt, werde ich später noch erläutern.

In einem anderen Spiel aus schädigender Fürsorge kann man dies bei den so genannten „Feedern" erkennen. Diese füttern ihre Partner, bis diese ihre Körperfülle nicht mehr aus dem Bett heben können. Das völlige Aufgehen in der Pflege des Kindes ist eine verschleierte Form der Misshandlung. Pflegefälle kommen nicht gut durch`s Leben, sondern bleiben abhängig. Es sei denn, sie finden eines Tages aus dem Käfig des angeblichen Wohlmeinens ihrer kastrierenden und bevormundenden Eltern und suchen das Abenteuer im Dschungel.

Abenteuer Blackout

In gewisser Weise kann man das Spiel, das gerade die Klimakids spielen, durchaus so einordnen. Ein Blackout wäre ein großartiges Abenteuer, bei dem man seine Survival-Fähigkeiten unter Beweis stellen kann - oder auch nicht. Ohne nennenswerte Abenteuer aufgewachsen, werden die unvorbereiteten Sprösslinge in eine Zeit der Krisen stürzen. Erst im Rahmen dieser unter Umständen bedrohlichen Krisen werden sie erkennen, was wesentlich ist. Wäre es nicht liebevoller gewesen, man hätte ihnen ein paar blaue Flecken der eigenen Erfahrung gegönnt?

„Wilde" Kinder

Kinder aus Naturvölkern, die in der Wildnis groß geworden sind, sind weit widerstandsfähiger. Sie brauchen kein Superfood, das ihnen während einer Demonstration durch Polizisten gereicht werden muss, weil sie sonst einen hysterischen Anfall erleiden. Wahrscheinlich sind sie so mit Leben beschäftigt, dass sie keine Zeit für Demos haben, die

die Erwachsenen für ihre seltsamen politischen Ziele von ihnen haben wollen. Ihre Wildnatur lebt und führt sie sicher durch Schwierigkeiten.

Berufswunsch „Opfer"

Die Helikopterkinder rächen sich mit dem Spiel „Armes Ich" an der bestürzten Welt und die Opferindustrie boomt. Wer Opfer ist oder Opfer retten kann, hat es gut in dieser neurotischen Welt. Berufswunsch „Opfer" ist ja auch was. Verantwortlich für das Wohlbefinden sind immer die anderen und wenn sie (ALLE!) nicht gut für mich sorgen, sind sie schuld. Und so wächst eine ganze Generation heran, die vor allem eines will: versorgt werden.

Aber wo kam das alles her? Und was ist der kollektive Hintergrund für diese kollektiven Psychospiele? Was ist denn passiert?

VERGANGENHEITSANALYSE

Schickimicki und die Oberflächlichkeit

Als ich nach einigen Jahrzehnten den Direktor meines Gymnasiums wieder traf, erkannte er mich sofort und reagierte mit für mich überraschender Freude. Er beschrieb mir, wie er sich daran erinnerte, dass ich häufig mit wehenden Fahnen in tapferer Verteidigung mit gut gemeinten Verbesserungsvorschlägen gegen die Ungerechtigkeit der Welt im Direktorat aufgekreuzt war. Bestürzt nahm ich zur Kenntnis, dass unser Jahrgang, der 1979 Abitur gemacht hatte, der letzte war, der sich so engagierte, hinterfragte und widersprach. Er beschrieb, dass er nicht verstehen konnte, warum die nachfolgenden jungen Menschen so teilnahmslos und drückebergerisch wurden. Nach weiteren 10 Jahren gab er frustriert auf und zog sich aus dem Berufsleben zurück.

Jahrzehntelang konnte ich mir keinen Reim auf seine Aussagen machen, die mich jedoch immer wieder beschäftigten. Aber ich konnte erkennen, dass seine Beschreibung auch mir begegnete. Nachfolgende Generationen, also die jungen Eltern von heute zwischen 35 und 45

Jahren haben oft weder die Fähigkeit Gefahren zu erkennen, noch können sie Grenzen setzen. Sie sind nur bedingt in der Lage der Dominanz ihrer Kinder etwas entgegen zu setzen und können nur selten mit ihren Aggressionen adäquat umgehen. Sie sind oft wohlhabend, haben studiert, sind beruflich erfolgreich und fühlen absolut nichts. Es fehlt weder an Intelligenz, noch an Bildung, noch an Leistungsbereitschaft, doch eine auffallende Gefühllosigkeit ist überall erkennbar. Aber woher kommt das?

Ab Mitte der 80er, konnte man 24 Stunden am Tag fernsehen und Unterhaltung konsumieren. Das sorgte dafür, dass für die Menschen das Naheliegende an Bedeutung verlor. Das Konsumverhalten der Menschen begann sich zu verändern. Die schlecht riechende Hippie-, Schluder- und Gammlerzeit war vorbei und schwang ins teuer duftende Gegenteil um. Markenbewusstsein entwickelte sich, die jungen Menschen machten sich wieder schick und in den Jahrgängen nach mir wurde schon in der Schule wichtig, welche Etiketten die Kleidung und die Schuhe hatten, die getragen wurden. Klamotten ohne Logo stießen auf Hühnerpopo-Mündchen bei den Teenys und die Kids des Mainstream begannen, sich über Psychospiele zu neuen Wertigkeiten zu erziehen. Das richtige Logo musste es sein. Man gehörte dazu oder eben nicht. Die Markendiskussion ersetzte das politische Interesse und die Mitglieder der „Generation Golf[31]" fuhren mit ihrem schicken GTI und dem Surfbrett auf dem Dach an den Gardasee. Fitness ersetzte die fade „Leibesertüchtigung", das Turnen und Schwimmen und brachte eine neue Mode hervor. Tobte man vorher i Unterhemd und Turnhose, mussten es nun schicke Tights in schrillen Aerobicfarben oder ausgeklügelte Joggingschuhe und teure Trainingsanzüge sein.

In München entstand mit dem „Schickimicki" ein neuer Lifestyle, der Badezimmerfliesen in Carara bestellte und die BussiBussi

---

[31] Illies Florian, Generation Golf

Gesellschaft machte die Oberflächlichkeit zum Lifestyle. Den Urheberrechtsanspruch für den Begriff „Schickeria" erhob der Schriftsteller Gregor von Rezzori[32] und verwies dabei schon als Erklärung auf das Wort „schick" und den jiddischen Begriff „schickern" für „sich betrinken". Tatsächlich waren nach den ersten Bussi Bussis die Schicken und Schönen bald vom Champagner beschickert und damit es nach dem Kaviar nicht allzu fad wurde, gab es dann feine Linien weißen Pulvers, das man sich leistete in die Nase zu ziehen. "Die Schickeria will, sie darf nicht unter sich bleiben, sondern muss die Gesellschaft anderer suchen, nämlich die von noch Höheren, Reicheren, Mächtigeren. Der Schickeria wohnt ein unstillbarer Expansionsdrang inne.", schrieb Rezzori.

In der Schickeria fanden sich diejenigen, die das Erbe des Papas nicht durch Arbeit erhalten mussten, sondern mit Anlagen und Spekulationen, die aus der Spielsucht einen Trend machten. Die Party-Eskapaden wurden durch den Boulevard-Journalismus in Hochglanzmagazinen der breiten Öffentlichkeit zugetragen, damit diese sich in neidvoller Bewunderung ergehen konnte. Schickimicki traf sich auf der Wies'n im Käferzelt und trank Prosecco und kein Bier.

Aus dem Gesagten kann man schon entnehmen, dass hinter der gepflegten und attraktiven Fassade der Schönen, die dazu gehörten, die beklemmende Fratze der Sucht wartete. In einem Klima, in dem der Schein das Sein ersetzt, wurde jeder bestraft, der hinterfragte. Aber das hatte seine Gründe.

Die Kriegsenkel waren dazu erzogen, dass sie es besser haben sollten, als ihre schwer traumatisierten Eltern und Großeltern, die ihre (seelische) Gesundheit durch die Grausamkeiten zweier Kriege gegen Deutschland eingebüsst hatten. Über das eigene Opfersein durften die

---

[32] Rezzori Gregor von, Geo Spezial 1984

als Tätervolk definierten Deutschen aber nicht reden. Also schwiegen sie und tranken - oder nahmen Tabletten. Eine Glitzerfassade mit amerikanischem Showgepräge à la Dallas und Denverclan entstand durch den Wohlstand der sich entwickelte. Aber noch bemerkte niemand, dass man zum Konsumvieh umerzogen wurde, das produzieren und konsumieren sollte, damit die vorrangig angloamerikanische Ökonomie bedient werden und wachsen konnte.

Der aufkeimende Hedonismus deckte die traumatisierte Verwüstung mit schrillen Farben, lauter Discomusik und kreischendem Gelächter zu. In einer Zeit, in der man mühelos mit Börsenzockereien ein Vermögen verdienen konnte, wurden teure Statussymbole zur Eintrittskarte für jeden, der genügend Rolex und Lacoste an seinen Luxuskörper hängen konnte. So mancher zugekiffte Hippie verwandelte sich in einen gestylten Juppie, der elegant seine Lines sniffte.

Wenn die Gedanken nicht zusammen mit der Zeit in der blühenden Event-Szene vertrieben wurden oder eifrig in den Folterkammern des Fitnesszentrums wegtrainiert wurde, fesselten Soap Operas und private Fernsehsender die Menschen im Zwischenbereich zwischen Wach- und Schlafbewusstsein, im angenehmen Alphazustand der Hypnose. Die langweiligen emotionslos-sachlichen deutschen Nachrichten, die die traumatisierten Nerven noch geschützt hatten, wichen den viel spannenderen amerikanischen Nachrichtenformen, in denen alles mit bestürzter oder empörter Stimme, marktschreierisch angepriesen wurde. Je Horror, desto Sensation. Mehr denn je klebten die Menschen an den Bildschirmen der TVs und passten ihre Weltsicht zunehmend den Weltausschnitten an, die ihnen gezeigt wurden.

Die Filmschnitte der Musik der Popkultur wurde seit MTV so schnell, dass man sich manchmal an ein Stratoskop erinnert fühlte. Die braven deutschen Fernsehstars in ihren seriösen Kleidern, die fröhliche Liedchen trällerten und kleinere Familiendramen erlebten, wichen schrillen Hollywood Charakteren in knalligen Farben und einer zunehmenden Sexualisierung und Gewalt auf den Kinoleinwänden. Psychosen und Irrsinn wurden über Hollywood wohnzimmerreif entwickelt und auch die Fernsehsendungen bekamen eine neue Qualität, die Hitchcock wie den Erfinder der Krinoline aussehen ließen.

Der Kommerz hielt in den Alpen Einzug und niemand interessierte sich mehr für die alpine Stille. Mörderische Geschwindigkeiten konnte man mit den klappernden Mountainbikes erreichen, unterstützt vom Klicken der Nordic Walking Stöcke, während man über Kopfhörer elektronische Musik aus dem Walkman konsumierte. Auf Wanderwegen und Skipisten hielt die Mode Einzug und die gemütlichen Skihütten wichen kalten Massenbetrieben, die Menschenhorden bewirteten und ihnen mit schlechtem Essen das Geld aus der Tasche zogen.

Seelische Entwicklung war absolut überhaupt kein Thema und die 68er hatten mit ihrem Engagement die akademische Kompetenz im Land abgeschafft. Die Um-Bildung fand Ersatz in Ernährungswissenschaften und feministischen Themen. Die unbehandelten Traumata der Weltkriege und das Entsetzen eines ganzen Volkes verschwand unter einer Decke von Lautstärke, aggressivem Kommerz und Geschwindigkeit. Man wollte flanieren und zur Disco Musik tanzen. Niemand bemerkte, wie der Konsum, die Sucht und die Medienhypnose die Menschen immer mehr in ihren Bann zog und sie von sich selbst entfremdete.

Haben Sie sich je gefragt, was das Wort „Unterhaltung" bedeutet? Es bedeutet eigentlich gar nichts - es sei denn, man verändert einen einzigen kleinen Buchstaben und liest „UntenHaltung". Auch das amerikanische „entertainment" bedeutet irgendetwas Nebulöses. Übersetzen würde man das wörtlich mit: „Zwischenhaltung". Zwischen was? Zwischen dem 2. und dem 3. Weltkrieg? Spüren Sie einfach mal nach, wie die beiden Begriffe sich anfühlen…und wie es sich anfühlt, wenn man das Grauen eines ganzen Volkes verdrängt.

19. MERKSATZ - PSYCHOSPIELE ERFORDERN OBERFLÄCHLICHKEIT

Psychospiele können ihre toxischen, hintergründigen Interaktionen nur im Klima der Oberflächlichkeit vollziehen. Da, wo Tiefgang und Reflexion nicht erwünscht sind, ist die Wahrscheinlichkeit verdeckter toxischer Interaktionen sehr hoch.

Ein paar wenige interessierten sich in dieser Zeit des Glückstaumels für die politische Entwicklung. Die Umweltbewegung bekam Zulauf, nachdem der Club of Rome immer wieder seinen Zukunftshorror in die Welt blies und der gesamten Menschheit den sicheren Tod prophezeite.

1960's - In 10 Jahren kein Öl mehr
1970's - eine weitere Eiszeit in 10 Jahren
1980's - saurer Regen wird in 10 Jahren die Natur zerstören
1990's - Menschheit stirbt an der Verstrahlung durch zerstörte Ozonschicht
2000s - Die Eisschollen werden in 10 Jahren verschwunden sein.
2000 - Y2k (Millenium) wird alles zerstören!
2001 - Anthrax wird uns alle töten!
2002- Der West-Nil-Virus wird uns alle töten!
2003 - SARS Bakterien werden uns alle töten!
2008 - Der Finanz-Crash wird uns alle töten!
2009 - Schweinegrippe wird uns alle töten!
2012 - Der Maya-Kalender endet. Wir werden alle sterben!
2013 - Nord-Korea wird den 3. Weltkrieg beginnen. Wir sterben!
2014 - Ebola wird uns alle töten!
2015 - ISIS wird uns alle umbringen!
2016 - Zika wird uns alle töten!
2018 - Erderwärmung wird uns alle töten!

2019 - CO2 wird uns umbringen!
2020 - Corona wird uns alle töten!

Das verdrängte Grauen wurde auf scheinbar aktuelle Themen gelenkt und jedesmal reagierte die Industrie mit neuen Erfindungen, die die Regierung über neue Gesetze der Bevölkerung als verpflichtend aufoktroyierte.

Niemand vermisste die Kultur, niemand die ethischen Werte. Die USA marschierten mit ihrer McDonald Kultur in Europa ein und die Deutschen liefen immer schneller und versuchten immer mehr zu leisten. Kokain wurde herum gereicht wie Kaviar, die sexuelle Revolution hatte die Türen zum körperlichen „Genuss" geöffnet (der jedoch einem enormen Leistungszwang unterlag) und wenn es einem mal nicht gut ging, gab es sicherlich irgendwelche leicht verfügbaren Pillen. Die Menschen waren schlank, durchtrainiert und braun gebrannt - zur Not durch das Sonnenstudio. Alle waren aufgeheizt und verdrängten durch permanenten Aktionismus, wie unglücklich sie waren. Nur manchmal, angesichts ihres Alters fühlten sie ein aufkommendes Grauen und die Sinnlosigkeit. Das Leben erinnerte ein wenig zu sehr an Aldous Huxleys „Schöne Neue Welt". Diese schöne neue Welt, diese Welt der Verführungen, in der scheinbar jeder alles haben durfte. Nur eines gab es nicht - echte, authentische Lebensfreude.

Heute, über 30 Jahre später, stehen wir vor dem Ergebnis der Verdrängung. Was als Psychospiel begann, führte in die kollektive Sucht und fordert nun seine Endauszahlung ein. Der Flug ist vorbei und Ikarus trudelt dem Chaos und dem Untergang entgegen.

Doch ist es möglich auszusteigen? Darum werden wir uns in diesem Buch kümmern, wenn die Analyse verstanden wurde.

Erkenntnis über die unbewusst geplante negative Endauszahlung eines Psychospiels ist mit einem so massiven Erschrecken verbunden, dass Warner, die versuchen diese Endauszahlung zu verhindern, zum Schweigen gebracht werden.

Der Direktor meiner Schule nahm seinerzeit beunruhigt wahr, dass die Schüler nicht mehr hinterfragten und nicht mehr so „lebendig" waren. Aber er konnte noch nicht absehen, wohin das führen würde. Und was ihm sicherlich vollkommen unklar war, dass die knallharte linke Ideologie, die in dieser Schule vermittelt wurde, die von den Besatzern eingeführte Zerstörung des geistigen Lebens beinhaltete. Ich schreibe hier zwar von Deutschland, aber diese Ideologien zerstörten das geistige Leben in der ganzen Welt. Die linke Ideologie war und ist eine Strategie des globalistischen Finanzkapitalismus, der hinter den Kulissen seinen weltweiten Siegeszug absicherte, in dem er die linke Ideologie finanzierte.

Entertainment

Diejenigen, die das Wort „entertainment" erfanden, wussten aber sehr genau, in welchem Zwischenzustand die Menschen gehalten werden sollten. Während in der Öffentlichkeit nur Aluhutträger über Psychologie oder Esoterik schwurbelten, wurden diese Disziplinen von den Geheimdiensten der Welt genauestens untersucht. Unmenschliche Menschenversuche gaben Aufschluss darüber, wie man den Willen des Menschen am besten manipuliert und weiße Folter war ein selbstverständliches Instrument in ihren Händen. Psychologische Manipulation der Massen wurde ohne jegliche ethische Einschränkung und ohne jegliches Gewissen an der gesamten Erdbevölkerung vollzogen. In einer der ersten Gamingconventions Ende der 80er erfuhr ich, dass in wenigen Jahrzehnten die gesamte Welt eine gamifizierte Community sein würde. Jeder Winkel der Welt wurde zum Spielplatz für groß und klein umfunktioniert und meine

195

wütende Gegenwehr versuppte im Nichts. Hedonismus hat keinen Raum für Erkenntnisschocks. Lieber greift man zum Suchtmittel.

Tod der traditionellen Kultur

Unbemerkt, still und leise ging während dessen eine alte, noch wissende Generation, eine Kultur und die Tradition unseres Landes hinter den Kulissen zugrunde und starb unbemerkt aus. Genau, wie in zahllosen anderen Ländern.

Prof. William Toel

Machen wir einen Sprung in das Jahr 2021, in dem plötzlich ein gewisser Prof. William Toel[33] durch die Lande reist und den Menschen in Deutschland eine wichtige Botschaft übermitteln möchte. Er überrascht mit der Aussage, dass er Deutsche besonders liebt und ihnen deswegen etwas mitteilen möchte. Im Gegensatz zu Merrit Drucker, dem amerikanischen Major, der vor einigen Jahren mit seinen Erkenntnissen zu den Rheinwiesenlagern durch Deutschland reiste, hören viele Menschen William Toel zu. Er wagt das Ungeheure und berichtet den Deutschen, dass ihnen Unrecht widerfährt. Das alleine ist etwas, was einem braven Deutschen die Luft zum Atmen nimmt. Darf der das? Wahrscheinlich nicht, aber es ist nun mal wie es ist und es ist bereits verbreitet.

Überraschende Aussagen

Was er zu sagen hat, macht viele, die das zum ersten Mal hören sprachlos. Aber es kann helfen, die Reflexion über die inneren Glaubensgerüste anzukurbeln und das halte ich für kollektiv heilsam für unsere Wurzeln. Unsere Fassade ist zerrissen und zerbröckelt und auf völlig verzerrte, verschobene Weise wird der 2. Weltkrieg wieder zum Thema. Die lebendig begrabenen Traumata unserer Historie

---

[33] www.williamtoel.de

graben sich wie Zombies wieder an die Oberfläche und zeigen sich in verzerrter, entstellter Weise. Moralisten treten sich gegenseitig in den Schmutz, um als sauberer und besser dazustehen und jeder, der anderen nicht in den Kram passt, wird als Nazi tituliert. Wenn sich die Menschen in unserem Land nicht in grausamen Psychospielen vierten Grades um's Leben bringen wollen, werden wir uns wohl den Fakten stellen müssen. Psychologie könnte ein wunderbares Mittel sein, um Menschen zu heilen und weiterzuentwickeln. Aber den Regierungen aller Länder ist es wichtiger, Bevölkerungen zu manipulieren und geistig zu vernichten.

Hab ich dich, du Schweinehund

Junge Menschen haben in der Folge keinerlei Skrupel, ihren Eltern oder Großeltern die Schuld an großen politischen Ereignissen zu geben, anstatt die Täter klar zu identifizieren. Die Schule hat sie dazu erzogen. Sie haben aus Schulbüchern gelernt, was politische Kreise für sie vorbereitet haben. Lehrer, die niemals hinterfragen, haben sie das rezitieren lassen, was in den getrübten Büchern steht. Wer über den Rand hinaus denkt, bekommt eine schlechte Note. Du hast falsch gedacht. Hab ich dich, du Schweinehund. Da, nimm die Bestrafung.

Bestrafungslust ist eines der Symptome, das die PsyOps hinterlassen haben. Da alle Schuld sind, haben alle Strafe verdient und wer straft ist immer noch ein bisschen weniger Schuld, als die anderen. Auch der Bundestag und die politische Landschaft zeichnen sich durch dieses Untergangsspiel aus. Es wird viel Zeit mit der Fehlersuche verbracht, um die Fehler des Gegenübers ans Licht zerren zu können. „Sie her, du bist fehlerhaft - ich hingegen nicht!"- ist die Botschaft, die meist ein großer Irrtum ist. Der so Geschmähte versucht nun seinerseits, die Fehler des anderen anzuprangern. Verlierer sind beide, denn wer zu sehr mit Fehlersuche beschäftigt ist, findet keine Lösungen. Lösungen sind aber wichtiger als Fehlerlisten.

Wie schon vorher beschrieben, zeigen diese weit verbreiteten Spiele, dass diese Menschen kein gutes Ende für ihr Leben geplant haben. Letztlich hat ihre Seele die Botschaft der Eltern anders übersetzt, als diese vielleicht gemeint war: „du bist nicht lebensfähig ohne mich!" flankiert von „sei perfekt (und mach ja keinen Fehler)!, sei schön, gut angezogen und fit!" Aus dem „ich denke, also bin ich" wurde, „ich jogge in Nike, also bin ich etwas wert". Nike kann man kaufen, Unschuld nicht!

Ja nicht schuld sein

Viele haben vor allem versucht Schuld zu verhindern. Denn die Schuld wurde mit den entspannenden Fernsehabenden mitgeliefert. Quasi kostenlos als Zusatzgabe. Zwischen den Zeilen, indem manche Dinge berichtet wurden und andere nicht, indem Filme über immer und immer wieder das gleiche Thema die Gewissheit schärften, dass Deutsche niemals aus der Schuld kommen werden, die seit 85 Jahren besteht.

Bletchley Park

In einem schönen Landhaus in Bletchley Park, Großbritannien, arbeiteten laut Prof. Toel hingegen seit 1945 zahllose „Experten" an den Plänen für die PsyOps, den psychologischen Operationen, um den Tod des Geistes Deutschlands zu besiegeln. Laut Prof. Toel, war es anders nicht möglich, „die Deutschen kleinzukriegen". Genau betrachtet wendet der militärisch-industrielle Komplex solche Methoden auf die gesamte Weltbevölkerung an. Es handelt sich um ein gigantisches Psychospiel, das zeigt, dass dieser militärisch-industrielle Komplex dem Untergang geweiht ist. Doch solange die Weltbevölkerungen mitspielen und damit meine ich, ihre unbewussten Verstrickungen nicht auflösen, zieht sich das Untergangsprojekt die Energie aus der Angst und der Täterloyalität der Lebenden.

Bleiben wir dennoch erst einmal in Deutschland, denn jedes Land hat als Organismus seine eigene Geschichte und muss daher getrennt betrachtet werden, so wie man verschiedene Personen auch individuell betrachten muss. Die Muster, die ich hier beschreibe, sind skalierbar und auf internationale Zusammenhänge anwendbar. Psychospiele beginnen unter anderem da, wo der Besiegte zu glauben beginnt, dass der Sieger „gut" ist, denn dann hat die Siegerpropaganda gegriffen und die Täterloyalität erzeugt. Das geschieht überall da, wo das Erleben der Opfer so grausam ist, dass es nicht ertragen werden kann. Die Identifikation mit dem Täter erlaubt einen Scheinausstieg aus dem schweren Trauma und dem Grauen und das gilt für alle Misshandlungssituationen - egal, ob in der Familie, in Kleingruppen, Institutionen, Mafia, Kriegen oder anderen kriminellen Konstrukten. Ausschlaggebend ist das erlebte Grauen der Opfer und nicht die Sicht der Täter.

Project Ultra

Project Ultra war der offizielle Name der Aktion nach dem Krieg. Leider sind im Netz außer den Aussagen von Prof. Toel, einem amerikanischen Militärangehörigen, kaum weitere Belege für dieses Projekt zu finden, aber an den Auswirkungen und der Entwicklung unserer Gesellschaft in den letzten 30 Jahren ist ablesbar, dass dieses Ziel erfolgreich war, auch wenn diese Aktivitäten offiziell nicht stattgefunden haben. Machen wir uns aber nichts vor. So dreist, dass eine britische Einheit ins Netz stellt: „Ui schaut her, wie wir den deutschen Geist zerstören!" ist sie auch wieder nicht. Machen wir uns bewusst, dass wir in Großbritannien ein extrem missgünstiges Geschwisterkind haben, das uns Deutsche noch nie besonders geschätzt hat. Der deutsche Pflock in den Weltherrschaftsabsichten der Briten ist gleichzeitig der Balken in den Augen der Amerikaner. Wie die britische Politik die Deutschen sah, konnte man nicht nur an den vernichtenden Aussagen eines Cecil Rhodes und seines Round Table ablesen, sondern findet man auch als Aussagen in den Memoiren eines

Churchills[34]. Aber um eines gleich vorauszuschicken: mein Ziel ist die Überwindung der Folgen solcherlei Geschichten und nicht das Schüren von Hass und Ärger. Denn das ist zwar verständlich, nutzt aber niemandem etwas. Wir wollen hier die Natur des Psychospiels untersuchen, damit die Menschheit eines Tages zu ihrer natürlichen Friedfertigkeit zurückfinden kann.

Machtvakuum

Nach dem verlorenen Krieg fielen die Menschen der besiegten Nation in ein Machtvakuum. Weitere vernichtende Maßnahmen wie die Rheinwiesenlager und die Hungersnöte von 1947, in denen nochmals ca. 3,5 Mio Deutsche durch Verhungern starben, taten das ihre. Während der Staub sich legte, waren die Menschen leer im Kopf, traumatisiert und schockiert über die Grausamkeit. Diesen traumatischen Zustand nutzen die Briten mit Hilfe der Alliierten, um den Psycho-Krieg gegen den deutschen Geist zu beginnen und ihre Schockhypnosen zu setzen. Auf diesen Moment hatten sich die Sieger durch ihre psychologischen Forschungen mit grausamen Menschenversuchen vorbereitet.

In Zeiten des Fernsehens musste man sich dazu nicht einmal anstrengen. Dabei sollte langsam verstanden werden, dass das Fernsehen vom Militär erfunden wurde und noch nie etwas anderes beabsichtigte als als militärische Waffe gegen das freie Denken und für die Manipulation der Massen eingesetzt zu werden. Ja, ich weiß, es ist ja so entspannend, vor dem Fernsehen einzuschlafen. Wie oft haben Sie es freiwillig genutzt? Niemand hat Sie je gezwungen, richtig? Und bevor jetzt irgend eine wutentbrannte Reaktion gegen den „Feind" erhoben wird, bleibe ich freundlich wie energisch bei Ihrer eigenen Verantwortung für die Gestaltung Ihrer Freizeit. Ihr Finger ist der einzige wahre Herrscher über die Ein- und Ausknöpfe Ihrer Technik

---

[34] Churchill, Winston, Memoiren Erster Band „Der Sturm zieht auf"

im Wohnzimmer! Sie selbst entscheiden, ob sich sich der Manipulation aussetzen oder nicht.

Der Alphazustand

Die Fixierung der Augen auf den hellen Bildschirm sorgt schnell für einen als angenehm erlebten Alphazustand, der freiwillig immer und immer wieder gern gesucht wird. Dass dieser hypnotische Zustand allen subliminal messages, also unbewussten Botschaften ermöglicht, ungehindert den ungefilterten Zugang zum Unbewussten zu finden, interessiert in der Regel nur wenige Menschen. Fernsehen ist und war eine Sensation und alle fanden das toll. Man kann so schön „Abschalten". Was genau schalten Sie ab? Ihre Wahrnehmung der Welt? Die Wahrheit? Ihre Gefühle?

Langsame Veränderungen

Niemand bemerkte, dass sich das Konsumverhalten und die Bewertung der wichtigen Aspekte im Leben durch den Fernsehkonsum veränderte. Es war ja alles so schön und so entspannend und man wollte einfach nur schick sein, dazu gehören, es bequem haben und „informiert" sein.

In der Nachkriegszeit war die Sendezeit begrenzt. Dennoch erlebten viele die flimmernden Bilder als Weltrealität. In den 50ern liefen noch Sendungen von Heinz Rühmann und Peter Alexander, abgelöst von drögen Politsendungen wie dem „Frühschoppen", in denen Politiker und Wirtschaftsbosse, kettenrauchend Diskussionen führten. Nachrichtensprecher verlasen emotionslos und mit unbewegter Mine die neuesten Nachrichten. Nur beim Fussball wurde man etwas temperamentvoller. Die Mainzelmännchen unterhielten die Kinder zwischen den Werbeblocks und sorgten dafür, dass die Werbung nicht einfach abgeschaltet wurde. Am Sonntag Nachmittag gab es eine Kinderstunde und später das Sandmännchen, abends um 19 Uhr. In den 60gern kamen immer mehr amerikanische Sendungen dazu.

Western waren hoch im Kurs und Serien wie Bonanza und rauchende Colts waren religiöse Predigten über Anstand und christlich-amerikanisches Heldentum. In den 80ern liefen plötzlich alle mit dauergewellten Föhnfrisuren durch die Gegend und die Musikvideos hielten Einzug. Die Sendungen „Denver" und „Dallas" machten den neuen Lifestyle vor und wirkten wie kollektiv ausgestrahlte Modeschauen. Mit diesen Sendungen wurden auch die geldgierigen Bösewichte salonfähig. Larry Hagman spielte die Paraderolle des durchtriebenen Finanzhais, der dafür sorgte, dass sein Umfeld sich jeglichen Luxus leisten konnte. Weil das Umfeld gar so schön anzusehen war, verzieh man dem Kriminellen seine Taten, mit denen er das Geld ergaunerte. Schließlich mussten die schönen Sachen bezahlt werden und es war ja nur ein Film, dachte man. Die Privatsender hielten Einzug in die Wohnzimmer und die Menschen 24 Stunden vor der „Glotze" - ein Begriff, der den hypnotisierten Zustand eines Fernsehzuschauers bildlich beschrieb. Die Gesellschaft wurde umerzogen und ihre Werte konterkariert, während sie entspannt vor sich hinstarrte. Unmerklich hörte sie auf zu denken, zu lesen, zu hinterfragen. Stattdessen ließ sie sich „unterhalten" und begann zu konsumieren. Ganz im Sinne derer, die heute die Welt und ihre Regierungen steuern. Ja, all das war zu beobachten. Aber die Engländer und die Amerikaner reagierten genau so und es ist mehr als wahrscheinlich, dass es die manipulativen Psychoangriffe der letzten 85 Jahre, die die gesamte Weltbevölkerung Schachmatt setzen, nicht nur in Bletchley Park ersonnen wurden, sondern in den Werbeagenturen und Beratungsunternehmen der neuen Betriebswirtschaften. „Social Engineering" oder „Social Shaping" sind die auf soziologischen Untersuchungen beruhenden Vorgehensweisen, ganzen Gesellschaften den wirtschaftspolitischen Willen aufzudrängen und sie nach Gutdünken zu formen. Formen kann man nur eine weiche Masse, nicht aber willensstarke Individuen. Letztere dürften sich querstellen. Aber machen wir uns nichts vor. Couch Potatoes ergeben einen wunderbaren Kartoffelbrei.

Was nicht bequem ist, zählt nicht

Mit diesem Satz überraschte mich in den 90ern ein Marketingfachmann. Ich wurde darüber aufgeklärt, dass alles, was unbequem ist, abgelehnt wird und dass das Marketing dafür sorgt, dass das so bleibt. Die fortschreitende Digitalisierung ermöglichte, dass man bequem bestellen, bequem reisen, bequem mit Karte bezahlen konnte. Die Technik erzeugte so ein bequemes Leben, dass es nicht notwendig war, den Geist weiter zu entwickeln. Im Gegenteil. Durch allerlei Bildschirme ließ man zu, dass geistige Fähigkeiten degenerierten und die Gesellschaft in seliger Abhängigkeit eingelullt wurde.

Solange das so lief, war alles in Ordnung. Wer es nicht bequem hatte, war selbst schuld. Amerikanische „Persönlichkeitsentwicklung" hämmerte den Menschen ein, wie sie erfolgreich werden konnte. NLP verbreitete die Mär, dass man mit der Programmierung des eigenen Geistes alles erreichen kann. Wer nicht erfolgreich wurde, war also selbst schuld. Zur Not konnten schließlich auch die Dümmsten an den Börsen spekulieren. Und so einigte sich die gesamte westliche Gesellschaft auf einen Zustand der kollektiven Degeneration.

Verführung über Charakterschwächen

Unbewusst haben Sie sich an der Entstehung der aktuellen Situation beteiligt. Vielleicht finden Sie selbst einige Ansätze, über welche Schwächen Sie besonders verführbar sind:

- Bequemlichkeit, mit der Sie sich auf der Couch berieseln lassen, ohne je darüber nachzudenken, wie langweilig Sie sind. :-)

- den Genuss der Hypnose, den Sie aber nicht einsetzen, um Sprachen zu lernen, zu meditieren oder Soulfit CDs anzuhören, weil Bildung Ihr höchstes Gut ist, sondern sich freiwillig Angriffen durch die Medien auszusetzen.

- Indiskretion und Neigung zum Tratsch
  Geben Sie es zu, Sie lieben Sendungen, in denen Sie sich das Leben der Anderen ins Wohnzimmer bringen lassen. Sie können ihrem Voyeurismus in Soap Operas und Reality Shows frönen und sich genüsslich darüber auslassen, ohne ein schlechtes Gewissen zu haben. Sie können kritisieren, was das Zeug hält, haben beim Kaffeeklatsch etwas zu erzählen und sie müssen es absolut nicht besser machen. Ist das nicht toll?

- Passion für den Fussball bei Gegrilltem, Chips und Bier. Was gibt es Großartigeres? Man muss sich selbst nicht bewegen, kann aber über andere wütend kreischen und schreien und braucht sich dabei absolut nicht zu beherrschen. Brot und Spiele sind wunderbar, denn da kann man sich so richtig abreagieren. Wenn während dessen Gesetze durchgewinkt werden, die Ihnen nicht gefallen, kann man sich ja später darüber aufregen. Die Bundesliga ist wichtiger als das Grundgesetz, die Freiheit oder der soziale Frieden... oder?

Wenn ich vor Charakterschwächen warne, dann bin ich nicht im Namen der Moral unterwegs. Dafür bin ich viel zu pragmatisch. Charakterschwächen sind Einfallstore für unlautere Absichten anderer. Machen Sie freiwillig Einbrechern die Türe auf? Nein? Dann sollten Sie auch die Charaktertüren schließen, die Sie zum Opfer machen können!

Während sie glotzten

Die Technik entwickelte sich seither um ein vieles weiter. Während die Mehrheit auf Bildschirme glotzte, wurde der Spieß unbemerkt herumgedreht und nun werden Sie beglotzt. Kommunikationsmedien durchdringen heute jede Sekunde unseres Alltags und unter dem Vorwand „für jeden das Richtige" (Materielle) werden Daten gesammelt. Autos senden Daten über Fahrverhalten und Aufenthalt. Soziale Medien ersetzen den echten Austausch und längst laufen Smombies (Smartphone Zombies), die sich in den winzigen

Bildschirm ihres Handys vertieft haben, vor jeden Laternenpfahl, der nicht rechtzeitig ausweicht. Seltsam ist normal geworden, die Sätze kürzer, ebenso die Aufmerksamkeitsspanne. Verspielte IT Nerds, die leichter mit ihrem Bildschirm interagieren als mit echten Menschen, sind tonangebend. Da ist emotionale Kompetenz kein Thema mehr. Allergien grassieren und die Kinder, die in den Sicherheitskäfigen ihrer Helikoptereltern aufwachsen müssen, haben ein Weltbild von ca. 2,5 Quadratmetern. Dementsprechend ist ihr geistiger Weitblick, ihre Frustrationsfähigkeit oder Widerstandskraft. Die Streichelzoo- und Käfigkinder prangern die Massentierhaltung an, aber letztlich meinen sie damit sich selbst. Sie wollen kein Tierfleisch mehr essen, denn ihre eigene Wildnatur wurde ihnen abtrainiert. Tod der Intuition, der Wehrhaftigkeit, der Neugier und der Wildnatur, die sich in der Natur orientieren kann. Die Kinder erleben die Welt nur über Bildschirme und erstarren vor Schreck, wenn ein echter Hund vor ihnen steht. So freundlich kann das Tier gar nicht aus seinem Pelz schauen, dass nicht panisches Kindergeschrei sich erhebt und strenge Elternblicke auf erstaunte Freundlichkeit prallen. Gnade uns Gott, wenn das Tier von einem vergnügten Spaziergang aus dem Wald kommt. Da ist eine Zecke. Roter Alarm! Wir werden alle sterben. Bestimmt! Die Angst zu sterben ist omnipräsent und wir müssen uns tatsächlich Gedanken über den Zusammenbruch des Klimas machen, wenn zu viele Menschen ausatmen…

Todesangst statt Lebensfreude

In der durch Bildschirm-Overload zu Tode gelangweilten Gesellschaft bedarf es der Dramen, der Maschengefühle und der dramatischen Psychospiele. Ein echtes Abenteuer, wie das Spielen in der freien Natur wäre für die Drama-Babies viel zu gefährlich. Wie gesagt: blutsaugende Insekten könnten den sofortigen Tod verursachen… Dabei ist es bei all diesen Psychospielen so, dass es der Tod ist, der fehlt. Angesichts des Todes wird der Mensch nachdenklich und er bemerkt, dass Panik den Tod nicht verhindern kann. Panik kann nur die Zeit bis zum Tod zum Horrortrip werden lassen. Das Spiel „wir werden alle sterben" ist also ein durchaus quälendes. Dabei möchte ich hier mit dem Gerücht aufräumen, dass Angst uns vor etwas schützt. In wirklich gefährlichen Situationen schalten die meisten Menschen auf unemotionalen Autopiloten um. In der echten Gefahr, weicht die Angst einer nüchternen Gefühllosigkeit. Angst ist ein kindliches Gefühl, das vor allem eines tut: das Denken einschränken. Und so ist es wichtig, Angst zu überwinden, anstatt sie zu kultivieren. Da wo Angst zum Ratgeber wird, sind unangenehme Endauszahlungen geplant.

In der Bequemlichkeit der 80er haben sich die Eltern von heute in beunruhigender Weise entmenscht und stehen dem transhumanistischen Cyborg näher als dem lebendigen Herzmenschen. Die medial hypnotisierte Konsumgesellschaft war satt und zu beschäftigt um zu hinterfragen.

Neue Volksidentität

Damals, im Nachbeben des 2. Weltkrieges erfanden die Sieger eine neue Volks-Identität und schrieben alle Schulbücher um. Die Hitler Jugend, die in ihrem Konzept die Naturerfahrung mitbrachte war das Böseste vom Bösen. Alles wurde dämonisiert und war schuldig - auch die Kinder. Wie konnten sie nur die Hitler Jugend genießen, das Zelten, das Schwimmen, das Pilzesuchen, das Fährtensuchen? Das Kind von heute kann nicht schwimmen, kennt sicherlich keine Pilze, braucht eine Bowl mit Quinoa und würde sich beim Zelten zu Tode fürchten. Aber die Kinder der Hitler Jugend waren gebrainwashed und ideologisch verbrämt. Die neue deutsche Identität war negativ und lächerlich. Wie gesagt, solche Dinge werden auch in anderen Ländern umgesetzt und die Amerikaner haben vielerorts überhaupt noch nicht verstanden, dass mit ihnen exakt das gleiche geschah.

„Ab Ende der 50er wurde auf allen Kanälen nun ein neuer, dunkler Charakter kommuniziert. Aus den freundlichen Deutschen, die unschuldig Opfer wurden, wurden Deutsche, die Unschuldige schlachten." (Zitat Prof. Toel)

Ich als Deutsche darf das nicht sagen, denn ich bin im Psychospiel gefangen. Das darf nur ein Amerikaner sagen, der selbst ein amerikanischer Militärangehöriger ist. Doch Bevölkerungen sind immer unschuldig, wenn Kriminelle ihnen einen Krieg bescheren. Dabei ist es herzlich egal, welcher Nation diese Kriminellen angehören. Kriegstreiberei ist ein supranationales Interesse von ein paar wenigen und liegt außerhalb der Einflussmöglichkeiten der Bevölkerung, die von eben diesen Kriminellen immer desinformiert wird. Die Verantwortung der Bevölkerungen liegt bestenfalls darin, dass sie Antworten auf ihre korrupten Regierungen brauchen und nicht alles glauben dürfen, was ihnen serviert wird oder sogar davon profitieren wollen. Die Vergangenheit in Form von wertvollem Kulturgeschehen, zahllosen Büchern, wurde vom Stumpfsinn vernichtet, eliminiert und die Geschichte verzerrt in neuen Herausgaben wieder veröffentlicht. Auch in Deutschland fanden, wie in vielen anderen Ländern, die größten Bücherverbrennungen der nationalen Wahrheit nach dem Krieg statt. Kriegstreiber sind immer geistig beschränkte Wesen, die zu wenig Intelligenz oder gar Gespür für echte Kultur mitbringen. Kriegstreiber sind degenerierte, neurotische und schwer gestörte Individuen, die fremdgefährlich geworden sind. Wer soll daran Schuld sein? Ihre Oma? Ihr Opa? Onkel, Tante? Wohl kaum! Nein, sie waren Kriegsopfer und wenn Sie anfangen, das anzuerkennen, dann wartet eine Welle aus Trauer und Schuld auf Sie, denn Sie haben sich an ihnen schuldig gemacht, weil sie sie als Nazis abgestempelt haben.

Übrigens: wussten Sie, dass es zur Zeit des 2. Weltkrieges das Wort „Nazis" noch gar nicht gab? Think about it!

Wie Prof. Toel am deutschen Beispiel erklärt, nutzen Kriegstreiber alle menschlichen Schwächen aus: Politiker werden korrumpiert, Lehrer schon im Studium gebrainwashed und Künstler finanziell vernichtet, wenn sie nicht die Kriegslügen vertreten. Männern, Frauen und vor allem Kindern wird Schuld eingeflößt. Die besiegten Bevölkerungen geraten unter Druck, wenn sie nicht „das Richtige" vertreten und sich selbst schaden. Das nennt man „Umerziehung" und es ist eine Form der Schockhypnose, die kollektiv gesetzt wird.

Was Deutschland anbelangt, so findet man unter dem Suchbegriff Kollektivschuld auf Wikipedia Berichte von Frauen, die Leichen ausgraben mussten. Selbst Kindern wurden entstellte Leichen gezeigt und ihnen die Schuld gegeben, während bewaffnete GIs daneben standen. Gleichzeitig wurde es sanktioniert, wenn Menschen über ihre eigenen Angehörigen sprachen, die den Tod gefunden hatten. Schließlich waren die Deutschen alleine schuld am Krieg und hatten es verdient, wenn sie Mutter, Vater, Mann, Frau, Kinder, ihre Gliedmaßen verloren hatten. Eine schwere Strafe für eine falsche Wahl, meinen Sie nicht?

Auch wenn uns in zahllosen Hollywoodstreifen die Heldenhaftigkeit amerikanischer Soldaten vor Augen geführt wurde, während gleichzeitig für Russen und Deutsche das Bild des Tätervolkes verstärkt wurde - amerikanische Soldaten haben sich in der Welt nicht gerade mit Ruhm bekleckert. Das muss man nicht laut posaunen, man darf es aber erwähnen.

Sprachlos

In ihrer Chancenlosigkeit und unter dem Druck der überwältigenden Traumata verstummten unsere Urgroßeltern. Doch niemand hatte Mitleid mit ihnen. Im Gegenteil, ihre hypermoralistischen Nachkommen machten ihnen, durch die Lehrer in der Schule aufgehetzt, Vorwürfe. Was hätten sie sagen sollen? Wenn Journalisten versuchten etwas klarzustellen, dann wurden sie als Nazis verunglimpft und das war eine ganze Weile nicht ungefährlich. Die ganze Welt zeigte mit dem Finger auf sie und verurteilte die Menschen, die selbst alles verloren hatten.

Ideologische Beeinflussung in der Schule

Ich mache Ihnen und mir selbst nichts vor: auch ich habe das getan. Auch ich bin hier in die Schule gegangen und wurde zur Grausamkeit angeleitet und politisch manipuliert und instrumentalisiert. Mein Opa hatte Glück, er war Antifaschist und der andere Opa hatte nichts zu sagen. Also fragte ich nicht. Ich hatte, so wie die heutigen Friday for Future Kids, keine Ahnung, aber eine starke Schulmeinung. Empört und streng urteilte ich über die Verfehlungen meiner Vorfahren - und bezahlte meinen Preis mit schweren Erkrankungen und Schicksalsschlägen. Respektmangel vor den Vorfahren rächt sich. Und egal, wer sich wann wie wo tatsächlich schuldig gemacht hat - solange man nicht in den Mokassins eines anderen gelaufen ist, sollte man mit der Verurteilung von Kriegsbevölkerungen vorsichtig sein, auch wenn es Deutsche sind. Dass lieblose Beziehungen zu den Vorfahren schädigend wirken, ist kein Aberglaube, sondern eine einfache psychologische systemische Tatsache, die jeder kennt, der schon mal eine Familienaufstellung gemacht hat. Wer sich über die Ahnen erhebt, wird erleben, dass ihr Drama für sie oder ihn neu inszeniert wird und genau das erleben wir gerade.

Die Umerziehung durch die Alliierten war ein furchterregender Angriff auf Geist und Seele und Sie könnten das Erleben derer wiederholen, die Sie verunglimpfen und verurteilen. Hier in Deutschland - aber ebenso in allen anderen Ländern der Welt. Die Weltherrscher spielen ein Untergangsskript und alle ihre Regeln und Vorschriften sind nutzlos und schädigend - für uns, aber auch für sie selbst. Kriegstreiber sind vielleicht gerissen, aber nicht intelligent, vergessen wir das nicht. Stellen Sie sich ruhig ein paar Fragen:

Wie fühlt es sich an, wenn Sie beschimpft werden?

Wie fühlt es sich an, wenn Sie benachteiligt werden, weil Sie in Deutschland geboren wurden?

Wie fühlt es sich an, wenn offen Gewalt ausbricht und Ihnen genommen wird, was Ihnen gehört?

Hat das, was Sie jetzt erleben, in Ihrer Familienlinie schon mal stattgefunden?

Gab es Verfolgungen, Flucht, Vertreibungen?

Nie gekämpft und doch besiegt

Wir als Nachkommen der Deutschen haben selbst nie gekämpft und doch sind wir seit Geburt die Besiegten, die die Gesamtschuld tragen. Wir kannten nie etwas anderes. Ehrenhaft können Deutsche schon deswegen nicht sein, weil sie Deutsche sind. Das Verhältnis zu den deutschen Wurzeln ist zerstört und das finden viele gut so. Allen voran die besonderen hypermoralistischen Streber in den eigenen Reihen. Die Zellen der Gesellschaft, die für unsere Autoimmunerkrankungen verantwortlich sind. Tut man Menschen, die lange nach 45 geboren wurden damit Unrecht?

Egal, es sind nur Deutsche…Kann weg.

Merken Sie, wie normal es ist, diesen Irrsinn zu denken?

Merken Sie überhaupt schon, dass es Irr-Sinn ist, so über sich selbst zu denken, nur weil Sie zufällig hier geboren wurden? Zur Erinnerung: solche Verhältnisse gibt es in allen Ländern der Welt. Achten Sie daher darauf, was Sie glauben. Ihr Glaube könnte Berge versetzen, die Sie noch brauchen.

Erinnern wir uns an Misshandlungsfamilien, wo den Kindern die Schuld dafür gegeben wird, dass sie misshandelt werden, im Sinne von: das hast du so verdient. Wir werden diese Machenschaften nicht abstellen können, denn die Kriegstreiber sind reich und sitzen an allen einflussreichen Stellen. Aber wir können aufhören, bei dem Unsinn mitzumachen, dieses Kapitel unserer Vergangenheit emotional aufzuräumen und danach schließen. Es wird Zeit, dass wir die Schuld dahin geben, wo sie hingehört. Auf die Schultern der Kriegstreiber und ihren Geldgebern, die bis heute grausame Kriege führen und die ganze Welt mit Ihren Waffen verseuchen und zerstören.

Die Akademische Welt - schädigend und überheblich

Die Geheimdienste der ganzen Welt, in Zusammenarbeit mit den zahllosen psychologischen Fakultäten erforschten über Menschenversuche, wie man Menschen geistig und seelisch brechen kann. Dafür wurden und werden auch deutsche Forschungsgelder eingesetzt. Begriffe wie „MK Ultra" und „Operation Ultra" sind inzwischen allgemein bekannt. Die berufliche Disziplin, mit der heute Massen beeinflusst werden, nennt man „Social Shaping". So viel zum Thema „Seriosität der Wissenschaft". Man kann daraus schließen, dass man sich niemals für psychologische Versuche zur Verfügung stellen sollte! Die „Forscher" versorgten die Weltmisshandler mit allen Psychofolter-Instrumenten, um die geistigen und psychischen Wurzeln der Nationen aus der Welt zu reißen. Das und nichts anderes hatten die „Experten" im Sinn, als sie sich in Bletchley Park trafen und für ihre „Heldentaten" den Victoria Orden bekamen. Viele dieser Auszeichnungen haben den Anschein der Seriosität in den Augen der Öffentlichkeit weitgehend verloren.

Ja, wir sind auch Opfer - aber vor allem sind wir Teilnehmer an einem globalen Psychospiel und müssen Eigenverantwortung für unsere inneren Strukturen finden und für unseren Ausstieg sorgen! Wir können fernsehen und so tun, als hätte all die Politik nichts mit uns zu tun. Aber wir sind mitten drin im Psychospiel und über das Fernsehen direkt mit militärischen Machenschaften verbunden. Und wenn es nur das ist, uns abzulenken von dem, wo wir erwachsen werden können.

211

Ein angeblicher ehemaliger KGB Mitarbeiter, Thomas Schuman alias Yuri Bezmenov, erklärte 1983 in einer Rede in LA, wie man ein Land unterwandert. Er amüsierte sich darüber, dass all das nichts mit den spektakulären Aktivitäten eines James Bond 007 zu tun habe, sondern mit einer leisen, schleichenden und kaum merklichen Veränderung der Denkweisen der Bevölkerung. Er wies darauf hin, dass es wichtig sei, Menschen davon abzuhalten, sich mit Themen zu befassen, die sie ermächtigen würden. Er beschrieb, dass Physik, Chemie oder Mathematik den Menschen zu viele ermächtigende Informationen geben würden und die Politik es vorzöge, sie mit Ernährung, ihrem Körpergewicht, Kosmetik, ihrer Frisur und ihrer Kleidung zu beschäftigten. Er hatte Recht damit. Während Großbritannien über die USA Deutschland unterwanderte, unterwanderte Russland die USA und was weiß ich nicht alles, wer wen wo wann wie unterwanderte. Irgendwie waren die Geheimdienste der gesamten Welt auf gegenseitiger Unterwanderschaft. Einer paselakte zerstörerisch durch die Kultur des anderen und das Ergebnis ist nun eine destabile Weltbevölkerung. Glückwunsch meine Herren. Ich bin sicher, Sie haben keine Ahnung, wie Sie mit dem umgehen werden, was Sie angerichtet haben. Und glauben Sie mir, Sie werden alles verlieren. Alles. Nicht, weil irgendwelche Menschen dafür sorgen - es sind die systemischen Strukturen, die im Moment noch mit Gewalt aufrecht erhalten werden können. Doch Sieger sind Verlierer und keine Gewinner. Da beißt die Maus keinen Faden ab.

Die Weltbevölkerung weiß noch nichts von ihrem Glück, weil sie glaubt, dass das psychologische Wissen, das sie in „Frau im Spiegel" bei den Partnerschaftstips gelesen haben genügt. Nun, Wissen ist Macht und wer nichts weiß, unterliegt der Macht anderer. Lieber den Lotus durcharbeiten, als den Manipulationsmethoden irgendwelcher schwer beziehungsgestörter Geheimdienstmitarbeiter auf den Leim zu gehen.

MUSIK UND PSYCHOLOGISCHE KRIEGSFÜHRUNG

Im Jahr 1939, wurde in London, während der internationalen Stimmtonkonferenz, eine Norm von 440 Hz für den Kammerton A festgelegt. Zum Zwecke der Vereinheitlichung der Stimmung, schlossen sich einige Länder, auch Deutschland, dieser Empfehlung an. Bis heute wird dieser Standard-Kammerton allgemein angewendet, wenn auch mit Abweichungen (in deutschen und österreichischen Sinfonieorchestern war eher 443 Hz üblich, in der Schweiz 442 Hz). Soweit so harmlos? Keineswegs, denn diese unscheinbaren 8hz der höheren musikalischen Stimmung beeinflussen unser Erleben und fördern eine rationalistische, aggressive seelische Stimmung. Im Buch „Der Music Code[35]" liest der überraschte Leser: *Bereits 1910 hat die Rockefeller-Stiftung mit Hilfe eines Zuschusses an die „American Federation of Musicians" in den USA und später in Europa zunächst erfolglos versucht, die Frequenz von 440 Hz als Kammerton A zu etablieren. Erst 1939 gelang dies durch das „British Standards Institute" (BSI) und schließlich die bereits zuvor erwähnte „Federation of the National Standardizing Associations" (ISA). Der zeitliche Abstand von nur wenigen Monaten bis zum Ausbruch des 2. Weltkrieges ist frappierend, und angesichts der Tatsache, dass John D. Rockefeller über seine Firma Standard Oil ein Kartell mit I.G. Farben einging und zu dieser Zeit von den Kriegsvorbereitungen gewusst haben muss, lässt dies kaum an Zufall glauben."*

Geben wir es zu. Das klingt auf den ersten Blick abgehoben. Wie kann die Veränderung eines Kammertones um 8Hz etwas mit dem Kriegsausbruch zu tun haben? Die gesamte moderne Pop-Musik ist auf 440hz gestimmt und ja, ich erlaube mir hier die Hypothese, dass

---

[35] (Der Musik-Code: Geheimdienste & Militär als Geburtshelfer der Hippie-Generation – Frank Zappa, Jim Morrison & Co.).

über den Showbuiz und die Popmusik mentale Massenbeeinflussung stattfindet. Aber beginnen wir mit einem Ausflug:

Es gibt einige berühmte Leute des Showbuiz, die an Verschwörungen glauben. In diesem Zusammenhang wird John Lennon zitiert, der kurz bevor er ermordet wurde, Folgendes gesagt haben soll:

John Lennon

Unsere Gesellschaft wird von Verrückten geführt, für verrückte Ziele. Ich glaube, wir werden von Wahnsinnigen gelenkt, zu einem wahnsinnigen Ende, und ich glaube, ich werde als Wahnsinniger eingesperrt, weil ich das sage. Das ist das Wahnsinnige daran. (John Lennon).
Ähnliche Äußerungen waren von Michael Jackson zu hören, kurz bevor er starb.

1962 wurde John F. Kennedy, der beliebte Präsident der Vereinigten Staaten ermordet. Auch er hielt kurz davor eine Rede, in der er sich auf Verschwörungen und ungute Strukturen in der Finanzwelt berief. Die offizielle Medienberichterstattung wies viele Ungereimtheiten auf, auf die ich hier nicht weiter eingehen möchte, weil es mir um das Verständnis von psychologischen Strukturen und Mustern geht und nicht um politische Zusammenhänge. Entsprechende Infos sind überall erhältlich.

Die Ungereimtheiten des Attentats auf den beliebten Präsidenten bewegte viele Menschen dazu, öffentlich Zweifel an der offiziellen Auslegung anzumelden. Ein Aufruhr drohte, so dass der Geheimdienst CIA den Begriff des „Verschwörungstheoretikers" erfand. Dieser Begriff wurde, im entsprechend herabwürdigenden Rahmen (framing) in der Presse ausführlich besprochen. Ein Verschwörungstheoretiker war also einer, der das Gras wachsen hörte und Schatten an der Wand sah, wo keine waren. Hier wurde ganz offiziell die Wahrnehmung der

Kritiker in Frage gestellt und durch die Erfindung eines Begriffes öffentlich Discounting betrieben (Siehe Gaslighting). Das Hinterfragen der Zusammenhänge des Attentates bekam so einen psychotischen Anstrich, da die Verschwörungstheoretiker angeblich etwas wahrnahmen, was nicht da war. Genau wie heute betrieben die Medien eine Meinungsbeeinflussung, die das Verhalten der Kritiker als staatsfeindlich einordnete. Sie wollten die Kritiker in Verruf bringen. Heute ist allgemein bekannt, dass das Attentat auf Kennedy mit Beteiligung des CIA, der Mafia und einiger Finanzmagnate stattfand, aber der Begriff des Verschwörungstheoretikers wird weiterhin überall da benutzt, wo etwas verschleiert werden muss und uninformierte Zeitgenossen plappern es nach.

Jim Morrison

Jim Morrison war der charismatische Sänger der „Doors", der, wie viele andere Musiker aus dem Laurel Canyon - seine Fans verzeihen mir die Aussage - überhaupt nicht singen konnte, aber verblüffenderweise die Hitparaden stürmte. In Laurel Canyon entstand die Flower Power Blumenkinder Bewegung und Jim Morrison war eine Ikone der Friedensbewegung. Drogenexzesse und Depressionen zerfetzten das Leben des Stars, der unter mysteriösen Umständen in Paris in der Badewanne zu Tode kam.

Seltsam an der ganzen Sache war, neben der verstörenden Atonalität der Doors, der direkte Bezug zum Militär, den viele der jungen Künstler aus diesem Dunstkreis hatten. Aus vielen Dokumentationen, die es zu Jim Morrison gibt, geht unter anderem hervor, dass auch Frank Zappa aus einer Militärfamilie stammte. Viele Bands aus dem Laurel Canyon fanden mit ihren Songs den Weg in die Hitparaden und feierten große Erfolge - sicherlich nicht zuletzt dank der Unterstützung der Radio und Fernsehshows, in die man sicher nicht eingeladen wurde, weil irgendwer irgendwen in der Garage beim Üben entdeckt hatte. Die Verantwortlichen hinter dem Showbuiz protegierten und förderten diejenigen, die ihnen maximalen Nutzen versprachen und prägten über die Musik das Leben, Denken und Fühlen der jungen Generation, die für den Frieden kiffte - erst in USA und dann in Europa, dann weltweit. Mit dem Slogan „Sex, Drugs & Rock'n Roll" zeigten die jungen Menschen, dass sie weit davon entfernt waren, kriegerisch zu denken. Wir wissen nicht, ob sie über die gleichzeitig stattfinden Aktivitäten des militärisch-industriellen Komplexes informiert waren. Diese fanden in einer anderen Dimension statt, einer Dimension, die Lichtjahre von der sich damals etablierenden „Psychedelic" - Philosophie entfernt war. Während die US-Jugend der Welt als kiffendes Vorbild diente, verbreitete der US-Militärkomplex, genannt „Leviathan" die beispiellose Brutalität der globalistischen Weltordnung über den ganzen Globus.

Der Vietnamkrieg

1964 kam es, „zufällig" zum Tonkin-Zwischenfall (auch *Tongking-Zwischenfall*). Am 2. und 4. August hatten im Golf von Tonkin vor der Küste Nordvietnams nach Angaben des Kapitäns eines Schiffes der United States Navy nordvietnamesische Schnellboote zwei US-amerikanische Kriegsschiffe mehrmals ohne Anlass beschossen. Damit begründete die US-Regierung unter Präsident Lyndon B. Johnson die so genannte „Tonkin-Resolution".(Nebenbemerkung: Johnson war der Präsident, der den ermordeten John F. Kennedy ersetzt hatte.) Die Tonkin Resolution gab den USA einen Freifahrschein für jegliche Form kriegerischer Aktivitäten in Vietnam. Seit den 1980er Jahren ist unwiderlegbar erwiesen, dass zu keinem Zeitpunkt ein Torpedoangriff auf die US-Kriegsschiffe erfolgt war. Selbst Wikipedia schreibt:

Die Pentagon-Papiere (erschienen 1971) und die Memoiren von
Robert McNamara (1995) belegen, dass die US-Regierung die

Vorfälle durch bewusste Falschdarstellung zur Durchsetzung ihres seit 1963 geplanten direkten Kriegseintritts eine Lüge gewesen war.

Das war nicht einmal eine False Flag, sondern einfach eine der infamen Lügen, wie sie seither tausendfach die Öffentlichkeit hinters Licht geführt haben. Der Krieg, der über Vietnam rollte, war ein beispielloses Kriegsverbrechen. Doch die Tonkin Resolution durch Johnson gab den Aktionen einen juristischen Deckmantel. Die Aktion „Rolling Thunder" brachte Millionen Tonnen Bomben, chemische Waffen und Brandsätze über Vietnam und seine Zivilbevölkerung. Kapitän des Schiffes, der die Lüge in die Welt gesetzt und damit diese mörderische Entwicklung in Gang gesetzt hatte, war laut dem Buch „Der Music Code" niemand geringerer als George Stephen Morrison, der Vater von Jim Morrison, dem berühmten Sänger der Doors. Vor dem Hintergrund der Psychospiele stellt sich natürlich die Frage, ob sein Sohn die Verbrechen seines Vaters mit seiner psychischen Gesundheit und letztlich mit seinem Leben bezahlte. Die Umstände des Ablebens des jungen Mannes, der sich als „Echsenkönig" (Lizard King) bezeichnete und darüber sang, blieben mysteriös.

Welch gespaltenes Verhältnis dieser Marine Offizier Morrison zum Thema Wahrheit hatte, zeigt eine Begebenheit, die sein Sohn als prägend erlebte. Jim Morrison schilderte in einem Interview, wie er als Vierjähriger auf einer Fernverkehrsstraße südwestlich Albuquerques aus dem Wagen seiner Eltern heraus einen schweren Autounfall von amerikanischen Natives beobachtet hatte. Seine Eltern hielten an einem verunglückten Lastwagen an, vor dem verletzte und tote Indianer auf der Straße lagen. Morrisons Vater sah nach, ob er helfen könne und verständigte die Highway-Polizei und einen Krankenwagen. Da der kleine Jim von der Konfrontation mit den erschreckenden Bildern der Toten verstört war, redete der Vater ihm ein, dass er den Vorfall bloß geträumt habe. Ich will dem Vater hier nicht nur Böses unterstellen, aber natürlich handelt es dabei um

Gaslighting. Anstatt dem Kind bei der Verarbeitung des schockierenden Erlebnisses zu helfen, stellt er seine Wahrnehmung in Frage. In späteren Interviews erklärte Jim Morrison, dass in diesem Moment die Seelen toter Indianer in seinen Körper gewandert seien - eine Aussage, die man als Beginn einer Psychose auslegen könnte. Infolge der beruflich bedingten Abwesenheit des Vaters, der regelmäßigen Umzüge der Familie quer durch die Vereinigten Staaten und einer strengen Erziehung fiel Morrison als Heranwachsender trotz guter schulischer Leistungen durch ausgeprägtes Problemverhalten gegenüber Lehrern und Mitschülern auf. In seinem Song „The Frog" (1970) aus dem Album Morrison Hotel ist zu hören:

"Indians scattered on dawn's highway, bleeding
Ghosts crowd the young child's fragile, eggshell mind"
„Indianer, auf der Landstraße der Dämmerung verstreut, blutend
Geister bedrängen den schwachen, zerbrechlichen Verstand des kleinen Kindes".

Die amerikanischen Musikstars aus dem Laurel Canyon, oft Kinder hoch stehender Militärs, prägten also das Bild einer friedlichen USA, während die Väter nach diversen false flag Aktionen andere Länder bombardierten. Das war eine massive paradoxe Kommunikation, die die ganze Welt betraf und die junge Generation prägte. Der Zufall kann hier mit Sicherheit ausgeschlossen werden.

Anerkennung für US Veteranen

Prof. Toel berichtet, dass in den USA die Veteranen des Militärs große Anerkennung genießen. Ich lasse diese Äußerung einfach mal im Raum stehen, denn angesichts der vielen unlauteren Aktionen, die zu amerikanischen Militäreinsätzen geführt haben, kann ich das nur schwer nachvollziehen. Schauen wir uns lieber ein Symbol an, das unsere Vorfahren benutzen, das jedoch in den 60gern eine völlig neue Bedeutung erfuhr.

Die Rune namens Algiz steht für Familienglück, gesunde Nachkommenschaft und eine glückliche Ehe. Wenn unsere Vorfahren einem Brautpaar viel Gutes wünschten, stellten sie ihre Wünsche unter das Zeichen Algiz. Auf der britischen Homepage[36] Sunsigns finden

wir die Bedeutung der Rune Algiz wie folgt übersetzt:

Ein Schutzschild, ein Schild gegen Negativität. Der Drang, andere zu verteidigen oder zu beschützen, ein Wächteramt, das eine negative Präsenz verbannt oder abwehrt. Das Öffnen der Wege, um sich mit den Göttern zu verbinden, ein Erwachen. Das Zeichen, seinen Instinkten zu folgen, um eine verdiente Position zu halten.

Man findet nur im britischen Internet Informationen darüber, dass dieses Zeichen in der Umkehrung auch eine Bedeutung hat: Die Nordische Dunkelheit, ewige Kälte und Finsternis. Sie ist ein Schadenszeichen und ein Angriff auf die Familie. Glaubt man der Homepages wie „Sunsigns", findet man folgende Beschreibung:

Von negativen Kräften verzehrt zu werden, ist ein Verlust unserer Verbindung mit dem Göttlichen, ein Tabubruch und eine Warnung, sich davon abzuwenden - eine Abstoßung des Positiven und eine Vorwarnung vor einer verborgenen Gefahr.

Ich verstehe, wenn Sie mich fragen, warum ich diese „abergläubischen" Geschichten unserer Vorfahren hier anführe. Ich war auch nicht bewandert in diesen Dingen, bis ich eines Tages las, dass das „Peace" Zeichen nichts anderes, als eine Rune ist, die in

---

[36] www.sunsigns.org

einem Kreis steht und zwar falsch herum. Weicht das von unserem Thema der Psychospiele ab? Nein!

Unterschwellige Botschaften

Psychologische Kriegsführung ist ein Psychospiel, das mit vielen unterschwelligen Botschaften das Unbewusste beeinflusst. Symbole, die Ihre Vorfahren benutzten, erkennt die Ratio wahrscheinlich nicht. Aber das Unterbewusstsein erkennt sie, wenn auch nur auf einer sehr subtilen, voremotionalen Ebene. Das berühmte Peace-Zeichen wurde in Großbritannien entworfen, einem Land, in dem Magie eine völlig andere Rolle spielt als in Deutschland. Das schädigende Peace Zeichen begleitet die Popmusik der 60gr und 70ger und wenn ich Menschen frage, welches Gefühl sie zu dem Zeichen haben, ist das sehr oft ambivalent, aber sie haben nicht drüber nachgedacht. Währen das Schadenszeichen des Peace Symbols überall benutzt wird, steht jemand der die Rune Algiz, als Schmuckstück trägt unter dem Verdacht, rechtsradikal zu sein. Diese Art des Umgangs mit Symbolen ist gezielte psychologische Kriegsführung. Die gesamte Szene in Hollywood, der Kaderschmiede der weltweiten psychologischen Kriegsführung nutzt inzwischen satanistische Symbole[37] und Darstellungen von schwarzmagischen Riten.

Emotionale Reaktion auf Zeichen und Mainstream-Botschaften sind wichtige Impulse, die Hinweise darauf geben, dass etwas nicht stimmt. In unserer rationalen Welt achten wir aber nicht mehr auf die leisen Stimmen aus unserem Inneren. Das macht uns angreifbar für die subtile Beeinflussung durch psychologische Kriegsmaßnahmen. Wir werden wie Spielbälle manipuliert und werden zu Opfern des Spiels. Testen Sie also die Zeichen und spüren Sie nach. Man sollte

---

[37] Reichhaltige Nachweise durch den Youtube Kanal TraukeinemPromi

die Angelsachsen wahrscheinlich nicht ignorieren, wenn sie uns raten „to read the signs!" also die Zeichen zu lesen. Magie steht in Großbritannien weit höher im Kurs als bei uns. Doch der übermässige Rationalismus schützt diese Art von Aktivitäten. Deswegen ist die Stimmung des Kammerton A eben doch von Bedeutung.

Physik oder Magie?

Der Unterschied zwischen 440 und 432 entspricht etwa 1/7 Ton. Das ist ein Unterschied, den selbst das geschulte Ohr nicht wahrnehmen kann. Rein wissenschaftlich konnte kein physischer Effekt von 432 Hz auf unseren physischen Körper nachgewiesen werden. Ich selbst nehme im direkten Vergleich, z.B. von Gitarrenstücken wahr, dass sich für mich die Stimmung auf 432 Hz weicher, runder „sättigender" anfühlt. Für mich würde das als relevanter Punkt reichen, aber auch berühmte Philosophen wie Rudolf Steiner kamen zu diesem Schluss. Größen wie Pythagoras hielten die 432 für eine „heilige Zahl und erbrachte mathematische Beweise aus der heiligen Geometrie. Interessant ist in dem Zusammenhang für mich, dass unsere Ohrmuschel und auch das Innenohr nach der Fibonaccireihe aufgebaut ist.

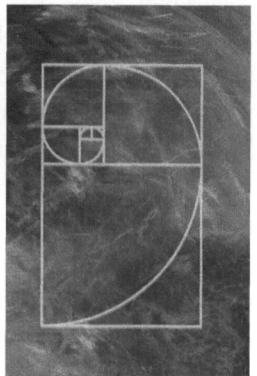

Zufall?

In der Musik lässt sich vieles mathematisch darstellen. Für Pythagoras war die Musik eine der Abhängigkeiten von der göttlichen Wissenschaft der Mathematik, deren Zusammenhänge sich in der Heiligen Geometrie wiederfinden. Werden diese Zusammenhänge in der Schule nicht gelehrt, weil sich hier Muster der Psychospiele wiederfinden, die die Macht über das Wissen einigen wenigen vorenthalten wollen, anstatt das Kollektiv zu stärken? Wissen ist Macht und wer nichts weiß, kann den wenigen, die es wissen, die

Macht nicht streitig machen. Ein Egospiel der Extraklasse, die die Lernfaulheit des gemeinen Volkes fördert, um sich den eigenen Machtvorsprung zu sichern. Das Volk spielt da gerne mit. Zum Thema Bequemlichkeit habe ich schon genügend geschrieben.

Wer nun auch immer ein Interesse hatte, den Kammerton A von 432 Hz auf 440 Hz zu verändern hatte also seine Gründe. Ob die Frequenz 440 die rationale Gehirnhälfte aktiviert und dafür die Empathie herabsetzt? Aus meiner Sicht ist es beobachtbar, dass unsere Gesellschaft zu linkshemisphärisch agiert und die Empathie auf kollektiver Ebene als eingeschränkt zu betrachten ist. Es ist nicht unwahrscheinlich, dass Frequenzen diesen Zustand, wenn auch nicht komplett verursachen, doch sicherlich begünstigen. Im Netz herrscht eine heiße Diskussion über das Thema, in dem Vertreter der pythagoräischen Theorien mit dem Begriff „Verschwörungstheoretiker" bedacht werden. Für mich ist die Quelle „Pythagoras" in Verbindung mit meiner subjektiven Wahrnehmung ausschlaggebend. Egal, wie man es dreht und wendet, die Schöpfung scheint Mathematik zu beherrschen.

Fassen wir also die Informationen zusammen, die wir hier haben:
- Die Festlegung des Kammertons auf 440 Hz wurde in Großbritannien festgelegt.
- Wenige Monate später des gleichen Jahres brach der 2. Weltkrieg aus.
- Pythagoras hielt die 432 für eine „heilige Zahl" und ihre Wirkung für magisch und förderlich für Gesundheit und Frieden.
- Unsere Ohrmuschel und das Innenohr sind nach der Fibonacci Reihe aufgebaut.
- Subjektiv fühlen sich 432 Hz besänftigender und wärmer an, als 440 Hz.

Bundestagswahlen?

Zur Zeit der Entstehung dieses Buches reden alle von den Wahlen. Wenn Sie es sich aussuchen könnten, würden Sie dann die Finanzmagnate oder die Göttlichen Sphären der Schöpferkräfte in Ihre Regierung wählen? 432 Hz passen besser zur Fibonacci Reihe meines natürlich gewachsenen Ohres und ich schreibe den göttlichen Sphären große mathematische Kompetenzen zu. Damit hat mir die Synchronizität die für mich stimmigen Antworten gegeben. Wie steht's mit Ihnen? Was Ende der 60er begann, wurde in den 70ern und 80ern fortgeführt.

Männer und Dauerwelle

In den 80ern ließen sich selbst die Männer eine Dauerwelle machen und alles, was mit Bundeswehr zu tun hatte, wurde hasserfüllt abgewehrt. Gut für die Machthaber, denn die Männer verloren ihre Kampfkraft und wurden damit harmlos für die Gottspieler, die nur so allmächtig werden konnten. Die Bedrohung, die die Alliierten in den deutschen Männern und Kriegern gesehen hatten, verwandelte sich in schön angezogene Couch Potatoes, die sich nicht mit der freien Natur, wohl aber in Fitness Centern erst mit Gewichten und dann mit der Waage beschäftigten. Das Gemächt in enge Tights gepresst, tanzten sie in bunten Strumpfhosen mit den Damen zu Aerobic Beats. Statt dem Dienst an der Waffe, polierten sie sich ihre Fingernägel und rasierten sich die Brust. Sport wurde rund um die Uhr auf allen Kanälen der privaten Sender gesendet, Muscleshirts für das Muskelspiel der glänzenden Muckis erfunden, die durch Anabolika aufgepumpt wurden. Duftendes Öl tat das seine, aber Frauen, die solche Adonisse abgriffen mussten sich mit der medikamenteninduzierten Impotenz auseinandersetzen.
Ja, ich weiß!
Wofür gibt es Viagra?
Andern Orts beschränkte sich die Körperertüchtigung auf engagiertes Heben von Bierdosen. Es kam in Mode, sich zu treffen, um

223

gemeinsam Sportsendungen zu sehen. Immer gut duftend und schön angezogen. Lacoste machte rosa und apricot zur Männerfarbe und den Urlaub verbrachte man im Club Med oder im Robinson Club, damit man ja nicht zu viel internationale Kultur mitbekam. Dafür begann man, in Jeans in die Oper zu gehen und das Interesse für die eher ruhige Kultur, die manchmal noch den Kammerton A auf 432 Hz stimmte, wich dem hämmernden und zunehmend synthetisierten Beats der amerikanischen Popkultur. Kreischende Massenveranstaltungen und brüllende Konzerte der Superstars zogen die Massen in ihren hypnotischen Bann. Ich habe mich immer gefragt, warum Fans ihre Musikidole bei Live Konzerten so nieder kreischen, dass man nichts mehr von ihnen hört. Doch vor dem Hintergrund, dass die Seele Bescheid weiß, muss man das Kreischen der Fans vielleicht sogar als unbewussten, aber angemessenen Protest sehen. Der industrielle militärische Komplex brüllte die Menschen an und diese brüllten zurück. Laute Discos verdrängten die weit moderateren Tanzveranstaltungen mit der Livemusik der regionalen Bands. Eine Drogenwelle erfasste die jungen Menschen und dem Disco folgte Techno samt Ecstasy. Wie man aus sich selbst heraus glücklich ist, hatten die jungen Menschen vergessen und keiner fragte, wieso. Die Veränderung der Musik auf die 440 Hz hatte die Menschen auf keinen Fall glücklicher gemacht, was aber wohl in der Natur der Sache liegt. Musik war jetzt keine Kunst mehr, sondern eine Industrie, die ihre Interessen durchsetzte und den Drogenkonsum anheizte. Wenn man die Massen still halten will, reichen Brot und Spiele schon lange nicht mehr. Drogen jedoch tun das ihre.

Kriegswaffe Medizin?

Drogen wurden auch vom Arzt verschrieben. Wenn die Seele wirklich einmal nicht mitmachte und Stress oder gar Symptome schickte, dann war eine „Medizin" zur Stelle, die man auch als Drogenvermittlung betrachten könnte. Man erfand das Beschwerdebild des „ADHS" für diejenigen Jugendlichen, die körperlich auf die Schräglage reagierten und sich nicht anpassten. So fand man einen Grund, sie bereits als Kinder der ärztlich verordneten Drogensucht durch Ritalin zuzuführen. Viele sind endgültig in der Drogenspirale verstrickt geblieben. Die Problemlösungskompetenz der Menschen nahm ab, die Medikantensucht zu und die Stille verlor ihre Attraktivität. Ja, die Stille wurde regelrecht gefährlich, denn in der Stille warten die inneren Stimmen, die innere Wahrheit und die wahren Gefühle. In der Stille fragte der Frieden, was denn nun los sei? Aber wer mag schon von einer emotionalen Schlammwelle überflutet werden, mit der man überhaupt nicht umgehen kann? Also: Turn the Music on 440!

Heutige Auswirkungen

Egal, welchen Glauben es betrifft, es gibt eine gehörige Menge an Menschen, die alles glaubt, was im Fernsehen angeboten wird. Niemand kommt auf die Idee, so etwas perfides wie PsyOps zu unterstellen, denn wie im Merksatz 20 gesagt wurde, die Angst vor der Erkenntnis ist so groß, dass man lieber andere angreift, als sich diesem Schock auszusetzen. Der Berg der Schräglagen ist inzwischen bis zum Horizont angewachsen. Wer versucht mit Härte gegen die Härte einzuschreiten, wird vermutlich auf Granit beißen. Der unsichtbare Dritte, der zynisch genug ist, um PsyOps anzuwenden, ist auch neurotisch genug, um sich zu freuen, wenn sich Mediengläubige und Mediengegner im Streit begegnen. Lenkt es doch davon ab, sich zu vereinigen und sich gemeinsam dem echten Feind zuzuwenden. Nicht umsonst geht es jetzt der deutschen Hymne „Einigkeit und Recht und Freiheit" an den Kragen.

Aber wer ist denn der gemeinsame Feind?
Gibt es den überhaupt?
Oder ist die große Welle, die auf uns wartet, die gigantische Endauszahlung eines globalen Psychospiels, weil wir uns durch mannigfaltige Gründe vom Erwachsenwerden haben abhalten lassen?

ENDAUSZAHLUNG ZUSAMMENBRUCH

Alle Gewaltnarrative und die Massenmanipulation der letzten Jahre versuchen vor allem eines: den vollkommenen Zusammenbruch unseres Systems zu verhindern. Nun finden wir ja alle das System schlecht. Aber was machen wir ohne das System? Man hat uns so eingesponnen, dass wir eigentlich nicht freiheitsfähig sind. Wasser, Strom, Nahrungsmittel, Brennstoffe, alles ist industriell geregelt. Die Baubranche wackelt, die Automobilbranche spielt Untergang, viele andere Industrien ebenso. Psychospiele sind keine Gewinnerspiele, Werden alle wie in einem Dominoeffekt stürzen?

Das einzige, was gerade boomt ist die Rüstungsindustrie aber auch hier muss Geld dafür gedruckt werden - es ist also alles bereits ein Nullsummenspiel. Auch Krieg wird diesmal das Problem nicht mehr lösen. Es geht viel tiefer, denn wir stehen vor einer gigantischen Endauszahlung der Misswirtschaft und der Psychospiele der kurzsichtigen Verantwortlichen von Jahrzehnten, vielleicht Jahrhunderten. Möglicherweise wird sogar die mitreißen, die auf den Untergang wetten und auf den Great Reset setzen, wenn der Eisberg sein Unterstes nach oben kehrt.

Wie werden wir uns in Zukunft organisieren?

Wer glaubt, das kontrollieren zu können, der irrt und ich bin der festen Überzeugung, dass alle Feinde im Außen wie Zecken abfallen, wenn wir unsere Lernaufgaben bewältigt haben. Man muss Zecken nicht bekämpfen, man muss ungenießbar für sie werden. Lichtvolles Blut liegt Zecken im Magen. Lichtvolles Blut erhält derjenige, der es von psychischen Blockaden befreit hat. Wir leben in politisch schwierigen Zeiten und ich denke, es geht um die Wurst. Manchmal graut mir vor dem, was uns erwartet. Aber ich bleibe dabei: es gibt keine Unheilbarkeit und mit den richtigen Erkenntnissen werden wir wachsen an dem, was uns begegnet. Der Mensch ist immer so groß wie seine Probleme. Also lassen Sie uns gemeinsam weiter wachsen - Schritt für Schritt. Es bleibt die Frage im Raum: wie konkret werden wir die Zukunft gestalten?

GASLIGHTING IN DER ÖFFENTLICHEN KOMMUNIKATION

In Bezug auf private Beziehungen haben wir den Begriff schon untersucht. Aber auch die Kommunikation des öffentlichen Lebens enthält solche Strukturen, die wir genau untersuchen sollten, um zu erkennen, über welche Knöpfe wir selbst manipulierbar sind.

Ich schreibe diese Zeilen nicht, um ein politisches Statement zu machen, sondern um einen Beitrag zur Befreiung der Menschen von Psychospielen und der Förderung von Eigenverantwortung zu leisten. Im Fall des Gaslightings ist Wissen Resilienz.

Dogma und Gewalt

Gaslighting wird immer von denen ausgeübt, die die Deutungshoheit haben oder diese mit der Zeit an sich ziehen. Sie sind diejenigen, die über gut und böse bestimmen. Die Frage, wem man die Deutungshoheit zu bestimmten Themen zugesteht, sollte daher gut überlegt sein. Es gibt Gruppierungen, die die Deutungshoheit mit Gewalt einfordern und das mit gutem Grund. Glaube versetzt Berge, vor allem die, die aus Geld bestehen. Stellen Sie sich vor, Sie würden von heute auf morgen nicht mehr an die etablierte Medizin glauben, weil Sie genug gelernt haben, um Eigenverantwortung für Ihre Gesundheit übernehmen zu können. Stellen sie sich vor, neben Ihnen gelte das für Millionen andere. Plötzlich würde keiner mehr zum Arzt gehen und niemand nähme mehr Medikamente. Die Aktien würden in den Keller stürzen, die Investoren aus dem Fenster, Millionen von Arbeitsplätzen würden verloren gehen, Millionen Umsätze nicht mehr generiert, Steuermilliarden nicht eingenommen. Die Hersteller, die chemische Industrie, Verpackungsindustrien, Logistik Unternehmen,

227

Forscher, Labore, alles würde in die Tiefe gerissen, pleite gehen und vom Markt verschwinden. Krankenkassen und Versicherungen bräuchte man nicht mehr und der Finanzmarkt würde anfangen zu wanken. Finanzdienstleister würden pleite gehen, die großen Gesundheitsfonds leer laufen. Es gäbe einen Erdrutsch in der westlichen Welt, ein Einbrechen der gesamten chemischen Industrie, die wiederum die Erdölindustrie und viele andere Industrien mit sich reißen würde. Das ist es, was uns bevorsteht, und was die Regierungen der Welt im Moment mit den schrägsten Methoden zu verhindern suchen. Wohl dem, der darauf vorbereitet ist.

Gott sei Dank glauben Sie das Richtige

Gott sei Dank aber glauben Sie, dass Sie ohne die etablierte Medizin sofort sterben würden und unterlassen solche Scherze. Lassen Sie uns also solidarisch sein und die Angebote der Pharma annehmen, auch wenn sie süchtig machen, Nebenwirkungen haben oder anderweitig schädigend sind. Pflegen wir unseren Glauben an die Götter in Weiß wie eine Religion, denn ihre Existenz ist auf Gedeih und Verderb davon abhängig, dass wir an sie glauben. Sie, lieber Leser, spielen mit, denn Sie wollen nicht schuld sein. Nicht am Untergang einer Industrie, nicht daran, dass andere ihren Arbeitsplatz verlieren oder daran, dass unsere gesamte westliche Welt mit ihrem Arbeitsmarkt zusammenbricht…
Aber was, wenn wir das gar nicht verhindern können?

Macht Gaslighting Sinn?

Wollen wir uns nun darüber unterhalten, ob Gaslighting Sinn macht oder nicht? Keiner von uns weiß, wie man ohne das System, in das wir eingebunden sind, lebt. Es mag sein, dass wir von der Industrie abhängig gemacht wurden, aber wir sind zum Teil auch in bestimmte Strukturen hineingewachsen. Wissen Sie wie man Kräuter im Wald sucht? Wenn nicht dann sind Sie auf die Versorgung durch die Lebensmittelindustrie angewiesen. Vor allem, wenn Sie in der Stadt leben. Industrien sind miteinander vernetzt. Spätestens die Finanzindustrie hat über die Börse alles miteinander verknüpft. Wenn ein Industriezweig untergeht, dann reißt er alle anderen mit. Haben Sie dafür eine Alternative? Eine Alternative für die Stromversorgung ohne Energiekonzerne? Eine Alternative für die Lebensmittelversorgung ohne Lidl, Aldi und Penny? Eine dauerhafte Alternative für die Mobilität ohne Benzin, ohne Strom und andere Brennstoffe? Eine Alternative zum Heizen, zum Kochen oder für das fließende Wasser, bzw. Ihre Toilette? Ohne Geld und Konto? Es mag sein, dass Sie die Pharmaindustrie nicht mögen und auch die chemische Industrie nicht, aber das gesamte zivilisierte Leben hängt davon ab, dass diese beiden Industrien den Rest nicht mitreißen. Was hat Sie bisher davon abgehalten, an diesen Alternativen zu arbeiten und sich Lösungen zu überlegen?

Die Politik hat keine Alternative, das steht fest. Sie tut, was sie immer schon getan hat, um neue Absatzmärkte zu schaffen: sie erfindet eine Katastrophe nach der anderen. Realitäten, die Sie glauben müssen, weil sonst der Plan nicht klappt. Und es ist auch nicht gut, wenn irgendwelche Leute diesen neuen Realitäten widersprechen, wenn diese doch die einzige Möglichkeit sind, neue Absatzmärkte zu schaffen und das wankende System zu retten. Die Verantwortlichen wissen vielleicht nicht, dass ihre Psychospiele Untergangsskripte sind, die in den Irrsinn führen. Aber Sie wissen nicht, wie sehr Sie vom „Bösen" abhängig sind.

Psychologische Kriegsführung

Gaslighting ist eine Form der psychologischen Kriegsführung, die so normal ist, dass Sie Ihnen gar nicht mehr auffällt. Nicht im Traum kämen Sie auf die Idee Ihren hohen Blutdruck damit in Verbindung zu bringen, dass Ihr Unterbewusstsein die Tagesschau nicht gerne sieht. Medienkanäle, die gezielt Informationen in die Bevölkerung lancieren, damit alle das glauben, was sie glauben sollen,

gewährleisten, dass die Dinge so laufen, wie sie für die Börse am besten sind. Sei es, dass bestimmte Artikel gekauft werden sollen, sei es, dass Sie bestimmte Menschen in einem bestimmten Licht sehen sollen, sei es, dass Sie politische Strömungen entweder befürworten oder ablehnen sollen. Sie erhalten die Informationen, die Sie haben sollen, aber niemals mehr. Sie selbst profitieren auch davon, denn Ihre Rente beispielsweise ist das Ergebnis von Börsenaktivitäten. Geld anzulegen ist auch für Sie völlig normal, nicht wahr? Und wenn Sie Geld auf der Bank liegen haben, dann möchten Sie Zinsen haben. Woher das Geld kommt? Wissen Sie das? Nur als kleiner Hinweis: Geld ist kein natürlich nachwachsender Rohstoff. Geld muss erwirtschaftet werden und zwar durch Arbeit. Das bedeutet, irgendjemand hat für Ihre Zinsen gearbeitet. Denken Sie einfach mal drüber nach, denn auch Sie sind Teil eines Systems, das die meisten Menschen kritisieren. Was machen Sie ohne Bank?
Können Sie erkennen, warum Sie das Gaslighting mitspielen?

Lebensnotwendiger Schwindel

Wenn Sie nicht selbst Hand anlegen und recherchieren, sich ein Bild machen und sich die passenden Informationen suchen, dann haben Sie eben nur das Bild, das möglicherweise zu einem großen Teil aus einem Schwindel besteht. Doch der Schwindel ist auch für Sie lebenswichtig. Unser Wirtschaftssystem ist krank und steht vor dem Zusammenbruch. Aber im Moment ist es das beste, das wir haben, denn es ist das einzige.

Wenn Sie glauben, dass Medien etwas sind, was es gut mit Ihnen meint, kann es sein, dass Ihr Unterbewusstsein krakelt und widerspricht. Stopfen Sie Ihrem inneren Alarm nicht das Maul mit Pillen. Zensieren Sie Ihr Unterbewusstsein nicht, sondern hören Sie zu und suchen Sie nach Ihrer inneren Wahrheit. Am besten mit jemandem, der die Sprache des Unbewussten gut beherrscht. Lassen Sie die Paradoxie bei denen, denen sie etwas nutzt und finden Sie selbst Ihre Klarheit. Damit wird es Ihnen gelingen, innere Ruhe zu finden und der medialen Gehirnwäsche aus dem Weg zu gehen und Psychosen keine Chance zu geben. Aber wenn Sie da angelangt sind, dann denken Sie darüber nach, wie man das aktuelle System transformieren kann. Wir brauchen einen Reset - aber bitte keinen Great Reset, in dem wir alle Cyborgs werden müssen, denn was nutzt ein Reset, wenn das Leben dabei verloren geht?

Schuldzuweisung an Unschuldige

Wenn Ihnen jemand die Schuld an großen Zusammenhängen wie Klimawandel, Weltkrieg, Pandemien oder anderen übergroßen Ereignissen geben will, dann überlegen Sie genau, ob Sie diese Schuld annehmen wollen. Ich nehme nicht an, dass Sie Weltfeuer angezündet haben, um das Klima zu erwärmen. Wenn doch, lassen Sie mich bitte wissen, wie Sie das gemacht haben. Sie würden mich überraschen. Dennoch muss die Frage nach der Verantwortung erlaubt sein. Wie achtsam gehen Sie mit der Welt um, die Sie für eine kleine Zeitspanne bewohnen dürfen? Hinterlassen Sie den Platz, den Sie bewohnt haben sauber für den Nachkommen oder lassen Sie den Müll liegen, wie die Kids nach der Party im Park? Natürlich dürfen wir alle an unserer Achtsamkeit arbeiten. Aber Verantwortung ist nicht Schuld. Jeder kann seins beitragen, aber keiner von uns kann das ausbeuterische System verändern, das von den Reichsten der Reichen eingefädelt wurde und zu dem wir über die Kriege der Wirtschaftsbosse und der Politik gezwungen wurden. Keine Wahl der Welt gibt uns die Möglichkeit, wirklich einzugreifen in das, was die Staatsgewalt verhackstückt. Denn die Staatsgewalt hat etwas, was Ihnen fehlt: die Gewalt. Es war eben diese Staatsgewalt, die viele natürliche Dinge eliminiert hat, die ökologisch und gut bewährt waren. Nehmen wir den Hanf, der für so viele Dinge benutzt werden kann und ein rasch nachwachsender Rohstoff ist. Der Hanf, der so viele Probleme lösen würde, ist in unseren Breitengraden immer noch weitgehend verboten, um den Industrien die Profite zu sichern. Hatten Sie dabei etwas mitzuschnabeln? Nein. „Friss oder stirb", spielen die Industrien schon lange mit uns und erfinden hier eine Umweltlüge und helfen da mit Halbwahrheiten dem Umsatz aufs Fahrrad. Und nun stehen wir da mit einem ungewaschenen Hals und müssen uns überlegen, wie wir nun schnell die Probleme des Alltags lösen, wenn die Fehlkonstruktion, die uns aufgezwungen wurde, zusammenbricht. Übernehmen Sie Verantwortung, gehen Sie auf die Straße, aber dulden Sie keine Täter-Opfer Verkehrung mehr.

Große Ereignisse - kleine Lichter

Machen Sie sich bewusst, dass Sie in Bezug auf diese großen Ereignisse ein kleines Licht sind, andere jedoch sehr wohl in der Lage sind/waren Dinge zu lancieren, die nicht von schlechten Eltern sind. Schuld sind diejenigen, die die letzten 100 Jahre die Geschicke des Planeten zielgerichtet und selbstgerecht ins Chaos geführt haben. Sie sind „nur" verantwortlich, Lösungen und Antworten zu finden, denn Sie sind in Resonanz. Und wenn ich mich nicht irre, werden Sie, wie die Bevölkerungen der Erde es schon seit langer Zeit tun, den Schaden tragen, während andere die Gewinne eingestrichen haben.
Was ist Ihre Resonanz?

Wenn Sie Ihrem Nachbarn einen Kuchen ins Gesicht geklatscht oder ihn bis aufs Messer gepiesackt haben, dann sind Sie schuld und sollten das bleiben lassen. Aber prüfen Sie genau, wer Ihnen was vorwirft. Da, wo Verantwortung besprochen wird, wird nach Meinungen und Ideen gefragt, wie man etwas besser machen kann. Überall, wo die Schwarmintelligenz befragt wird, werden auch gute Lösungen generiert, denn das Befragen der Schwarmintelligenz ist ein Vorgehen der Gewinner. Aber da wo Profitgier und Rechthaberei regieren, kommt kein vernünftiges Ergebnis zustande und das sehen wir gerade. Die Staatsgewalt mag in solch sterbenden Strukturen zwar noch mehr Gewalt an sich reißen, aber hat niemand eine Ahnung, wie man die aktuellen Probleme in den Griff bekommen kann - ganz sicher nicht die gelackten BWL Berater, die der Meinung sind, dass sie von allem etwas verstehen, weil man alles reduzieren und in Zahlen pressen kann. Wenn die Endauszahlung der Jahrzehnte- vielleicht Jahrhundertelangen Verlierer-Spiele ansteht, dann gibt es nur noch die Möglichkeit Transformation zu denken und das Unbewusste nach neuen Lösungen zu durchforsten. Wir werden vollkommen neu denken und erfinden müssen. Was ist Ihre Resonanz?

Leichtgläubiges Vertrauen

Vielleicht erinnern Sie sich, dass die Protagonistin von „Gaslight" ihrem Ehemann mehr vertraut, als sich selbst! Prüfen Sie sich. Glauben Sie dem Bildschirm in Ihrem Wohnzimmer? Haben Sie Kontakt zu der Welt da draußen? Deckt sich das, was Sie vom Bildschirm erfahren mit Ihrer Erfahrung im alltäglichen Leben? Hören Sie schon zu oder sehen Sie noch fern? Am Anfang des Buches haben Sie bereits etwas über die Leichtgläubigkeit gelernt, die in der Idealisierung der eigenen Eltern ihren Ursprung hat. Ich möchte noch mal wiederholen, dass Ihr Vertrauen ein wertvolles Geschenk ist, das Sie nicht leichtfertig jedem schenken sollten. In der Industrie ist Ihr Vertrauen nicht gut aufgehoben und zwar vollkommen egal, in welcher. Nur, wer bereit ist, sich Ihr Vertrauen zu erarbeiten, sollte es auch bekommen. Wie ist Ihre Resonanz in Sachen Vertrauen?

Anspielung auf Charakterschwäche

Im Film „Gaslight" tadelt der rücksichtslose Betrüger, den sie erst spät in ihrem Ehemann erkennt, sie mit leiser Stimme. „Naja, er wisse ja, wie sie sei...." Hüten Sie sich vor Menschen, die andere abwerten. Es könnte morgen Sie treffen. Menschen, die andere abwerten führen nichts Gutes im Schilde. Und wenn Sie selbst abwerten, was anzunehmen ist, dann geben Sie bitte vor sich selbst zu, wozu sie das brauchen und überlegen Sie, wie Sie gewinnender werden können.
Wenn Sie über Ihren Charakter diskutieren, dann sollten Sie das nur mit denen tun, die Ihnen Gutes wollen und an Ihrem

Persönlichkeitswachstum interessiert sind. Feedback gibt immer Perspektive und ist ein Prozess. Kritik hingegen ist vernichtend und dient nur dazu, die eigene Inkompetenz an anderen abzureagieren und das Ego zu erhöhen. Überlegen Sie daher genau, wem Sie das Recht geben, Sie zu kritisieren - vor allem wenn der Kritiker hinter einer Mattscheibe sitzt und Sie persönlich gar nicht kennt. Was ist Ihre Resonanz zu Kritik und Feedback?

Verkehrung der Wahrheit

Regierungen lügen nicht? Falls Sie das wirklich glauben, steht Ihnen vermutlich eine schwere Enttäuschung bevor. In der Welt der Finanzregime ist jede Regierung berechnend, denn dafür ist sie da. Sie muss Zahlen generieren, so wie jedes andere Unternehmen auch. Auch die Regierung erarbeitet Sparziele. Meist sind es soziale Themen, die als erste den betriebswirtschaftlichen Amputationen zum Opfer fallen: Schulen, Krankenhäuser, Kindergärten, Sozialhilfe können sich die Regierungen nicht mehr leisten, weil sie die bedienen müssen, die Milliarden scheffeln.

Regierungen sind nicht moralisch. Sie arbeiten für Geld, nicht für die Bevölkerung und das schon lange. Womit kann man extrem gut Geld verdienen? Mit Krieg. Krieg hält ganze Industriezweige finanziell am Leben. Diese Industriezweige leben vom Krieg. Wenn Sie für einen Rüstungskonzern arbeiten, für die Medien oder die Regierung, dann leben Sie auch vom Krieg, denn dort kommt Ihr Gehalt her. Und Kriege sind Loser-Spiele. Mag sein, dass sie sich eine Weile rentieren. Aber irgendwann ist das Ende der Fahnenstange erreicht. Und Ende Gelände ist jetzt. Was ist Ihre Resonanz mit Wahrheit?

Was ist wahr?

Jeder, der diese Frage mit: ist doch ganz einfach! beantwortet, hat es sich wahrscheinlich sehr einfach gemacht. Es ist gerade nicht einfach. Einfach ist: Elite schuldig, Volk unschuldiges Opfer. Das drehen die offiziellen Aussagen gerade um. Die Bevölkerung ist an allem schuld: dem Klimawandel, der Finanznotlage, daran, wenn Leute krank werden, dass die Rentner zu viel Rente bekommen, zu viel Plastik, zu viel Energie, zu viel Wasser - die Bevölkerung ist der Erde zu viel. Schuld-Pingpong von einem zum anderen. Doch beide gehören zum gleichen System (Du bist schuld! Nein du! Nein du! Nein du!). Sie sind in Resonanz mit einem durch und durch korrupten System, das auf Lügen basiert und Sie haben bisher davon profitiert. Jetzt ist es Zeit für einen Wakeup Call - vermutlich ohne fließendes Wasser und Toilette und mit leeren Regalen beim Aldi?

Was ist Ihre Resonanz?

Nehmen Sie den Fokus auf das, was Sie lernen müssen und finden Sie heraus, mit was Sie in Resonanz sind, aber bitte glauben Sie nicht, dass Regierungen die Wahrheit erzählen! Niemand dort denkt im Traum daran, seine bewusste oder unbewusste Teilnahme am Untergangsspiel zu berücksichtigen. Und Sie?

Verwirrung und verdrehte Faktenlage

Im Moment findet ein interessantes Phänomen statt. Die sozialen Medien stellen die öffentlich-rechtlichen Sender als Lügner dar und umgekehrt. In beiden Medienrichtungen findet man Spuren von Wahrheit und eine Menge Propaganda. Es ist zur Zeit unerlässlich, hin und wieder den Bildschirm auszuschalten und sich das anzuschauen, was man gerade tatsächlich erlebt. Der emotionale Abstand vom chaotischen Geschehen der Informationsschlachten ist wichtig für die eigene psychische Gesundheit. Das, was Sie im direkten Umfeld erleben, ist Ihre Wahrheit, Ihre Realität und natürlich auch das, was in Ihrem Inneren vorgeht. Wie wirkt das, was Sie hören und sehen auf Ihr Seelenleben? Die Bildschirmrealität, egal ob TV oder Computer ist immer ein Blick in die Ferne und kein Blick auf das Naheliegende. Natürlich will jeder informiert sein. Aber die Frage ist immer: was tun Sie mit diesen Informationen. Bleibt Ihnen trotzdem genügend Konzentration auf Ihr Lebenswerk? Wo liegt Ihr Fokus?

Lügen nennt man heute Narrative. In englisch ist der „narrator" ein Erzähler, der Märchen oder Geschichten erzählt. Und Geschichten werden gerade viele erzählt, um einen weltweiten ökonomischen Erdrutsch zu verhindern. Es ist die Angst vor dem Erdrutsch, die Angst vor der Endauszahlung der Verantwortlichen, die die offiziellen Narrative motiviert. Wer diese nicht einhält wird beschimpft und gezwungen, die Unwahrheit zu rezitieren. Ich sagte an anderer Stelle, dass das auch Ihren Vorfahren schon widerfahren ist. Nur hatten diese noch keinen Zugriff auf psychologische Methoden, um sich zu helfen.

Es gibt nun mannigfaltige Begriffe, die man sich einhandeln kann, wenn man dem offiziellen Narrativ widerspricht. Der Verschwörungstheoretiker hat Zuwachs bekommen: Aluhutträger, Corona-, Klima- und sonstige Leugner, Nazi, Umweltsau und wie sie nicht alle heißen. Für mich ist in solchen Fällen klar: wer mit solchen Begriffen andere Menschen beleidigt, weil sie eine bestimmte Meinung vertreten, hat seine Gründe und begeht Gaslighting.
Wenn Otto Normalverbraucher diese Begriffe allerdings nachplappert, ist er nicht die Ursache, sondern unterliegt dem Stockholmsyndrom - der Identifikation mit dem Aggressor, die mehr Sicherheit verspricht. So scheint man dann nicht in die Schusslinie zu geraten. Doch wenn es jemanden gibt, der Gaslighting betreibt, sollte man sich am besten einfach raushalten und sich nicht auf seine Seite stellen. Die Täter sind meist zu allem entschlossen und haben kriminelle Strukturen, in denen Otto Normalverbraucher den Kürzeren zieht.

In Zeiten wie diesen stellt sich die Frage: was ist wesentlich und für was bin ich konkret und direkt zuständig? Wo kann ich wirklich helfen und was sollte ich vielleicht den Juristen überlassen? Verantworten können Sie sich über all da, wo Sie das tun, was Sie am besten können. Auf welcher Seite stehen Sie? Gibt es eine klar definierte „gute" Seite? Stehen Sie zu sich selbst und senkrecht, auch wenn Sie als Nazi oder Verschwörungstheoretiker beschimpft werden? Sind Sie darüber manipulierbar? Sind Sie käuflich, erpressbar, schockierbar? Wie kann man Sie zum Schweigen bringen? Lernen Sie sich kennen!

Nahestehende als Munition

In den Medien werden in den letzten Jahren immer öfter Kinder gezeigt, die dann eine bestimmte Haltung vertreten sollen und für bestimmte politische Botschaften instrumentalisiert werden. Die meisten Menschen mit Herz reagieren auf Botschaften von Kindern. Jeder verantwortungsvolle Erwachsene möchte, dass es den Kindern gut geht. Doch hier werden Kinder benutzt, deswegen sollte man sehr vorsichtig damit sein, welche Botschaften man von Aktionen annimmt, in denen Kinder wie Bodyshields vorgeschickt werden. Stellen Sie sich Soldaten vor, die die Kinder ins Feld schicken, damit ihnen selbst nichts passiert und spüren Sie nach, was Sie fühlen. Berücksichtigen Sie ganz sachlich, dass im Gaslighting das Umfeld manipuliert wird und gegen Widersacher eingesetzt wird. Die Ideologisierung von Kindern gehört natürlich dazu und diese Gesellschaft war nicht vorbereitet, weil sie nie nach innen geschaut hat. Was sagt Ihr inneres Kind zum Thema Ideologisierung? Wo wurden Sie benutzt, wie in der Schule in eine bestimmte Richtung geschoben? Glauben Sie immer noch, was Sie gelernt haben?

Zuckerbrot und Peitsche

Rein in den Lockdown, raus aus dem Lockdown. Inzidenzwerte rauf und dann wieder runter. Die anstrengenden Phasen werden mit entspannenden Phasen angereichert. So entstehen immer wieder Phasen, in denen der Eindruck entsteht, dass nun alles wieder gut wird. Doch die nächste Aktion folgt auf dem Fuß. Das Ergebnis ist, dass sich viele Menschen irgendwann nicht mehr erholen können, sondern ununterbrochen unter Strom stehen. Der Stress verselbständigt sich und wird oft schon morgens erlebt, wenn man die Augen öffnet. Abwechslung der Maßnahmen verstärken die

Unsicherheit. Nie weiß die Bevölkerung, was als nächstes geschehen wird und die Entspannung wird verlernt. Die Erzeugung einer stressreichen Unsicherheit funktioniert im Kollektiv genau so, wie in der privaten Beziehung. Wie ist Ihr Stressmanagement? Was tun Sie, um zu sich zu kommen? Wie bleiben Sie im Vertrauen, was brauchen Sie, um Ihre Mitte zu finden? Gehen Sie bitte bewusst damit um, dass es Kräfte vor allem in der Finanzindustrie gibt, die Sie in die Irre führen *wollen*. Wenn Sie und Ihr Land instabil sind, dann steigen die Wettchancen und Spekulationsgewinne! Schützen Sie sich vor diesen geldgierigen Interessen der globalistischen Casinos! Bleiben Sie in ihrem Selbstwert! Was ist Ihre Resonanz?

Langfristig angelegt

Gaslighting ist langfristig angelegt. Im Gegensatz zu den Opfern wissen die Täter genau, was sie tun. Nur können wir im öffentlichen Raum nicht eindeutig sagen, wer der Täter ist. Sind wir Opfer von systemischen Geschehnissen oder gibt es tatsächlich Täter? Darüber kann man sich den Kopf zerbrechen, aber es nutzt nichts. Es geht ja in erster Linie um den Verlust der Selbstwirksamkeit und das sorgt immer dafür, dass wir uns als Opfer *fühlen*. Spätestens dann ist Selbsterfahrung angezeigt. Was ist Ihre Lebensvision und wie ist Ihr emotionales und unbewusstes Verhältnis zum Erfolg Ihrer Pläne? Was sagt Ihr inneres Kind zu den Plänen?

Täter-Opfer Umkehr

Ist nun die Regierung Täter und die Bevölkerung Opfer oder ist es umgekehrt? Die Regierung kriminalisiert widerspenstige Bürger, die Bürger kriminalisieren die Regierung. Beide ringen gerade um ihre Unbescholtenheit und wer die wirklichen Täter sind, lässt sich, wie gesagt, nicht feststellen, denn wir befinden uns in einem Dramadreieck. Die eindeutig identifizierbaren Täter befinden sich eher hinter den Kulissen und ziehen ihre Strippen ohne erkannt zu werden. Was ist Ihre Resonanz zu den Strippenziehern?

Ich habe in meinen Beratungsprozessen gesehen, dass es nützlich ist, ein Prinzip namens Satan als Täter zu sehen und mit dem Satz „weiche von mir" zu arbeiten. Tatsächlich gibt das den meisten Menschen zumindest eine Verschnaufpause und sie haben das Gefühl, etwas gegen die Beklemmung tun zu können. Probieren Sie es aus und schreiben Sie den Satz auf einen Zettel. Platzieren Sie ihn in der Hosentasche und prüfen Sie, ob es Ihnen besser geht. Natürlich ist das nur eine Akuthilfe, um der Seele zu signalisieren, dass man auf der Suche ist. Doch bleibe ich dabei, dass die Auseinandersetzung mit den Vorfahren in der aktuellen Zeit vermutlich wichtig ist und eine mentale Versöhnung angestrebt werden sollte. Was denken Sie über Satan? Wie stehen Sie zu ihm? Wie steht es mit der Religion?

Opfer isolieren

In der modernen Zeit haben Bildschirme dazu geführt, dass wir immer weiter isoliert wurden. Aber auch Oberflächlichkeit isoliert, weil sie die Tiefe verhindert, die zu echter Beziehung führt. Prüfen Sie, mit wem Sie in Kontakt stehen und ob die Beziehungen in Ihrem Umfeld für Sie befriedigend und lösungsorientiert sind. Betrachten Sie Ihr Umfeld. Sind Sie isoliert oder gibt es Mitmenschen, mit denen Sie ganz offen und ehrlich sein können? Haben Sie an Ihren Beziehungen gearbeitet und sind daran gewachsen? Wie steht es um Ihre eigene Isolation?

Weltspiele und Krieg

Alle großen Weltspiele beinhalten Gaslighting. Jedem Krieg geht ein Desinformationskrieg voraus. Keine Bevölkerung ist bereit, Krieg zu führen. Unter normalen Umständen sind Menschen mit ihren Kindern, ihrem Familienleben, ihrer Arbeit und der Selbstwerdung beschäftigt. Dabei hat Krieg keinen Platz. Kriege werden von allen Bevölkerungen abgelehnt. Kriege sind Irrsinn und jeder, der halbwegs bei Trost ist, wird sich dagegen aussprechen. Also muss man die Massen manipulieren, damit sie irrsinnig genug werden, im Wahn den anderen

Familienvater als Feind anzunehmen. Krieg ist die höchste Stufe von Irr-Sinn. Auch so genannte Friedensaktivisten, die für den Frieden kämpfen, dienen dem Kampf und nicht dem Frieden. Frieden braucht keinen Aktivismus. Frieden braucht vor allem inneren Frieden, Ruhe und Ausgeglichenheit und keine kampflustigen Aktivisten. Um Krieg zu erzeugen, muss genau diese innere Ruhe durch den Wahn ersetzt werden. Irgendeiner muss schuld sein, damit die Gewalt gegen die Schuldigen gerechtfertigt ist. Nach diesem Motto arbeiten auch Friedensaktivisten, die nichts anderes sind als Kriegsaktivisten. Nicht umsonst muss man Kriegsverweigerern mit Erschießung drohen, denn sonst würde keiner mitmachen. Seelisch gesunde Männer sind nicht harmlos, aber meist Männer des Friedens, weit friedlicher als Friedensaktivisten. Sie sind nur im Namen der Selbstverteidigung am Kampf interessiert, darüber hinaus aber an ihrem Lebenswerk. Die meisten Männer ziehen nur deswegen in den Krieg, weil sie sonst erschossen werden. Nur, wenn sie gehorchen, haben sie eine 50:50 Überlebenschance. Was fühlen Sie in Bezug auf den Krieg? Haben Sie eigene Erfahrungen? Was haben Ihre Vorfahren erlebt? Was ist Ihre Resonanz? Können Sie die Tatsache aushalten, dass wir uns in einem Handels- und Informationskrieg befinden, in einem Krieg zwischen Globalisierern und Menschenrechtlern? Zu welcher Armee gehören Sie? Oder spielen Sie: stell dir vor es ist Krieg und keiner schaut hin?

In den Chefetagen, ganz oben in den Wolkenkratzern sitzen schwer gestörte Individuen, schauen auf die Menschen herab, die in ihren Augen nur Ameisen sind und fragen sich, wie sie von ihnen profitieren können. Was ist nur mit denen los? Was ist mit diesen hässlichen alten Männern, die so eifersüchtig auf die Stamina, die Erotik und die Lebenslust der jungen Männer sind, dass sie sie wie die Kampfhähne aufeinander hetzen? Ganz einfach: sie haben ein Leben lang Psycho- und Machtmissbrauchsspiele gespielt und sind sture Alte Narren geworden, denen jegliche Güte fehlt. Sie sind reich, haben aber nicht gelebt und sind nun von Eifersucht und Todesangst zerfressen. Es ist schwer solche Alten Narren zu lieben und das sieht man den verbitterten Frauen an ihrer Seite an... Sofern diese Frauen nicht die Ursache der Misere sind.

Wie ist Ihr Gefühl zu solchen Individuen? Ja, man möchte sie Subjekte nennen, angesichts der Schuld, die sie auf sich laden, währen sie versuchen, ihre habgierigen Frauen zufrieden zu stellen. Vermutlich haben sie selbst die Mär von den Reptiloiden erfunden, um das Grauen der Menschen zu erzeugen, aber sie ähneln Reptilien mehr, als warmherzigen Menschen. Welche Horror-Mütter haben sie wohl erlebt? Wie geht es Ihnen mit der „Elite"? Ist es in Ihren Augen Elite? Und warum sind Sie nicht selbst Elite? Wo ist Ihre unbewusste Übereinstimmung? Kennen Sie die Schadenfreude über den Zusammenbruch der „Kabale"? Schadenfreude ist ein Symptom eines Psychospiels. Wenn die „Kabale" zusammenbricht... Was dann? Sind Sie schadenfroh und triumphieren?

Krieg ist sexy

Diese alten Narren sind sexuell unbefriedigt und so verlagern sie die Penetrationsbedürfnisse auf den Krieg. Hier kann man nach Herzenslust einmarschieren, und gesetzte Grenzen einfach über den Haufen schießen. In den Explosionen spiegelt sich die Gluthitze der verschobenen Orgasmen, die sonst eiskalt im Nichts vertrocknen. Statt Sperma schießen Pistolen mit Kugeln. Das eine tötet, das andere spendet Leben, doch Lust wird auf beiden Seiten empfunden. Schießen ist etwas Befriedigendes, Kraftvolles, Männliches. Ja, Krieg ist Sex. Nicht für die Soldaten, wohl aber für die Voyeure, die über den Generalstabstischen brüten und das Geld zählen. Voyeure sind auch die Spione und Geheimdienstler, die einen Grund brauchen, in den Angelegenheiten von anderen herumzuschnüffeln und ihr Intimleben auszuspionieren. Ich möchte nicht wissen, wie viele Menschen bei einem Liebesakt von Geheimdienstmitarbeitern beobachtet werden, die sich gleich mit befriedigen.

Und dann die Geldströme. Greifbare Energie, die wie erotischer Magnetismus fließt, statt erotischer Anziehungskraft, die Sogwirkung des Geldes. Im ewigen Mutterhass verhaftet müssen alte Männer das Leben zerstören, das von Müttern hervorgebracht und liebevoll großgezogen wurde. Wer schon mal erlebt hat, wie unreife erwachsene Männer kleinen Kindern vorwerfen, dass sie die bessere Mutter haben als sie selbst, wundert sich vielleicht nicht mehr ganz so über solche Phänomene. Mutterhass hat so viele Ausprägungen. Vorbereitet wird die Erotik der Gewalt über Actionfilme, in denen erotisch verschwitzte Helden inmitten orgiastischer Explosionen gerade so überleben. Wussten Sie, das hier bereits Gaslighting stattfindet? Nein? Ich wette, Sie haben eine Menge Geld für Kinokarten ausgegeben, um sich das bewusst zu holen. Könnten Sie sich vorstellen, dass die gesamte Unterhaltungsindustrie nur der verlängerte Arm des militärisch-industriellen Komplexes ist? Aber doch nicht etwa Disney? Ich dachte auch mal, Disney Filme seien harmlos und musste erkennen, dass dem nicht so ist. Wie die erotischen Bewegungen kommt auch psychologische Kriegsführung in Wellen. Lets talk about Sex, Baby. Wie stehen Sie dazu? Ich bin zu diskret, weitere Fragen zu stellen und überlasse Ihnen das Feld. :-)

Wellen Psychologischer Kriegsführung

Wir sollten verstehen, dass psychologische Kriegsführung völlig normal ist und sachlich darüber nachdenken, dass uns das alle betrifft und wir damit in Resonanz sind. Die Bevölkerung muss emotionale Kompetenz erlernen, ihre Intuition und ihren Instinkt wieder aufwecken, um adäquat damit umzugehen. Psychologische Kriegsführung kommt in Wellen, regelmäßig immer wieder. Sensible Menschen können, wie schon gesagt, psychotisch dekompensieren und im Moment sind die Psychiatrien wieder überfüllt, was bei dem allgegenwärtigen Gaslighting kein Wunder ist. Die paradoxe Kommunikation wirkt auch dann, wenn sie über die Medien eingesteuert wird. Sensible Menschen spüren hinter dem, was sie hören und sehen, die wahre Absicht. Sie „stehen im Nebel" des Psychospiels und erleben den Stress, während andere bereits in die Irre marschieren. Wo stehen Sie? Stehen Sie oder rennen Sie? Kommen Sie zur Ruhe, um sich einen Überblick zu verschaffen?

False Flags

Heute weiß man, dass die Aussage, der Irak verfüge über Massenvernichtungswaffen, eine weitere glatte Lüge war. Dennoch marschierten die US-Truppen im Irak ein und der Staatsführer Saddam Hussein wurde erst installiert und dann ermordet. Seit Erfindung des Fernsehens begleiten uns diese Lügen durch alle Angriffskriege. Hätten die Filme und Nachrichten nicht dazu geführt, dass wir den Verstand verloren haben, hätten die Bevölkerungen der Welt das niemals unwidersprochen zugelassen. Aber wir ticken alle nicht mehr richtig, sondern halten die Verantwortlichen des Weltterrors auch noch für die „Guten" und lassen uns gegen den Islam aufhetzen. Eine völlige Verdrehung der Fakten. Wenn diese Leute die Fakten verdrehen, ist das eine Sache. Kriminelle tun alles, um von sich abzulenken. Aber wenn wir selbst die Fakten verdrehen, sind wir verantwortlich für die politische Entwicklung in unserem Lebensumfeld. Was denken Sie über all diese False Flags? Wieso sind Sie damit in Resonanz und was fühlen Sie angesichts dieser Ungeheuerlichkeiten? Oder sind es in Ihren Augen gar keine Ungeheuerlichkeiten? Fühlen Sie überhaupt etwas dazu oder sind Ihre Emotionen abgestellt? Nehmen Sie sich bitte selbst wahr.

Verantwortung versus Schuld

Aber bitte bemerken Sie immer wieder den Unterschied zwischen *Ver-Antwortung* und *Schuld*. Wir sind aufgerufen Antworten zu finden und nicht, uns oder andere zu bestrafen. Es ist weit schwerer, Antworten zu finden, als zu strafen. Für die Verurteilung sind Juristen und Richter zuständig. Aber die Transformation unseres Systems bedarf einer

Vielzahl an Menschen, die an sich arbeiten. Viele Menschen gehen den einfacheren Weg, weil sie nicht wissen, welche Möglichkeiten über die Arbeit mit der Resonanz zur Verfügung steht. Aber wer die Psychospiele und den Ausstieg daraus verstanden hat, merkt, dass er damit ein Instrument der Heilung in den Händen hält.

Wenn Kartoffeln von einer Generation zur anderen weitergegeben werden, wird irgendwann einer kommen, der sich die Finger verbrennt. Und wir sind in der aktuellen Situation die mit den Brandblasen. Fragen wir uns, warum die Kartoffeln so eine heiße Sache sind… Aber das hatten wir schon. An welchen heißen Kartoffeln der Vorgenerationen haben Sie sich schon die Hände verbrannt?

Wissenschaftlich bewiesen

Der wissenschaftliche Beweis wird heute an allen Ecken und Enden angebracht, denn er erhöht die Glaubhaftigkeit eines Narrativs. Menschen nicken, sobald sie hören, eine Aussage sei wissenschaftlich bewiesen. Dabei wurde die Wissenschaft längst ad absurdum geführt. Studien kann man mit dem entsprechenden Ergebnis heute für einen Apfel und ein Ei kaufen. Ebenso die Sendezeit. Aus einer wissenschaftlich bewiesenen Lüge wird ein Narrativ und schon sind sich alle einig, die ihr Studium in der Tagesschau erworben haben. Inzwischen werden keine Studien veröffentlicht, sondern Statistiken, die beeindrucken: 97% der Wissenschaftler sind sich einig, dass dies oder jenes wahr ist. 97% von was? Von allen Wissenschaftlern? Von den Naturwissenschaftlern? Von Klimatologen? Von Meteorologen? Egal. 97% klingt gut. Also muss es wahr sein. Und schon hängen Sie am Haken. Wie stehen Sie zur Wissenschaft? Ist sie Religion oder Masche für Sie? Haben Sie selbst studiert? Halten Sie das, was Sie studiert haben für die Wahrheit? Haben Sie inzwischen neue Erkenntnisse dazu?

Gegenbeweise

Wer versucht, in einer Atmosphäre von Gaslighting Gegenbeweise zu erbringen, wird vermutlich einem heftigen Angriff zum Opfer fallen. Den Begriff des Verschwörungstheoretikers haben wir an anderer Stelle schon besprochen. Verschwörungstheoretiker will schließlich keiner sein, denn es sind Experten, die sich zu Wort melden. Sie erklären warum bestimmte Thesen nicht haltbar sind - und fallen der Zensur zum Opfer. Das ist wichtig, denn ein lebendiger Austausch zu bestimmten Themen dient der Realitätsprüfung, die im Fall des Gaslightings nicht erwünscht ist. Wer jedoch gar nicht erkennt, dass er sich in einer Gaslighting Situation befindet, kann sich um Kopf und Kragen diskutieren. Dabei kann man im Kampf um richtig oder falsch übersehen, dass das Gegenüber vielleicht längst an der Wand steht und daher bis zum Äußersten zu gehen bereit ist. Wer Gaslighting anwendet, hat selbst keine Lösung - aber vielleicht auch nichts zu verlieren. Wie geht es Ihnen mit Gegenthesen? Haben Sie welche? Was fühlen Sie, wenn Sie Gegenbeweise zur offiziellen Darstellung haben?

Wehrhaft

Wenn Sie halbwegs wehrhaft sind, setzen Sie sich vielleicht zur Wehr und widersprechen vehement. Vor allem wenn Sie die Gegenargumente verstanden haben, dürfte die Unverfrorenheit der Gegenseite Sie provozieren. Und so poltern Sie vielleicht sogar. Aber Ihre Aufmerksamkeit ist gefesselt und Sie werden beschäftigt mit etwas, was mit Ihrem Lebenswerk ebenso wenig zu tun hat wie mit der notwendigen Transformation des Systems, in dem Sie leben. In den sozialen Medien werden nicht umsonst Trolls von den Geheimdiensten gut bezahlt, um die Aufmerksamkeit der Massen zu fesseln und aufzuheizen. Ein schönes, spannendes und energiereiches Vorspiel für die geplanten Gewalteskalationen. Wie stehen Sie zum Thema Wehr-Haftigkeit? Haben Sie Wehr-Macht oder darf das gar nicht sein? Überprüfen Sie Ihre emotionale Haltung zum Thema Notwehr und Selbstverteidigung.

Mürbe machen

Der Gewalteskalation dient auch die dauerhafte Belastung. Wenn die Schwüle in der Luft hängt, ist man erleichtert, wenn es gewittert. Genau diese Situation wird mit dem Gaslighting hergestellt, wenn es schrittweise und über einen langen Zeitraum durchgeführt wird. Der "Frosch im Topf" steigt aus, wenn es ihm zu heiß wird. Deswegen wird die Hitze langsam verstärkt. Wenn der Frosch merkt, dass etwas nicht stimmt, ist er bereits durchgekocht.
Gewalt verändert die Umstände unmissverständlich. So ist es nicht weiter verwunderlich, wenn manche unreifen Seelen nach jemandem rufen, der Tabula Rasa macht. Menschen, die selbst nicht kriegerisch sind, rufen dann gerne nach dem schützenden Militär oder der Polizei. Nur wenigen ist bewusst, dass sie damit den Auftakt zu Gewalt begehen. Wie steht es um Ihr Durchhaltevermögen? Wie geht es Ihnen mit lang anhaltenden Belastungen? Was tun Sie, um durchzuhalten?

Wie schon im Kapitel über Gaslighting im Privaten Bereich erklärt, erleiden Opfer von Gaslighting zum Teil schwere psychische Erkrankungen. Depression, Angst, Panik, traumatische Zustände mit Dissoziativen Störungen und den entsprechenden Folgeschäden können zudem auch eine Posttraumatische Belastungsstörung nach sich ziehen. Manche Menschen verändern unter dem Druck ihre gesamte Persönlichkeit zu einer selbstunsicher-vermeidenden Haltung. Das gilt nicht nur im privaten Bereich, sondern auch auf gesellschaftlicher Ebene. Vielleicht kann sich der geneigte Leser schon in Ansätzen vorstellen, was da auf die Gesellschaft von morgen zurollt. Die Psychosophics bilden Menschen aus, die im Alltag unterstützend eingreifen können, denn die aktuellen Therapieangebote werden mit den Tsunamis von Kranken nicht mehr fertig werden. Wie steht es um ihre psychische Gesundheit? Sind Sie in guten Händen?

Können Sie sich Gutes tun? Was tun Sie unterwegs, um für Heilung zu sorgen?

Vertrauensverhältnis

In der Regel wird einer Regierung, die bis vor kurzem noch als demokratisch galt, Vertrauen entgegen gebracht. Es ist vielen Menschen nicht eingängig, dass sie von der eigenen Regierung belogen werden. Hinzu kommt, dass diejenigen, die bereits Hintergründe erkennen, diejenigen, die sie noch nicht erkennen, manchmal aggressiv oder abwertend angehen. Meistens sind die Menschen zu sehr mit der Organisation ihres eigenen Camelot beschäftigt, müssen Kinder, Job und Hund unter einen Hut bringen. Die verstrickten und undurchsichtigen Strukturen wirtschaftspolitischer Machenschaften sind nicht jedem zugänglich und es bedarf auch eines enormen Zeitaufwandes, sich durch die vielen undurchsichtigen Zusammenhänge zu arbeiten.

Manipulation des Umfeldes

Wie geht es Ihnen in der aktuellen Lage mit Ihrem Umfeld? Können Sie sich einigen, oder hauen sich die Traumatisierten gegenseitig auf den Kopf? Fragen Sie in die Runde, ob ein Fuchs da ist, weil sich alle wie ein verrückter Hühnerhaufen verhalten. Aber versuchen Sie es mit Empathie und schicken Sie Ihren Kampfgeist dahin, wo er hingehört.

Kenntnisse der Psychologie

Dass die Geheimdienste der Welt über alle Manipulationstechniken verfügen, die es gibt, ist in sich logisch. Auch Mütter verfügen über Manipulationstechniken, wenn sie in die Psychospiele einsteigen. Geheimdienste und ihre zeitweise etwas verschrobenen Mitglieder sind diejenigen, die entsprechende Forschungen vorantreiben. Niemand sonst wäre so perfide, Menschen zu quälen, um herauszufinden, wie man sie gezielt manipulieren kann. Gaslighting wird auch von narzisstisch gestörten Menschen, Psychopathen und anderen schwerwiegend gestörten Individuen angewandt und ich halte es für möglich, dass sich solche Menschen, die eigentlich Patienten sein müssten, vermehrt in Geheimdiensten tummeln. Wer sonst würde so einen schrägen Job machen wollen? Gehören Sie zu denen, die sich lustvoll auf Hollywood Streifen wie „Es" „Shining" „Psycho", „Joker" und Co einlassen? Dann haben Sie ja schon Kontakt mit Geheimdienstmitarbeitern gemacht. Was ist Ihre Resonanz?

Unser gesamtes System ist durch Korruption durchlöchert wie ein Schweizer Käse und wenn man nach dem Fundament fragt, dann wäre Treibsand noch stabiler, als das, worauf unser Wirtschaftssystem aufgebaut ist. Das, was wir heute „modern" nennen, ist dem sicheren Untergang geweiht, denn wie schon gesagt, wird auf Verliererskript statt win-win gesetzt. Wie steht es mit Ihrer Angst zu kurz zu kommen? Neid, Gier, Geiz? Sorry, wenn ich Sie das fragen muss, aber es ist alles eine Frage der Resonanz.

Die nicht stoffliche Droge Geld

Wir müssen lediglich die Substanz ändern, die als Suchtmittel unsere gesamte Gesellschaft durchdringt: Geld. Unsere westliche Welt wird gesteuert von schwerkranken, selbst- und fremdschädigenden spiel- und geldsüchtigen Patienten und uns bleibt nichts anderes übrig, als aus der Co-Abhängigkeit auszusteigen. Vergessen wir den irren Tanz ums Goldene Kalb, vor dem schon immer gewarnt wurde. Tanzen Sie nicht mit, sondern stellen Sie sich an den Rand und schauen erst einmal zu. Viele sind selbst von der Geldsucht betroffen und letztlich setzen wir alle auf geistiger Ebene Existenz mit Geld gleich. Aber wichtig ist nicht das Geld, sondern das, was man damit machen kann. Wenn Sie keine Ahnung haben, in welche sinnstiftenden Dinge Sie Geld investieren würden, wenn Sie genügend hätten, haben Sie sich vermutlich nicht mit dem Lebenswerk auseinandergesetzt. Stellen Sie sich die Frage, womit Sie Ihre Zeit verbringen würden, wenn Sie

Milliardär wären. Wie wäre es, wenn wir das Geld oder besser die Spekulation damit abschaffen würden?

DIE LEERE LEINWAND

Sie und ich und die, die verstanden haben, was sich abspielt, wir müssen alle unmissverständlich auf win-win-win setzen. Wir brauchen ein neues System und dazu müssen wir unsere alten Häute abstreifen und nachdenken. Machen Sie in der nächsten Zeit immer wieder folgende Übung:

Sie visualisieren eine leere Leinwand oder einen leeren Bildschirm und drehen einen Film von einer Zukunft, in der die Probleme optimal gelöst sind. Drehen Sie den Film so, dass Sie bei einem Happy End dabei sind und in dem alle profitieren.
Nehmen Sie sich Zeit und betrachten Sie die Entstehung des neuen Films als Prozess. Das kann ein wenig dauern :-). Lesen Sie während dessen mehr darüber, wie Sie aus Psychospielen aussteigen können.

Der Weg zurück

Der Weg in die Wahrheit führt durch die Ungläubigkeit, dass diese perfiden Dinge wirklich stattgefunden haben, durch Stress und Angst, weil man das Aufoktroyierte nicht in Frage zu stellen wagt. Wenn man beginnt zu verstehen, ist da diese unglaubliche Ohnmacht, die durch Äonen von Entscheidungen gegen die eigene Macht angehäuft wurde.
Wer die Maßnahmen der Anonymen Alkoholiker und von Al Anon kennt, wird die folgenden 12 Punkte vermutlich wiederkennen, auch wenn ich sie mit dem Lotus angereichert und sie ein wenig aus der wertenden Ecke geholt habe. Unsere verführte und irregeleitete Suchtgesellschaft wird diese Liste durcharbeiten müssen, wenn sie eine Lösung finden will, denn auch, wenn man selbst von der Sucht verschont geblieben ist, die psychologische Ansteckung ist enorm. Diese Liste gilt daher genau so für die Co-Abhängigen der

Suchtgesellschaft und Sie gehören fraglos dazu, denn auch Sie sind in ein Suchtsystem eingebettet. Der Weg zurück zu sich selbst ist eine Heldenreise und beginnt mit dem ersten Schritt.

Haben Sie keine Angst vor dem, was Ihnen unterwegs begegnet. Fürchten Sie sich vor dem, was geschieht, wenn Sie es nicht einmal versuchen!

DIE ENTSCHEIDUNG FÜR'S LEBEN

Meiner Erfahrung nach muss jeder Ausstieg aus einem Psychospiel mental vorbereitet werden. Der Ausstieg beginnt mit der unbedingten Entscheidung für das Leben. Viele schicksalhafte Situationen sind so anstrengend, dass die Erschöpfung nicht nur die Sehnsucht nach Ruhe, sondern die Sehnsucht nach dem Tod mit sich bringt. Doch das Leben kann uns nur helfen, wenn wir für das Leben entschieden sind. Vieles im Leben ist von unseren Entscheidungen abhängig. Das mag mit der Natur des freien Willens zusammenhängen. Allen schweren Erkrankungen gehen Psychospiele voraus, die die Entscheidung für das Jenseits getriggert oder verstärkt haben und auch das, was unsere gesamtgesellschaftliche disharmonische Organisation anbelangt, wird unverrückbar zu einem Ende kommen. Unser gesamtes Wirtschaftsleben basiert auf Sucht, toxischen Abhängigkeiten und Co-Abhängigkeiten. Ich bin sicher, dass es böse Kräfte gibt, die die Menschheit versklaven wollen, aber der Weg ins Chaos ist jedem Suchtkranken und jedem Co-Abhängigen vorbestimmt. Chaos ist die Endauszahlung der Suchtspiele und es ist Zeit, sich über den Ausstieg Gedanken zu machen.

DIE 12 SCHRITTE DES AUSSTIEGS

Egal ob Ritalin, Kokain, Haschisch, Medikamente, Psychopharmaka, Alkohol, Vergnügen, Sex, Computer, Zocken, Konsum, Handy, Geltungsbedürfnis, Essen, Mobbing und Kritik - man kann von all diesen Aspekten süchtig werden. Unser System ist von suchtbedingter

Korruption durchlöchert wie ein Schweizer Käse und auf dem Treibsand von Lügen aufgebaut. Manche der Verantwortlichen sind vielleicht böse, aber viele sind einfach nur hysterisch und versuchen mit Krampf die Kontrolle zu behalten - was dann im Bösen endet. Es gibt Menschen, die tatsächlich glauben, die künstliche Intelligenz könnte diesen Untergang des Systems verhindern. Deswegen wollen Sie nun alle Menschen an die KI anschließen. Aber egal, wie man es dreht und wendet, auch die KI ist von Menschen gemacht und damit automatisch mangelhaft. Insofern sollten auch verantwortliche Politiker, Milliardäre oder Institutionen von dem Vorgehen Gebrauch machen, das hier vorgestellt wird, um wenigstens die eigenen Hände wieder vor Augen erkennen zu können.

1. Ohnmacht Anerkennen

Ich bin dem Problem (der Sucht, der Sucht meiner Nächsten o.ä,) gegenüber

machtlos.

Sie haben im Außen manipuliert, Strategien entwickelt, gedroht, erpresst, bestochen und vielleicht sogar Schlimmeres. Im privaten Bereich haben Sie vielleicht geredet, geschrien, geweint und sind in Verzweiflung geraten. Aber egal, was Sie getan haben, es hat nicht gefruchtet, denn Sie haben ein Psychospiel mit negativer Endauszahlung gespielt. Daher wird die Situation immer schlimmer und das Chaos immer größer. Wenn Sie am Ende einer negativen Entwicklung stehen, alle Masken gefallen sind und es nicht mehr möglich ist, die Augen vor der Wahrheit zu verschließen, steht die Realität ungeschminkt vor Ihnen und löst zunächst eine unvermeidbare, schmerzhafte Ohnmacht aus.

Der erste Schritt zur Lösung ist die Einsicht, dass man ohnmächtig ist und gar nicht mehr weiß, was zu tun ist. Diese Einsicht ist, wie das Wort schon sagt, eine Ein-Sicht, keine Aus-Sicht. Solange Sie Ihr Inneres nicht aufgeräumt haben, wird die Situation im Außen vor die Wand fahren. All Ihre Kontrolle und Ihre Gewalt, alles was Sie im

Außen tun ist verlorene Liebesmüh. Erkennen Sie, dass mehrere im Boot sitzen, die alle in unterschiedliche Richtungen paddeln, während das Boot auf die Niagarafälle zutreibt und der Zug viel zu stark ist. Egal, wie stark Sie paddeln, Sie werden diesen Zug nicht aufhalten. Mit dem Eingeständnis Ihrer Ohnmacht fügen Sie sich in das Unvermeidbare. Atmen Sie! Kommen Sie ganz ins Hier und Jetzt und geben Sie auf. Loslassen bedeutet in manchen Situationen, alles den Bach runter gehen zu lassen und sicher zu sein, dass es danach irgendwie weiter geht. Das Leben geht immer weiter, auch wenn Sie glauben, dass es das nicht tut. Aber selbst, wenn Sie der Meinung sind, dass das Leben endet, sind Sie in der Ohnmacht angelangt. Und die will erst vor sich und dann vor den anderen eingestanden werden.

2. GLAUBEN ENTWICKELN

Eine Macht, die größer ist als ich, kann das Gute wiederherstellen.

Vielleicht waren Sie bisher ein wenig arrogant, haben geglaubt, dass es keine Göttliche Ordnung gibt und dass es auf Sie ankommt, damit die Welt nicht untergeht? Und nun befinden Sie sich in einem Strudel, der stärker ist als Sie? Lassen Sie uns eine Einigung treffen: der Sog in Richtung Absturz ist größer als Sie, obwohl Sie doch alles getan haben, um diesen zu verhindern, richtig? Wenn dieser Sog stärker ist als Sie, das Craving, das Chaos, dann erleben Sie doch jetzt gerade, dass es etwas gibt, was stärker ist als Sie. Es ist die Endauszahlung Ihrer bisherigen (falschen) Entscheidungen. Manche nennen das auch Karma. Sie glauben, wenn sie nur Gutes tun, dann kommt das Gute zu ihnen zurück? Das tut es aber nur, wenn das Unbewusste auch klar sieht. Das Karma ist ebenso wie Kismet und Schicksal eine Reaktion auf nicht aufgeräumte innere schädigende Muster. Haben Sie das erfunden? Nein? Wer dann? War es einfach immer schon da oder gab es keinen Anfang? Sie glauben an Zufälle? Dann wäre die Frage, woher Ihnen etwas zufällt und woher es gekommen ist. Geht das, was Ihnen zufällt neben Ihnen ungespitzt in den Boden, wenn Sie auf Seite gehen? Oder trifft Sie der Zufall? Mit dem Glauben an Zufälle gehen

Sie Ihrer Verantwortung aus dem Weg. Sie wollen nicht sehen, dass Ihr Tun eine Wirkung hat und zwar auf lange Sicht vermutlich nicht die, die Sie erwartet hatten. Der Mensch denkt und Gott lenkt. Ein dummer Spruch, aber sehr wichtig, wenn Sie nicht verstanden haben, dass die Persönlichkeitsentwicklung und damit die Klärung unbewusster Strukturen zum Sinn des Lebens gehört. Dafür sind Sie hier. Nicht für Geld, nicht für Ruhm oder sonstigen unechten Tand, sondern dafür, dass Ihre Seele sich Eignungen aneignet. Gehen Sie davon aus, dass es geistige Instanzen gibt, die klüger sind als Sie. Nennen Sie es „das Feld", nennen Sie es Gott, nennen Sie es wie Sie wollen. Aber machen Sie sich bewusst, dass dieses geistige Etwas einen Willen hat - gegen den Sie geglaubt haben opponieren zu können, in dem Sie dem Zeitvertreib nachgegangen sind, anstatt die Zeit zu nutzen und Ihr Inneres aufzuräumen. Mit der Zeit werden Sie erkennen, dass das ganze geistige Konstrukt, in dem Sie sich befinden eine große Weisheit hat und es wird Sie glücklich und zufrieden machen. Aber die Bedingung ist, dass Sie anerkennen, dass da etwas Großes ist, das Sie weder anfassen, noch begreifen können. Es gibt eine einzige Sache, die dieses Große nicht kann: Ihnen helfen, wenn Sie das nicht wollen und unbedingt in Ihrer beschränkten materiellen Welt verhaftet bleiben wollen. Die Voraussetzung dafür, dass einer helfen kann ist, dass der andere sich helfen lässt und nicht die ganze Zeit schreit: Nein, es gibt dich gar nicht! Natürlich steht Ihnen auch das frei, wenn Sie in Ihrer Ohnmacht stecken bleiben oder unbedingt weiter paddeln wollen. Ihr Wille ist Ihr Himmelreich. Ich kann Ihnen nur raten, das geistige Große, den großen Geist oder nennen Sie ihn den Heiligen Geist oder Jesus oder wie auch immer Sie ihn nennen wollen. Aber akzeptieren Sie, dass es ihn gibt, damit Sie endlich aus Ihrer engen Schachtel heraus denken lernen. Die Synchronizität scharrt schon mit den Hufen, denn sie will Sie nicht stürzen sehen. Also, hängen Sie endlich ihren Dickschädel an die Wand und akzeptieren Sie: es gibt ein freundliches machtvolles Geistwesen, das viel und ich meine mit viel VIEL größer ist als Sie. Dieser große Geist

ist nicht Ihrer Meinung, aber er ist auf Ihrer Seite. Und jetzt denken Sie erst einmal darüber nach, was es mit Ihrem Weltbild macht, wenn Sie dieses große Geistwesen annehmen, das auf Ihrer Seite ist, wenn Sie das wollen. Das ändert einiges, nicht wahr? Dieses Geistwesen ist stark genug, um diesen Sog aufzuhalten, den Sie selbst nicht aufhalten können.

3. DEMUT UND WILLE

Den Willen und mein Leben der Sorge einer Höheren Macht anvertrauen.

Wenn Sie Ihre Ohnmacht eingestanden und ein-gesehen haben, dass es ein großes Geistwesen gibt, das größer ist als Sie, haben Sie schon zwei gute Schritte in Richtung Lösung gemacht. Vielleicht hat sich Ihre Sicht auf die Welt schon geändert. Nun brauchen wir einen weiteren schweren Schritt, der Ihnen schwer fällt, je verhärteter Sie sind. Können Sie sich verbeugen? Können Sie sich respektvoll in Anerkennung der Allmacht vor diesem Geistwesen verneigen? Können Sie demütig sein und sich anvertrauen? Um zu ver-trauen, muss man sich trauen, mutig sein und die Angst vor der Zurückweisung überwinden. Man muss bereit sein, zu glauben, dass man diesmal nicht misshandelt wird und nicht missbraucht. Sie müssen bereit sein, einzugestehen, dass der Weg vielleicht in eine ganz andere Richtung führt und zwar in eine, in die Sie vielleicht nicht wollen, aber die gerade richtig und gut für Sie ist. Sie müssen den Mut haben anzunehmen, dass dieses große Geistwesen, das manche Gott nennen, gut ist und auf Ihrer Seite steht. Und vor allem, dass das, was dieses Wesen für Sie will besser ist, als alles, was Sie selbst je gewollt haben. Der Weg, der Ihnen ab hier gezeigt wird, führt zu Ihrem Höheren Selbst, zu Ihrer eigenen Göttlichkeit und die liegt nicht in Ihrer Triebhaftigkeit oder in Ihrem Ego, auch nicht in der Anpassung. Sondern in dem, wohin der Weg führt, wenn Sie sich führen lassen. Vielleicht braucht es dazu die Einsicht, dass diese Entscheidung freiwillig ist. Die bisherige Denkweise hat nicht zum erwünschten Ergebnis geführt. Ihr Höheres Selbst hat sicher eine bessere Lösung und das Göttliche arbeitet mit Ihrem Höheren Selbst zusammen. Vieles von dem, was Sie sich jetzt noch nicht vorstellen können, wird sich von alleine ergeben, wenn Sie erst einmal in das einwilligen, was wichtig ist: Ihre eigenen unbewussten Verstrickungen durchforsten und ordnen.

4. LOTUS-INVENTUR

Die Inventur der inneren Muster

Für diesen Teil des Ausstiegsszenarios habe ich den Wiegandschen Lotus entwickelt, den ich Eingangs schon kurz vorgestellt habe. Wenn Sie den Text dazu gelesen haben, haben manche Erkenntnisprozesse in Ihnen vielleicht schon begonnen. Um strukturiert alles durchzugehen empfehle ich Ihnen wärmstens die „Lotuszeit" mit ihren schönen Motivkarten. Jeder Karte sind eine Reihe von Fragen zugeordnet, die Sie in Ruhe mit Ihrem Tagebuch durcharbeiten können. Am besten arbeiten Sie systematisch eine Station des Wiegandschen Lotus nach der anderen durch. Manches können Sie gut alleine erforschen. Aber um die blinden Flecken wirklich zu durchleuchten, ist es wichtig, sich einer Gruppe anzuschließen und/oder seinen Coachingprozess, am besten mit den Psychosophics zu beginnen. Beginnen Sie mit dem Herkunftssystem. Bitte berücksichtigen Sie bei der Beschäftigung mit dem Herkunftssystem auch die Strukturen von Spiral Dynamics, die im Lotusbuch[38] beschrieben sind.

Herkunftssystem/Wurzeln

Wie ist Ihre Beziehung zu Ihren Vorfahren? Wissen Sie etwas über sie? Haben Sie Respekt und Achtung vor den Leben und Schicksalen, die sie erlitten und erlebt haben? Das Erleben Ihrer Vorfahren ist ihr genetisches Kapital. Was sie gelernt haben, müssen Sie nicht wiederholen. Zum Thema Herkunftssystem empfehlen sich die Simulationen der Psychosophics, eine Art Rollenspiel, in denen unbewusste Strukturen sichtbar gemacht und aufgelöst werden

---

[38] Wiegand Tina, Das Lotusbuch - Ich bremse auch für Führungskräfte.

können. Ist Ihre aktuelle Lage schon mal erlebt worden? Geben Sie Ihren Vorfahren den Respekt für ihr Erleben und nehmen Sie es an.

Zeugung/Schwangerschaft/Geburt

Wussten Sie, dass die Art, wie Sie gezeugt wurden einen Einfluss auf Ihr Leben hat? Wissen Sie etwas darüber? Pränatale Erlebnisse wie ein Schock der Mutter, Abtreibungsversuche, der Verlust eines Zwillings oder belastende Situationen, unter denen Ihre Mutter gelitten hat, prägen Ihr Leben in ganz entscheidender Weise, aber auf einer vorsprachlichen, rein emotionalen Ebene. Finden Sie so viel wie möglich über den Beginn Ihres Lebens heraus, inklusive der Geburt.

Kräfte der Seelischen Balance

Alles, was im Kosmos existiert, ist miteinander verbunden, kann miteinander in Resonanz treten und sich gegenseitig beeinflussen. In unserem regulären Weltbild sind die Planeten im All sich drehende Kugeln, die durch vier Kräfte miteinander korrelieren. Gravitation, Fliehkraft, Eigendrehung und Drehung um andere. Diese vier Kräfte sind in Ihnen vorhanden und müssen in Balance sein, damit Ihre innere Ordnung hergestellt werden kann.[39]

Suchen Sie nach den frühkindlichen Ursachen, wenn Sie nicht gut in der Selbstfürsorge sind, sich nicht abgrenzen und nicht gut mit sich alleine sein können.

Wie steht es um Ihre Nähe/Grenzen Balance? Respektieren Sie die Grenzen von anderen? Wenn nein, warum nicht.

Wie steht es mit Ihrer Lebensfreude? Können Sie die zulassen und sich mit anderen freuen? Haben Sie Freude an neuen Erfahrungen und am Lernen?

Wie geht es Ihnen mit Pflichterfüllung? Können Sie durchhalten und sich diszipliniert an Regeln halten?

---

[39] Riemann, Fritz, Grundformen der Angst

All diese Fragen drehen sich um die vier Kräfte der Balance. Prüfen Sie, welche der Kräfte Sie vielleicht zu viel und welche Sie zu wenig ausgeprägt haben. Suchen Sie immer auch das Feedback von anderen, die sich im Selbsterfahrungsprozess befinden. Natürlich kann ich das nicht abschließend alles im Buch klären, weil manches erlebt werden will.

Schule

Die Beziehung zwischen Lehrern und Schülern ist ebenso essentiell wie die Beziehung der Schüler untereinander. Erforschen Sie Ihre Position in der Grundschule ebenso wie in der fortführenden Schule und dem Studium. Was hat Sie wie geprägt, an was können Sie sich noch erinnern? Welche Gefühle waren vorrangig? Nehmen Sie sich Zeit und denken Sie darüber nach, wie Ihre heutige Beziehung zum Lernen und Leben damals beeinflusst wurde und welche Werte - auch über sich selbst, Ihren beruflichen Erfolg und Ihre Kompetenz - Sie mit ins Leben genommen haben.

Pubertät

In der Zeit, in der Eltern komisch werden, erfahren wir unser Recht auf Autonomie und unsere Fähigkeit, bisher geltende Regeln zu erweitern. Zwischen unserer Ursprungsfamilie und anderen Familien liegen oft Universen. Wohin gehören Jugendliche wirklich und was holen sie sich hier fürs Leben? Sexualität wird erforscht. Qualität oder Masse, das ist hier die Frage. Wie komme ich an, eine andere Frage. Wo passe ich mich an und wo mache ich mein eigenes Ding, laufe ich mit oder setze ich selbst Trends? Welche Musik haben Sie gehört, als Sie 14 waren? Wie ging es Ihnen? Konnten Ihre Eltern Sie loslassen? Sammeln Sie Eindrücke.

Tafelritter oder Raubritter?

Welchen Weg haben Sie als junge Erwachsene eingeschlagen? Der weiße Ritter ohne Furcht und Tadel, der sich für das Wohl der Menschen einsetzt oder für den Raubritter, der mit Vollgas auf der Überholspur unterwegs ist und unterwegs keine Gefangenen macht? Vielleicht waren Sie auch unauffällig „normal" und haben darauf geachtet, was die Eltern wollen und was die anderen machen? Überlegen Sie, welche Ziele Sie hatten und welche Sie heute haben. Was sind Ihre Prioritäten im Leben?

- Dazu gehören, ein normales Leben führen und Sicherheit auch für die Zukunft
- Reich sein, teure Autos fahren, einflussreich und berühmt sein - „Sex, Drugs & -Rock'n Roll - das Leben soll eine Party sein
- Ganz und gar Sie selbst werden, die Berufung finden, sich optimal entwickeln

Artusphase

Die Artusphase sind für die meisten Menschen die „Busy years". Familie, Kinder, Job, Freunde alles muss unter einen Hut gebracht werden. Für manche ist es die steile Karriere, für andere Haus bauen, Kinder bekommen und das Alter absichern, wieder andere suchen in dieser Zeit schon das Unbewusste, um Probleme in Familie und Beruf zu lösen. Der Umgang mit der Artusphase ist für jeden Menschen ein Prozess in sich und kann am besten mit einer Visionsarbeit begonnen werden. Ich kann hier nur einige Fragen als Inspiration geben.
Wie sieht das Königreich aus, das Sie gebaut haben oder vorhaben zu bauen?
Sind Sie selbstbestimmt oder entscheiden andere über Sie?
Welche Rolle spielt Ihr Unterbewusstsein in Ihrem Lebenswerk?
Merlin Phase

Wenn der Mensch, der den hellen Weg gegangen ist, sich langsam aus dem Tagesgeschäft zurück zieht, ist er eine Art Magier. Seine Ausstrahlung hat sich verstärkt und sie oder er wirkt auch ohne etwas zu sagen. Wahrscheinlich ist ihr oder ihm die Heilung auf dem Weg begegnet und vieles war hart, hat aber zur Weisheit beigetragen. Im optimalen Fall ist Merlin, eine Bezeichnung, die für Mann und Frau gleichermaßen gilt, lebensfroh, humorvoll und freundlich, gesund und nicht sehr anspruchsvoll. In einer gesunden Gesellschaft wären die Merlins die Ansprechpartner für Jugendliche und junge Eltern, wenn das Leben mal nicht glatt geht. Dabei kann jeder sein eigenes Spezialgebiet haben, aber Lebenserfahrung ist ihnen allen gemeinsam. Diejenigen, die immer Party gefeiert haben, werden diesen Status wohl wenig zu schätzen wissen. Sie erkennt man daran, dass sie sich im zweiten Frühling junge Partner suchen und sich bemühen, jugendlich auszusehen. Auch diejenigen, die immer versucht haben, in der Normalität zu verschwinden, sind wahrscheinlich nur bedingt gute Ansprechpartner für andere, vor allem, wenn diese ihren ureigenen Weg suchen oder als Lösung die Kontrolle über andere Menschen gelebt haben, anstatt im Inneren nach Lösungen zu suchen. Exoterische Menschen bleiben im Außen verhaftet und damit bleibt ihnen der Zugang zur Weisheit verschlossen.

Alte Narren

Die Art, wie man im Alter sein Leben genießt, hängt stark davon ab, welchen Lebensweg man gewählt hat. Lieber eine närrische Alte, die sich kaputtlacht, als ein alter Narr, der immer noch nach Kontrolle sucht. Auch hier geht es nicht um Moral, sondern um das eigene Wohlbefinden, die Entwicklung und den Zugang zur Freude am geistigen Leben. Denn das ist was, was das Alter interessant macht. Dabei wird der Mensch im Alter immer geistiger. Wenn die körperliche Spannkraft nachlässt und die Schönheit geht, kommt das Strahlen des Herbstlichtes im Geiste und das ist eine wunderbare Sache, wenn man auf dem richtigen Weg ist. Und wenn Sie bereits ein alter Narr sind? Dann verneige ich mich vor Ihrem Schicksal und erkenne an, dass Sie Not-bringendes Schicksal für das Wachstum der Menschheit waren.

Falsch abgebogen?

Egal wo und wie oft man falsch abgebogen ist, es ist nie zu spät, das Licht zu suchen und seine Entwicklung als Priorität vorne anzustellen. Niedertracht erfüllt zwar ihren Zweck und kann auch zeitweise Triumphe bringen, aber sie bringt nicht das sanfte Fließen der Zufriedenheit, das Eintauchen in den Flow und das freundliche Lächeln gegenüber dem eigenen Spiegelbild. Wenn Sie Inventur machen, heißt es, sich selbst nicht zu betrügen und die eigenen Schwachstellen zu identifizieren und zu überwinden. Ich stelle einige Fragen zur Verfügung. Hier geht es nicht um einen Psychotest, sondern um Ihre eigene Inventur, die nach Ihren Maßstäben gewertet werden soll und es ist ausschließlich nur in Ihrem Sinne, diese Fragen ehr-lich für sich selbst zu beantworten. Nehmen Sie sich die Zeit und überlegen, welche Eigenschaften treffen auf Sie zu, auf einer Skala von 0 (gar nicht) bis 10 (vollkommen)? Tragen Sie die Ziffer selbst ein.

Eigenschaft	0 (trifft nicht zu) - 10 (trifft sehr zu)
Schadenfreude	
Neid	
Missgunst	
Gewalt	
Redeschwall	
Arroganz	
Dünkel (akademisch, Herkunft)	

Eitelkeit	
Oberflächlichkeit	
Hinterhältigkeit	
Neigung zu Tratsch und Mobbing	
Manipulatives Verhalten	
Einschüchternd	
Überheblichkeit	
Zynisch	
Sadistisch	
Empathielos	
Egoistisch	
Egozentrisch	
Geldfixiert	
Kontrollsüchtig	
Hasserfüllt	
Nachtragend	
Gehässig	
Niederträchtig	
Andere austricksen	
Andere auslachen	
Andere herabwürdigen	
Andere bloßstellen	
Gefühlskalt	

Dominant	
Rücksichtslos	
Gierig	
Geizig	
Wollüstig	
Sexbesessen	
Kleptokratisch	
Grenzüberschreitend	
Bevormundend	

Denken Sie dran, Sie machen solche Übungen für sich selbst und nicht für jemanden, der das alles bewertet oder sie gar verurteilt. Es geht darum, zu überlegen, an welchen Aspekten Sie am besten mit der Arbeit beginnen.

Vielleicht fallen Ihnen noch andere Eigenschaften ein, die sich nachteilig auf das große Ganze auswirken und Energie ziehen anstatt sie zu geben.

Der Spirituelle Lehrer

In der Phase des Spirituellen Lehrers werden Sie sich der letzten Initiation, dem Sterben zuwenden. Auch dieser Prozess ist wertvoll und gut. Der Rückblick auf das Leben, das Sondieren der Erfahrungen, der guten und der schlechten Tage, die Fehler und das Gelernte, alles wird noch einmal betrachtet und geordnet, bevor es ins Unbestimmte geht. Es gibt keinen Nahtoderfahrenen, der noch Angst vor dem Tod hat. Die Heimkehr in den großen Fluss des Seins beginnt mit einem unvorstellbaren Glücksgefühl und dem danach folgenden ewigen Frieden - oder dem ewigen Leben, je nachdem. Das

Lebenswerk ist im Lauf des Lebens Orientierung, doch in der letzten Phase des Lebens Ergebnis.

Aus dem Gesagten können Sie schon erkennen, dass ich hier von einem lebenslangen Lernprozess spreche. Es gibt Menschen, für die ist die Frage nach der eigenen Resonanz und nach den Lernaufgaben so in Fleisch und Blut übergegangen, dass es für sie gar nichts anderes mehr gibt. Solche Menschen haben das Drehbuch ihres Lebens neu entschieden und ein Gewinnerskript geschrieben. Sie sind gewinnend für andere und in der Lage andere mit Gesundheit und Lebensfreude anzustecken. In der Regel ist es spannend, was sie zu sagen haben und meist helfen sie gerne bei der Lösungsfindung. Gewinner kann man fühlen und man möchte gerne dabei sein. Kommen Sie gerne dazu, denn das Gewinnerspiel ist das schönste Spiel von allen.

Lebenswerk

Das Lebenswerk betrachtet man am Besten aus der Position des Spirituellen Lehrers. Um nicht am Ende vor einem Ergebnis zu stehen, das man gar nicht wollte, ist es hilfreich diese Übung zu machen:
Sie stehen kurz vor dem Übergang ins Jenseits und betrachten Ihr Lebenswerk. Wie ist es geworden? Ein Werk der Liebe, der Erkenntnis der Heilung und der lichtvollen Hinterlassenschaften oder hinterlassen Sie verbrannte Erde, Sturm, Feuer und Zerstörung? Wird man sich Ihrer mit Angst und Schaudern erinnern oder mit Dankbarkeit und Freude? Wird man sich an Ihre Ehr-Lichkeit erinnern, oder an Ihre Feigheit, die Selbstsucht und Grausamkeit? Für die geistige Welt ist das alles sehr wohl relevant, doch meist erkennt man das erst aus der Sicht des Spirituellen Lehrers. Wenn Sie ein wenig Zeit finden, dann malen Sie ein Symbol, eines, das Ihr Leben am besten darstellt und arbeiten Sie daran, damit es so wird, wie Sie es bewusst entscheiden.

Am Ende des Buches finden Sie eine Ist-Soll-Analyse. Was ist in Ihrem Leben bisher geschehen und was möchten Sie erreichen? Was sind Ihre Talente und was können Sie der Welt zur Verfügung stellen? Was geschieht, wenn Sie vom Brauchenden zum Gebenden werden? Wissen Sie, was die Welt wirklich braucht? Sie finden eine Menge kostenloser Tipps auf der Seite des Soulfit Factory e.V.[40]

5. FEHLERKULTUR

Ich werde vor mir selbst Fehlverhalten eingestehen, um daraus zu lernen

Menschen, die ein tief verwurzeltes Schuldgefühl mitbringen, neigen dazu, sich tatsächlich schuldig zu machen. Die selbsterfüllende Prophezeiung ist nicht alles, kann aber alles beeinflussen, wenn man nicht bereit ist, Fehler einzugestehen und zu korrigieren. In einem Umfeld, das „Hab ich dich, du Schweinehund" spielt, ist das schwierig. Aber Sie können sich ein Umfeld suchen, das ebenfalls nach Selbsterkenntnis sucht und sich dahin gehend austauschen. Es gibt Menschen, die erkannt haben, dass Persönlichkeitsentwicklung keine Grenzen nach oben kennt. Niemand ist fertig, solange sie oder er auf dieser Erde wandelt. Und wenn es doch möglich wäre, fertig zu werden, würde man sich vermutlich in Licht verwandeln. Solange Sie also mit Menschen aus Fleisch und Blut zu tun haben, sind diese nicht fertig, egal was diese von sich behaupten. Es gibt viele klug in Szene gesetzte Weisheitslehrer mit riesigen Fangemeinden, die sie anbeten und an ihren Lippen hängen. Das Ziel sollte aber sein, Ihren eigenen inneren Guru zu finden, was auf Massenveranstaltungen schlicht unmöglich ist. Es spricht nichts dagegen, sich inspirieren zu lassen, aber ein Guru, der „fertig" ist oder „erleuchtet", ist ein schlechter Guru. Wer berühmt ist, hat wohl mehr an seinem Marketing gearbeitet, als an sich selbst - oder hat Sponsoren. Lassen Sie sich inspirieren, aber machen Sie niemanden außer Gott zu Ihrem Gott. Die Qualität Ihres Beraters erkennen Sie daran, dass Ihr eigenes Leben liebevoller wird, nicht daran, dass der andere mehr Follower bekommt. :-) Denken Sie immer dran, dass mehrere Köpfe immer

---

[40] www.soulfit-factory.org

mehr herausfinden als einer allein und suchen Sie nach guten Gruppenprozessen, in denen im Fall eines Konfliktes jeder nach seinen unbewussten Anteilen sucht. Die Schwarmintelligenz stellt jeden Guru in den Schatten. Achten Sie bei der Wahl Ihrer Berater darauf, dass diese an *Ihrem* Glück interessiert sind und danach suchen. Fehler machen Sie immer dann, wenn Ihnen etwas fehlt. Identifizieren Sie einige Fehler, die Sie gemacht haben und fragen Sie sich: was hat mir gefehlt? Hier einige Vorschläge. Aber vielleicht fällt Ihnen ja noch mehr dazu ein.

6. BEREITSCHAFT ZUR HEILUNG

Ich bin bereit, alles zu lernen, was ich verstehen muss, damit Heilung geschehen kann

Ja, vielleicht haben Sie Fehler gemacht und vielleicht haben Sie sich sogar schuldig gemacht, aber das ist kein Grund, die Heilung abzulehnen. Wir werden uns noch damit auseinandersetzen, was Sie tun können, wenn Sie erkennen, dass Sie schief gewickelt waren. Aber lassen Sie uns eines klar stellen: Bestrafung ist immer die schlechteste aller Lösungen. Es gibt eine Million Möglichkeiten sich gegen die Heilung zu wehren. Eine kann sein, dass man nicht der Meinung ist, dass man sie verdient hat. Es soll Spezialisten geben, die die Heilung abwehren, weil nicht sein kann, was nicht sein darf. So kann ein eingefleischter Schulmediziner die Macht der Psychosomatik nicht anerkennen wollen und sich seinem eigenen Heilprozess entgegenstemmen. Aber natürlich spielt jeder auch eine Rolle in seinem Bezugssystem und dieses kann gewaltig etwas gegen Veränderung haben. Wenn jemand ein Leben lang Blitzableiter in einem System war, kann er sich nicht einfach abgrenzen, ohne dass jemand anderes sich nun selbst um seine Spannungszustände kümmern muss. Auch die Zuwendung, die man für das Leiden bekommt, der sogenannte sekundäre Krankheitsgewinn, kann etwas sein, worauf man nicht verzichten mag. Schließlich ist jede Erkrankung auch der Versuch einer Lösung. Vertane Leben gehören auch dazu. Also: Sie müssen sich ohne wenn und aber auf die Heilung einlassen. Das geht am besten, indem Sie alle Nebenwirkungen der Heilung als Ihre Lernaufgaben oder die des Bezugssystems verstehen. Auch das Opfer sein hat seine „Vorteile". Unheilbarkeiten gibt es nur, weil Menschen unheil sind und Unheil bringen. Echte Heilung erfordert unser unbedingtes Ja zum Prozess, zur Wahrheit und zur Integration abgespaltener Anteile. Auch, wenn Sie bisher zu denen gehört haben, die Unheil gebracht haben, müssen Sie diese Entscheidung unbedingt treffen. Wenn Sie Ihre eigene Heilung voran treiben, kann manches heilen, wo Sie vorher Unheil gebracht haben. Da, wo Heilung stattfindet, öffnet sich die Blüte des Lebenswerkes und kommt zur vollen Entfaltung. Da diese Blüte für das Gemeinwohl wichtig ist, können Sie nicht einfach „Nein" zur Heilung sagen. Naja, Sie können schon, aber es macht keinen Sinn. Weder für Sie noch für die anderen.

7. ENTSCHEIDUNG FÜR DIE FREIHEIT

Ich überwinde die Angst vor der Freiheit und lasse mich vom Bösen erlösen

Es gibt Reaktionen auf belastende Ereignisse, die sich wie Selbstläufer anfühlen, auch das Craving nach einem Suchtstoff gehört dazu. Ein Zettel mit dem Satz: „weiche von mir" hat sich immer wieder als hilfreich erwiesen. Die Vorstellung der Besetzung durch negative Kräfte und Dämonen ist in fast allen Ländern der Erde nach wie vor ein völlig normales Phänomen. In Griechenland und muslimischen Ländern gibt es nach wie vor den „Bösen Blick" und in der westlichen Welt setzt die ganze militärische Beeinflussungsindustrie Hollywoods auf okkulte Phänomene, die in Videos und Shows öffentlich zur Schau gestellt werden. Ich befasse mich immer wieder mit diesen Methoden und habe festgestellt, dass das Unterbewusstsein den uralten Satz „weiche von mir" als machtvoll und hilfreich annimmt. Vielleicht weil er oft genug ausgesprochen wurde. Manche Menschen haben regelrecht eine Vorstellung von einer Besetzung, die sie quält. Das sollte man unbedingt ernst nehmen und mit diesen Vorstellungen arbeiten. Gerade, wenn man in sadistischen Psychospielen gefangen ist oder Böses gegen seinen Willen tut, weil man in dunkle Kreise verstrickt ist, kann man diesen Satz versuchen. Das Mindeste, was dadurch erwirkt werden kann, ist eine temporäre Erleichterung.

Freiheit wird zur Illusion, wenn der Mensch unter Kontrollzwängen, Zwangsgedanken oder scheinbar äußeren Zwängen leidet. Auch mit der eigenen Kontrollsucht geht es der Freiheit an den Kragen. Wer andere kontrollieren muss, ist nicht frei, um dieses Leben zu genießen und sein Lebenswerk voranzutreiben. Ein gelungenes Lebenswerk beinhaltet keine unterworfenen und kontrollierten Mitmenschen. Kontrolle ist immer eine Neurose und von der sollte man sich als erstes befreien, auch wenn das herausfordernd ist. Wenn man im Außen nichts ändern kann, dann geht es wie immer an die inneren Strukturen. Ich stelle wieder ein paar inspirierende Fragen zur

Verfügung:

Können Sie mit Freiheit umgehen?

Können Sie anderen Freiheit geben und sich selbst Freiheiten nehmen?

Haben Sie sich von unnötigen Strukturen des Gehorsams befreit?

Sitzen Sie auf mentaler Ebene eine Strafe ab, die andere verdient haben?

Sitzen Sie in einem Käfig aus Angst oder aus Regeln?

Wenn Sie sich unfrei fühlen, woraus besteht Ihr Gefängnis?

Lassen Sie sich zum Thema Freiheit inspirieren. Ich empfehle Ihnen gerne das Buch „Furcht vor der Freiheit" von Erich Fromm.[41]

8. WIEDERGUTMACHUNG

Statt (Selbst-)Bestrafung entscheide ich Wiedergutmachung an allen, denen ich geschadet habe

Wiedergutmachung ist eine wunderbare Sache, die glücklich macht und befreit. Anstatt ein beklemmendes Gefühl in der Lüge und der Verschleierung zu leben, ist die Wiedergutmachung für alle Beteiligten eine Wohltat. Natürlich müssen Sie dabei Ihren inneren Schweinehund überwinden, vielleicht Ihre Scham und Ihre Schuld. Vielleicht müssen Sie auch einen Schwall an Vorwürfen entgegen nehmen. Aber die Überwindung des Schamgefängnisses alleine ist bereits den Aufwand wert. Wenn Sie diese Hürden einmal überwunden haben, werden Sie überrascht sein, welche Chancen sich daraus ergeben und wie befreit Sie sich danach fühlen. Und ja, Sie müssen mit Verurteilung und Zurückweisung rechnen, dass jemand der Meinung ist, dass das, was Sie ihr oder ihm angetan haben, nicht wieder gut zu machen ist. Aber wir sprechen ja hier von Ihrem Persönlichkeitswachstumsprozess und nicht davon, dass andere nicht den Richter spielen sollten. Auch hier sollten Sie immer auf Ihre inneren Strukturen und Muster achten, um zu sehen, mit was Sie in Resonanz gehen. Alles ist lernen und

---

[41] Fromm, Erich, Furcht vor der Freiheit.

Wiedergutmachung eine große Chance, selbst Größe zu zeigen und diese mit aller Bereitschaft anzustreben. Es kann sein, dass das Gegenüber auch dann nicht verzeihen will, wenn Sie Ihre Schuld eingestehen. Es gibt nachtragende Zeitgenossen. Aber wie gesagt: Größe ist alles und der Versuch ist es immer wert. Wenn juristische Zusammenhänge eine Rolle spielen, muss natürlich immer noch ein Anwalt befragt werden. Besprechen Sie auch mit ihm die Frage nach einem Konsens.

9. Unterscheidung zwischen Unmenschlich und Antimenschlich

Ich lerne das Grauen zu überwinden.

Vieles, was von der Allgemeinheit als „unmenschlich" bezeichnet wird, ist zutiefst menschlich -eben nur im dunklen Bereich. Doch es gibt in der aktuellen Zeit die Strömung des „Transhumanimus", der den Menschen als natürliches Konzept abschaffen und eine Zukunft der Verschmelzung von Mensch und Maschine anstrebt (Klaus Schwab[42], WEF). In der Fehlannahme, dass die Fehler des Menschen zur Vernichtung des Planeten führen und Maschinen unfehlbarer sind als Menschen, soll das Menschsein als solches überwunden und optimiert werden. Wer sich auf diese Thesen einlässt und Bücher wie der „Great Reset" von Klaus Schwab liest, traut seinen Augen nicht. Die perfekte Zukunft setzt nach dieser Vorgabe die Überwindung des Menschseins als solches voraus. Dieses Psychospiel des „du bist nicht gut genug" findet hier einen Höhepunkt, der Grauen auslösen kann. Wer sich intensiv damit beschäftigt, braucht anschließend eine Stärkung seines Zutrauens in die Schöpfung. Die Erde ist sehr groß und die Schöpfung ein unendliches, geistiges Wesen. Die Angst vor dem Weltuntergang durch den Menschen ist ein zutiefst neurotisches

---

[42] Schwab Klaus, The Great Reset

und narzisstisches Konzept der absoluten Selbstüberschätzung. Ebenso das Konzept der Rettung der Erde oder das Konzept der kompletten Kontrolle der Menschheit. Es bleibt wichtig, verantwortungsbewusst zu handeln, aber ohne sich in den Sog der Massenhysterie ziehen zu lassen. Um das zu schaffen, ist der folgende Punkt essentiell.

10. SPIRITUELLES LEBEN

Ich lerne die spirituellen Ebenen auf meine Weise kennen.

Die Öffnung für die Relevanz des immateriellen Lebens kann auf vielen Wegen erforscht werden. Meiner Erfahrung nach gibt es nicht „den richtigen Weg." Wie in allen anderen Bereichen des Lebens muss jeder für sich herausfinden, was seiner Wellenlänge entspricht. Die Beschäftigung mit Frequenzen und Schwingungen und ihre Auswirkungen auf unser Leben kann eingefleischten Natur-Wissenschaftlern eine Brücke bilden zu dem, was den Menschen ausmacht. Viele Aspekte der Quantenphysik geben uns Auskunft über die Relevanz des Bewusstseins. Was ist der Mensch ohne Bewusstsein? Bewusstlos oder tot. Weder das eine noch das andere ist sonderlich erstrebenswert, also erkennen wir an, dass Bewusstsein eine ernstzunehmende Relevanz für unser Leben hat.

Dieses Bewusstsein hat, wie Sie durch die Arbeit mit dem Lotus erkennen konnten, eine große psychologische Note. Die Seele, die sich durch Gefühle mitteilt, ist ebensowenig greifbar, wie das Bewusstsein und in akademischen Kreisen wird dann schon wieder über Definitionen gezankt. Ich denke, dass es nichts Unspirituelleres gibt, als über die Definition von Seele zu streiten. Denken Sie über den Begriff „seelenlos" nach, dann werden Sie eher fündig. Das Numinose ist nicht greifbar und nicht erklärbar, nicht einmal definierbar. Aber seine Abwesenheit ist immer spürbar. Deswegen kann man sich den Begriffen des Numinosen am besten über die Abwesenheit desselben nähern. Was bedeutet Gottlosigkeit für Sie?

Wasser und Spiritualität

Die Seele hat ein Verwandtschaftsverhältnis mit dem Wasser. In allen Weisheitslehren wird das Wasser analog mit dem Seelenleben benutzt und das hat seine Gründe. Wir wachsen so selbstverständlich mit dem Wasser auf, dass wir viel zu wenige Fragen über diesen wundersamen Stoff stellen. Das Wasser, das wir heute erleben, ist durch alle Lebewesen geflossen, die es je auf dem Planeten gegeben hat. Es fließt dem Meer zu, steigt in die Wolken auf, regnet ab und versickert in geheimnisvolle Tiefen, um irgendwo gereinigt und neu energetisiert nach oben zu steigen (!) und durch eine Quelle wieder hervorzutreten. Soweit die Theorie. Aber wie sich das mit dem Wasser verhält, weiß niemand so genau. Das Wasser scheint wie ein Gedächtnis zu wirken und ich kann eine nähere Beschäftigung mit Themen wie Emoto[43] oder Schauberger[44] nur wärmstens empfehlen. Über das Wasser findet man wunderbare Brücken zu den tieferen Geheimnissen des Lebens und es gibt sicherlich einen Grund dafür, dass Weihwasser in jeder Kirche zu finden ist.

Wald und Natur

Wer mit offenen Augen durch den Wald geht, wird auch hier faszinierende Dinge finden. Pilze sind nicht nur lecker, sondern auch eine bemerkenswerte Spezies, die uns ebenso in Staunen führen kann, wie die Bäume. Wie groß waren die Bäume früher wirklich? Wer über eine hohe Sensibilität verfügt, kann die Bäume fühlen und manchmal,

---

[43] Emoto, Musara, Botschaften des Wassers

[44] Schauberger Victor, Das Wesen des Wassers

wenn man nicht mehr weiter weiß, kann der Wald antworten geben. Über Tierbegegnungen beispielsweise. Auch hier wird es spannend, wenn man sich den vielen verschiedenen Totems der amerikanischen Natives öffnet und lernt, was die einzelnen Totems bedeuten.

Das Licht

Die Beschäftigung mit Licht und Energie ist eine weitere Möglichkeit, spirituellen Überlegungen näher zu kommen. Wenn das Licht göttlich ist, dann kann man mit dem Licht auch sprechen, richtig? Wer weiß, welche Antworten Sie bekommen, wenn Sie es versuchen. Über Licht hat man in vielen Versuchen in China das „Chi" sichtbar machen können. Diese Lebensenergie folgt in vielen chinesischen Traditionen der Konzentration. Probieren Sie Tai Chi aus oder beschäftigen Sie sich mit Feng Shui, der asiatischen Geomantie. Auch hier bekommen Sie einen guten Zugang zu den spirituellen Ebenen.

Gebet und Meditation

Für manche Menschen ist die Meditation das Non plus Ultra, andere finden den Zugang über das Gebet. Ich selbst genieße Trance-Reisen besonders, denn über die Deutung der inneren Bilder kann man viele Erkenntnisse über sich und die Welt finden. Auch in der Arbeit mit dem Feld, also den Simulationen, die so ähnlich ablaufen wie Familien-Aufstellungen, finden sich interessante Aspekte des Lebens wieder und man findet so manche Antwort, die man auf rationalem Wege niemals hätte finden können. Meditative Bewegung wie Tai Chi oder Yoga können besonders körperorientierten Menschen den Zugang zu spirituellen Ebenen öffnen.

Musik und andere Frequenzen

Musik ist natürlich auch eine wunderbare Sache. Da das ganze Universum auf Klangmuster und Schwingung aufgebaut ist, ist die Musik eine der größten Botschafterinnen der spirituellen Ebenen. Mit Frequenzen zu experimentieren, selbst ein Instrument auszuprobieren oder zu trommeln, kann ebenso Türen öffnen wie eine Klangmassage. Vielleicht testen Sie auch einfach mal den Unterschied zwischen 432 Hz und 440 Hz.

Egal, welchen Weg Sie für sich nutzen, wichtig ist, dass Sie die erleichternde und heilende Welt der Spiritualität für sich erforschen und Ihren persönlichen Weg finden. Im Soulfit Verlag werde ich alles tun, um Sie immer wieder mit neuen Ideen zu inspirieren.

11. ANDERE INSPIRIEREN

Ich werde ein lebensbefürwortendes Vorbild und gebe meine Kenntnisse an

Interessierte weiter.

Geben ist seliger als Nehmen. Dieser Grundsatz wird nicht nur in der Bibel vertreten. Wenn der brauchende Mensch ein Gebender wird, ist der Weg dorthin oft nicht einfach. Dennoch wird das Geben als etwas sehr beglückendes erlebt. Wenn Sie erst einmal so weit sind, dass Sie das, was Sie gelernt haben so gut beherrschen, dass Sie es weiter vermitteln können, werden sich ihnen viele Chancen öffnen. Nicht nur die Sozialen Medien eröffnen den Blick auf so unendlich viele verlorene Menschenseelen, dass es einen erbarmt. Doch Gesundheit ist ansteckend und je mehr Menschen sich auf den Weg zu ihrer eigenen Heilung machen, um so mehr Menschen werden Ihnen folgen. Das Wissen weiterzugeben ist immer ein lohnender Aspekt für das Lebenswerk und hier schließt sich der Kreis zum Merlin. Diese 11 Punkte (übrigens 11 ist in der Numerologie eine Meisterzahl) helfen Ihnen nicht nur beim Ausstieg aus den Psychospielen, sondern auch dabei, Ihren Sinn im Leben zu finden und Ihre eigene Form des Merlin Daseins vorzubereiten. Was kann es Wertvolleres geben, als das?

12. DANKBARKEIT UND IN LIEBE LOSLASSEN

In Liebe loslassen

Diesen Satz geben Selbsthilfegruppen wie AlAnon ihren Mitgliedern an die Hand, um einen neuen Umgang mit suchtkranken Angehörigen zu finden und damit umzugehen, wenn es dem Ende zugeht. Das, was in kleinen Systemen gilt, gilt auch für das große. Finanzindustrie, globalistische Konzerne, Pharma-, Chemie-, Ölindustrie, Kirchen, der militärisch-industrielle Komplex, Regierungen, NGOs, Banken uvm. sind in einer gigantischen Walze miteinander verbacken, die in einem irren Tanz dem Untergang entgegen rollen. Auf diesem Weg nach unten wird diese Walze jeden mitreißen, der sich ihr in den Weg stellt. Mensch, Tier und Natur werden platt gewalzt. Der Untergang ist von Menschen verursacht, aber nicht von Menschen gemacht, sondern eine systemische Folge der bisherigen Entscheidungen das Immaterielle als nicht existent zu ignorieren. Nun steht es auf. Sich dieser Walze entgegenstellen zu wollen, sich in politische Scharmützel zu stürzen, zu klagen, oder sich aggressiv in die Mitte des Konstrukts zu begeben, all das muss gut überlegt und in ein Gewinnerskript integriert sein. Niemand wird diese Walze aufhalten. Unser dekadentes System ist dem Untergang geweiht. Ich habe kein Bild davon, wie es ohne das System sein wird. So, wie Angehörigen von Suchtkranken das Bild davon fehlt, wie es „danach" aussehen wird. Hier ist Mut und Vertrauen in die Zukunft gefordert. Wir werden alle „danach" unsere Wege finden - und bis dahin an unserem Gewinnerskript arbeiten.

Ungerechtigkeiten

Natürlich stolpert man auf dem Weg zum Verstehen über Ungerechtigkeiten, Brutalitäten und vieles andere, das einen aus der

Fassung bringt. Wenn man Kenntnis von den Machenschaften der Geheimdienste und den völlig pervertierten „Eliten" erfährt, kann einem das die ein oder andere Nachtruhe stehlen. Aber von einem sterbenden Suchtsystem kann man keine menschlichen Regungen erwarten. Versuchen Sie also nicht, sich dem Player anzuschließen, der aus Ihrer Sicht siegreich aus dem Ganzen hervorgehen wird. Sicher gibt es böse und weniger böse Teilnehmer des Konstruktes, aber mit dem Blick auf das Psychospiel gibt es vor allem immer Psychospieler und Erfüllungsgehilfen. Es wird nur Verlierer geben. Ich empfehle politische Neutralität und das Ziel, sich ganz an den Rand des Konstruktes zu begeben, damit der Strudel Sie nicht mitreißt. Ich empfehle, die ausgelösten Gefühle sorgsam wahrzunehmen, damit zu arbeiten und an Ihrem Gewinnerskript zu schreiben. Gewinnen Sie ansonsten aber emotionalen Abstand und lassen Sie in Liebe los, was gehen muss. Ein starker Glauben erlaubt es Ihnen, das ganze System in Gottes Hände zu legen, weil die göttlichen Ebenen besser wissen als wir, was nun zu tun ist. Bleiben Sie einfach nur im Respekt, so gut es geht.

Dankbarkeit

Letztlich waren wir alle mehr oder weniger Teile des Systems und haben davon profitiert. Egal, wie kritisch ich die Kirche sehe, es waren freundliche katholische Pfarrer, die meine Musik geliebt und mir einen Einblick in spirituelle Gedanken gegeben haben. Spirituelle Menschen lehren spirituelle Dinge unabhängig von politischen Agenden. Ich hatte immer ein Dach über dem Kopf und genug zu essen, ich hatte die Möglichkeit meine Kinder in einem relativ friedlichen Kontext aufwachsen zu lassen und kann im Moment noch friedlich mit meinem Hund spazieren gehen. Es kommt Wasser aus meinem Wasserhahn, es gibt eine Heizung, die uns warm hält und ich habe ein sparsames Auto, das ich nutzen kann, wenn ich ab und zu eins brauche. Mein Telefon funktioniert und ich habe meine Bücher digital produziert und vermarktet. Es gab immer die Möglichkeit,

Musik zu machen und ich konnte in jungen Jahren viel reisen. Abgesehen von viel Gutem, durfte ich mein Leben in einem Land verbringen, in dem es wunderschöne Plätze und viele freundliche Menschen gibt. Dafür bin ich dankbar. Das System ist korrumpiert, aber es hat in vielen Teilen ein funktionierendes Leben ermöglicht. Das, was da ist, stirbt und wir tun Gutes, wenn wir das sterbende System nicht bekämpfen, sondern dankbar sind, für das, was wir erhalten haben.

DAS GEDEIHEN ALS ZIEL

Seelische Gesundheit der Menschen erkennt man an ihrem Gedeihen als Mensch, am Gedeihen des Umfeldes, ihrer Werke und an ihrer Ausstrahlung - Vorsicht: nicht immer an ihrem Verhalten! Gedeihende Menschen sind ehrlich und zugewandt. Sie sind neugierig und wissbegierig, verspielt und kreativ. In ernsten Situationen sind sie ernst, tiefgründig und lösungsorientiert. Bestürzt über Ungerechtigkeit und empathisch, wenn mit dem Leiden anderer konfrontiert, möchten sie ihren Beitrag leisten und helfen, wo sie können. Gesunde Menschen sind großzügig und teilen gerne. Sie können sich rücksichtsvoll zurückziehen, aber auch zugewandt und liebevoll sein. Belastungen halten sie aus und suchen nach Lösungen. Die Tiere, die Natur, die Welt faszinieren sie und sie haben ein Gespür für die Wunder des Lebens. Sie machen sich Gedanken über das Leben, ohne den Humor zu verlieren und entwickeln selbständig ihre Talente. Aber: sie verfügen auch über einen heiligen Zorn, der ihnen große Kraft und machtvolle Ausstrahlung verleiht, wenn sie beschließen, Ungerechtigkeiten zu regulieren.

Im Heilungsprozess finden Menschen im Laufe der Zeit einen immer besseren Zugang zu sich selbst. Gesunde und in Heilung begriffene Menschen sind inspirierende Zeitgenossen, dessen Nähe man gerne sucht. Doch Vorsicht: sie haben ihre Wildnatur integriert und werden sich entschieden gegen Misshandlung und Missbrauch wehren!

Soweit zu meinen Eindrücken. Aber überlegen Sie doch einfach selbst, wie ein seelisch gesunder Mensch Ihrer Meinung nach unterwegs ist.

Wo ordnen Sie sich selbst ein auf einer Skala von 0 (seelisch belastet) bis 10 (seelisch gesund)?

ZUKUNFT MENSCH UND TECHNIK

Ein Teil der Gesundheit hängt davon ab, dass wir die Lernaufgaben, die sich uns zeigen auch bewältigen. Vielerorts wird davor gewarnt, dass die Künstliche Intelligenz die Führung über die Welt übernehmen könnte und ein weiterer Aspekt, der die Lebensangst fördert, wird von den Medien herausgearbeitet. Wenn das geschieht, kann es sein, dass die KI zum Gegner wird. Kann Ihr Geist damit umgehen? Haben Sie schon mal darüber nachgedacht, dass Ihr Geist theoretisch alles kann, was eine KI kann?

Tatsächlich stehen wir vor der Frage, was unser eigener Geist leisten kann und ob die Brücke zwischen Mensch und Technik geschlagen werden muss. Für die Transhumanisten ist schon alles klar. Der Mensch ist zu mangelhaft, also muss er über Chips oder andere Fremdkörper in seinem Gehirn mit dem Computer zusammengeschaltet werden. Wenn ich mir anschaue, wie das Wissen im Netz in den letzten fünf Jahren dezimiert wurde, dann ist leicht erkennbar, wie manipulierbar diese Ressource ist. Wer würde sich freiwillig mit einem derartig volatilen und manipulierbaren technischen Gerät verschalten lassen?

Doch wir haben scheinbar zu viel Zeit verstreichen lassen, um in uns das zu aktivieren, was wir theoretisch geistig bewerkstelligen könnten. Haben Sie geübt, telepathisch zu kommunizieren? Haben Sie Ihre Konzentration trainiert? Affen können über Chips im Hirn Computerspiele gedanklich steuern. Yeah!

Aber unser Bewusstsein hat Einfluss auf die Realität. Vielleicht sollten wir der Sorte Technik, die wie Spielzeug daher kommt, aber eine massive Überwachungsmaschinerie beinhaltet, einfach abschwören und mit der Realität experimentieren?

Was kann der Mensch ohne Technik mit seinem Geist alles bewerkstelligen? Ein Beispiel dafür ist die intuitive Orientierung, die Menschen haben, wenn sie ganz altmodisch nach Karte anstatt mit Navi fahren. Ich habe diverse Male beobachten können, dass Menschen, die über diese altmodische Art der Orientierung verfügen, auch ihren Lebensweg leichter finden. Das macht Ihnen kein Computer nach.

Die Konfrontation mit der Künstlichen Intelligenz und der Digitalisierung stellt uns vor neue Herausforderungen und die bisherigen Vorgehensweisen und der Umgang mit den Ressourcen der Erde sind an Grenzen geraten, die uns unmissverständlich zeigen, dass unser Wachstumsgedanke transformiert werden muss. Doch die Schuld für die groß angelegte Ausbeutung der Erde lasse ich bei denen, die über groß angelegte Methoden das große Geld gemacht haben. Die Bevölkerung kann ihre Nachfrage drosseln, aber sie kann keine Verantwortung dafür übernehmen, wenn sie desinformiert und belogen wird.

Doch nicht Gott?

Drücken wir es eher so aus: der Mensch erkennt gerade, dass er sich zu Unrecht für Gott gehalten hat. Seine Erfindungen und seine Grandiosität sind eben doch nur menschlich und damit fehlerhaft. Die Antwort liegt nicht in der Technik, die unsere Probleme löst, sondern in unserem Geist, der das viel besser könnte, wenn wir wollten. Was aber tatsächlich an menschlicher Macht und Kraft im Geist liegt, das hat der Mensch vergessen, verdrängt, abgespalten.

Diese technisierte Zeit war vielleicht ein notwendiger und richtiger Schritt, um sich selbst als Schöpfer zu erleben und zu erkennen, was der Mensch alles vollbringen und herausfinden kann. Dazu musste er sich aus dem Moralkorsett der religiösen Einschränkungen befreien. Die Naturwissenschaft hat Gott infrage gestellt und abgeschafft. Erst, wenn die moralischen Korsetts obsolet sind und man auf der anderen Seite mit Vollgas über alle Grenzen hinausgeschossen ist, kann man die eigenen Grenzen erfahren und einen Prozess der Freiwilligkeit antreten. Die Menschheit ist als Ganzes in einen Entwicklungsprozess eingebunden, der wahrscheinlich nie enden wird. Die Individuation von Gott ist leidvoll und lehrreich, aber notwendig. Jugendliche in der Pubertät durchlaufen Phasen, in denen sie alles zu wissen vorgeben, bis sie erleben, dass das, was sie glaubten zu wissen, doch noch nicht die Allwissenheit war. Deswegen wird man die Jugendlichen auch nicht gleich der Todesstrafe zuführen und sie in ihren Konsequenzen ersticken lassen. Nur die Kenntnis unserer Grenzen, können zu einem bewussten und vernünftigen Umgang mit Freiheit führen. Das, wovon ich rede, hat nichts mit der gouvernantenhaften Verbotskultur einer ungebildeten Überheblichkeit zu tun, die gerade wie ein Seuche grassiert. Diese ist ein Psychospiel und zwar ein gefährliches, wie ich schon gezeigt habe. Psychospiele schränken unsere Freiheit in massiver Weise ein. Aber nur, wenn wir die mentalen Fesseln lösen, können wir den Ausstieg meistern. Die Lösung liegt in der Befreiung der Persönlichkeit von einschränkenden Mustern, um dann die volle Kompetenz zu erkennen, die, solange sie gefesselt ist nicht einmal im Ansatz geahnt werden kann. Aber da sind wir noch lange nicht.

PSYCHOSPIELE ALS KAMPF MIT DER DUNKLEN SEITE

In unserem Alltag finden permanent Kämpfe mit der „dunklen Seite" statt, auch wenn die Special Effects nicht so aufregend sind, wie im Film (Gott sei Dank:-)). Im Psychospiel wird immer wieder getestet, wie stark Ihre positive Seite ist. Der Klient kämpft gegen den Therapeuten, der Trickster gegen die Autorität, der Mitarbeiter gegen die Führungskraft, die Kinder gegen die Eltern usw. Dabei stellt sich ununterbrochen die Frage nach der Endauszahlung. Wird das Ego siegen oder das Höhere Selbst, Satan oder Gott, die Dunkelheit oder das Licht? Verschafft sich die Versuchung Zutritt oder setzt sich die Ethik durch? Gesetz oder Kriminalität, erfolgreiches Leben oder krankhafte Dominanz gegenüber den Eltern, Bildung oder Sex(sucht)? Der Kampf ist immer ein Kampf zwischen gleich Starken. Ob die Moral siegt ist eine Frage der Entscheidung. In vielen Bereichen unseres Lebens hat das Ego über das Höhere Selbst gesiegt.

Die Homöopathie unterscheidet zwischen der Psora (Kapitulation der „Göttlichen Ordnung", die Gesundheit bedeutet) und Miasma (Kapitulation der Ordnung seit Generationen und schwere „Verstöße"). Unter Sünde (aus der Ordnung fallen) versteht man in dem Zusammenhang nicht den bestrafungswürdigen Ungehorsam, sondern eine geistige oder seelische Verirrung, die zu Missempfinden, Krankheit, Unglück und Tod führt. Die Erbsünde ist vor diesem Hintergrund die nicht erfüllte Lernaufgabe, deren Misslingen sich schon seit Generationen in der Familie befindet. Oft muss „der Jüngste" oder die einzige Schwester unter den Brüdern die schwere Aufgabe lösen, wie im Märchen. Dabei ist immer wieder zu beobachten, dass nur „die Reinen" in der Lage sind, die Aufgabe zu lösen, während die, die der Ver-Suchung erliegen, sich u.U. auch (im Irr-sinn) ver-irren. Es wird Zeit, dass wir den entwürdigenden Terror beenden, dem sich die Menschen gegenseitig ausliefern.

DAS GOLD DER ERDE

Terror - was bedeutet das Wort eigentlich? „Terra" ist die Erde und „Or" das chemische Zeichen für Gold, zusammen „Erdengold". Egal ob es sich um das schwarze Gold der arabischen Wüsten handelt oder die Baghdad Bahn, blutig wird um das Gold der Erde gekämpft. Wenn das Gold der Erde nicht alchemistisch verstanden wird, im Sinne des goldenen Herzens, das den Menschen goldene Zeiten beschert, dann fließt Blut.

Das ist alles nicht neu. Es läuft schon seit Jahrzehnten, nein Jahrhunderten - vielleicht sogar Jahrtausenden. Sieger schreiben die Geschichte. Doch Sieger sind keine Gewinner. So setzen sie sich auf Throne, die aus dem Gold bestehen, aus dem eigentlich ihr Herz bestehen sollte. Sie horten das Geld, anstatt dem Volk, das sie beherrschen, goldene Zeiten zu ermöglichen. Die Wahrheit ist, dass immer die Brutalen, die Niederträchtigeren und Gewalttätigen gesiegt haben. Doch wenn die Wahrheit mit den Siegern herrschen würde, dann gäbe es keine Regierungen mehr. Die Regierungen der Welt haben nicht das Gute verwaltet und noch besser gemacht, sondern Schmerz und Blutvergießen über die Menschen gebracht. Eine der gewaltigsten Weltregierungen ist der Vatikan. Über Jahrhunderte verlogener Vermittler von Kultur und Wissen, hat diese Institution aus neurotischen Mutteropfern das Wissen der Welt aus Dominanzgründen zerstört. Der Hass auf die Mutter, die das Leben hervorbringt, lässt die verdrehten Seelen in Frauenkleidung die Leibesfrucht von Mutter Erde vernichten. Wollte man die Money-Theistischen Religionen an ihrem Vernichtungszug gegen das Leben auf der Erde hindern, müsste man sie mit dem Blei konfrontieren, das ihre Horror-Mütter in ihnen hinterlassen haben und aus dem ihre Seelen bestehen.
Doch sie alle haben die Menschheit auch gelehrt, was Schicksal ist. Es wird eine Zeit geben, in der die Menschen wirklich aufwachen und anfangen ihre Seelen zu durchforschen, um das wahre Gold des Lebens zu finden, anstatt auf die Terror Regierungen der äußeren Welt zu achten. Das wird der Moment sein, wo sich der Kriegsschauplatz Erde wieder in einen Garten Eden verwandelt.

DEFINITION MENSCHENWÜRDE

Mit dem Begriff der Menschenwürde (dignitas) wird die besondere Seinsbestimmung bezeichnet, die die Menschen von allen anderen

Lebewesen unterscheidet. Die Würde kann uns niemand nehmen und nur wir selbst können sie aufrecht erhalten. Würde ist einzig und allein der Eigenverantwortung unterworfen, denn ob man würdevoll auf das reagiert, was uns begegnet, entscheidet jeder selbst. Würde entsteht durch Selbstbeherrschung und nur die führt zur Reifung des Charakters. Die Überwindung des Egos muss eine bewusste Entscheidung sein. Die bewusste Entscheidung für die Triebbeherrschung ist eine Fähigkeit, die den Tieren fehlt, weil diese den triebhaften Instinkten bedingungslos ausgeliefert sind. Der Mensch hat einen freien Willen. Würde ist nicht raffgierig, biedert sich nicht an, übertritt nicht einfach die Grenzen des Gegenübers und prostituiert sich nicht für Geld. Würde dient „höheren Zielen" wie auch immer diese beschaffen sein mögen. Würde erkennt die Maßstäbe „Höherer Welten" im weitesten Sinne an und übt sich diesen Werten gegenüber in an-mutiger Demut. Würde ist nach Spiral Dynamics[45] der orangen Ebene zu altmodisch und der grünen zu autoritär. Wer aber einen würdevollen Vorgesetzten erlebt, weiß ihn bald zu schätzen, denn er oder sie respektiert auch die Würde von anderen und schützt die Unterlegenen, ohne sich rückhaltlos an denen abzureagieren, die schwächer sind als er. Würdevolle Autoritäten als Bankdirektoren würden sicher der Allgemeinheit Gutes tun, indem sie die Pferde zügeln, die zurzeit durchgehen. Die grüne Antiautorität hat hier nichts Gutes bewirkt. Die Psychologie ist noch zu jung, um die Wichtigkeit der altmodischen „Tugenden" für die eigene Psyche und das Zusammenleben zu erkennen. Aber wenn die ersehnte Selbstentwicklung der grünen Ebene sich mit der blauen Ebene versöhnt, wird das ersehnte Ziel erreichbar. Die Veredelung des Charakters beginnt immer in der eigenen Persönlichkeit und der Suche nach dem Abbild des allmächtigen Götterpaares in sich selbst.

---

[45] Beck Don, Spiral Dynamics

Das innere Götterpaar

Die Mutter alles Existierenden ist nicht alleine. Sie steht in tiefer Liebe neben ihrem Mann, dem Vater alles Existierenden. Zwei Wesenheiten, bestehend aus reinem Bewusstsein. Es gibt nicht entweder das Matriarchat oder das Patriarchat. Beides ist falsch, denn beides negiert die Existenz und Relevanz des jeweils anderen Pols. Natürlich gibt es das Unipolare, das über den beiden steht und diese Kraft nennt man Eros. Das Ziel des Eros ist immer die Vereinigung dessen, was getrennt ist, aber zusammen gehört. Alles in der Welt erscheint in der Form der beiden Pole des männlichen und des weiblichen, der Ratio und der Emotio, dem Dunklen und dem Hellen, Ying und Yang: das Mesotriarchat eines Paares, das zusammengehört. Die Vereinigung der beiden gegengeschlechtlichen Pole ist die stärkste Energiequelle der Gesundheit, des Lebens und der Liebe. Aus dieser magischen Energiequelle der Vereinigung, in der der weibliche Anteil sich dem männlichen hingibt und den Samen empfängt, wird neues Leben gezeugt. Doch ich gehe davon aus, dass die Verbindung zwischen zwei Menschen, die von „Höherer Stelle" aus zusammen geführt werden, durch ihre Liebe noch viel weitreichenderen Einfluss auf die Realität haben können, Energien generieren können, die außergewöhnlich sind. Wir erleben erotische Spannung eher als etwas, was entladen werden will, doch es gibt geheimnisvolle Stimmen, die davon sprechen, dass diese erotischen Energien ungeahnte magische Fähigkeiten in sich bergen. Ich weiß nicht, ob Sie zu denen gehören, die mit einem anderen Menschen zusammengeführt wurden. Aber vielleicht geben Ihnen diese Inspirationen einen Hinweis, der Sie weiterführt. Schreiben Sie mir gerne, wenn Sie die Wunder der Magie entdecken und vielleicht Gutes bewirken, indem Sie es schaffen, diese Energien zu lenken.

Denken Sie gerne darüber nach, ob die Entstehung von Leben für Sie etwas Hoch-Heiliges ist. Das weibliche und das männliche in Verbindung mit dem „Dritten Göttlichen" ist *das* lebensspendende

Prinzip überhaupt. Dieses Probiotische hat eine gefährliche antibiotische Gegnerin: die Horror-Mutter, die das werdende Leben ablehnt. Was liegt also näher, als das Prinzip des lebensspendenden Paares anzugreifen? Wer mit psychologischer Kriegsführung ein Land zerstören will, muss nur die Liebe zwischen Mann und Frau belasten. Damit erreicht sie einen Kahlschlag auf Lebensfreude, neues Leben, den Fortbestand des Volkes, kurz: die Vernichtung des Lebens und der Liebe. Machen Sie sich bewusst, dass partnerschaftliche Probleme ihren Ursprung vielleicht in politischen Zusammenhängen haben können und forschen Sie gemeinsam danach. Ihnen steht eine spannende Heldenreise bevor.

In unserer Zeit leben lauter Menschen, die lernen sollen, die aufrechte und aufrichtige Begegnung zwischen Mann und Frau wieder auszuhalten. Wir sind aufgefordert für uns, aber auch für die, die nach uns kommen die Verstrickungen mit den Eltern und den vielen Generationen der kriegerischen Zeiten und ihrer totgeschwiegenen und umgeschriebenen Historie aufzulösen. Wenn Verliebte in einer ver-kehrten, verdrehten Beziehungsstruktur stecken, sollten sie nicht einfach aufgeben, sondern die Reise nach innen antreten und ihre kostbare Liebe in Sicherheit bringen. Über Psychospiele aneinander gekettet, in schmerzhafter Abhängigkeit bleiben viele mit den Eltern und deren Historie verhaftet. Aber das muss nicht sein. Der Blick auf ihr Unbewusstes und die Verschaltungen im Inneren kann man richten. Ehen können aufhören, Gefängnisse und Folterkammern zu sein, sobald die Seelen der Ahnen erhört und aus dem Lügengefängnis erlöst wurden.

Die Zeit ist reif dafür, genau das nun zu tun. Selbst, wenn Muttergeschädigte Herrscher der Welt versuchen, die natürliche Entstehung des Menschen abzuschaffen und nur noch Klone auf dieser Welt zu erlauben, würde sich irgendwo, an irgend einer Stelle das Göttliche wie eine Rose durch den Asphalt bohren. Egal, was die

Herrscher der Welt tun, sie werden eines niemals sein: glücklich. Das wahre Gold der Erde wird ihnen vorenthalten. Nicht, weil man es ihnen nicht gibt, sondern weil sie an der falschen Stelle nach Öl bohren. Das wahre Gold der Erde erreicht man niemals mit Gewalt, niemals über die Unterdrückung von anderen Menschen, sondern nur über Liebe und Erkenntnis. Und das ist der demütige, helle Weg, der schwerer ist, als der Weg der Triebbefriedigung. Doch nichts führt näher an die Vermaterialisierung des Höheren Selbst heran: Die Art des Seins, in der Psychospiele nicht mehr nötig sind, weil die Heilung stattgefunden hat. Da, wo echte, wahre Beziehung und lichtvoller Austausch, Lachen, Lernen und Staunen sind. Da wo Venus den Reichtum wieder zum Wohle der Menschheit verteilt und Menschen das zu würdigen wissen und lebenslang nach Ehre und Liebe streben. Statt Terror finden Sie so die Terra d'or.

In diesem Sinne wünsche ich energiereiche Suche, gute Resonanzen, spannende Synchronizitäten, kleine Lichter links und rechts am Wegesrand und ein mutiges „Ja" zur Heilung.

Im Anschluss finden Sie noch etliche Fragen für Ihre Selbstexploration.

IST-SOLL-ANALYSE

Die Ist-Soll-Analyse besteht aus zwei Teilen, einmal der Situationsanalyse, die eine Bestandsaufnahme der momentanen Situation darstellt und die Soll-Analyse, eine Beschreibung der Wunschrealität. Natürlich können Ihnen unterwegs noch weitere Fragen einfallen. Nehmen Sie sie einfach dazu.

Wenn Ist-Zustand und Soll-Zustand genau definiert sind, geht es um die Frage, welche unbewusste Blockade oder Limitierung zwischen Ihnen und der Wunschrealität steht und damit geht dann die Selbsterfahrung los.

Fangen wir also mit den verschiedenen Fragen an.

Die Familie

Wer sind Ihre wichtigsten Bezugspersonen?
Welche Qualität haben Ihre Beziehungen? Beschreiben Sie sie genauer.
Wofür Sind Sie dankbar?
Schreiben Sie zu jeder Ihrer Bezugspersonen mindestens drei gute Eigenschaften.
Gibt es chronische Konflikte?
Seit wann bestehen diese Konflikte?
Was haben Sie bisher unternommen, um die Konflikte zu lösen?
Welche Überzeugung in Ihnen wird durch diese Konflikte bestärkt?
Wie sind die Aussichtschancen?
Was fehlt Ihnen?

Beruf/Ausbildung

Wie ist Ihre berufliche Situation?

Was gefällt Ihnen, was nicht?

Sind Sie Ihren Talenten entsprechend eingesetzt?

Leben Sie Ihren Traumberuf?

Wenn nein, was hält Sie davon ab?

Erfüllt Sie Ihr Beruf mit Spannung und Freude?

Müssen Sie anspruchsvolle Herausforderungen meistern?

Haben Sie die Möglichkeiten, sich weiterzuentwickeln?

Gibt es Aufstiegschancen?

Leben Sie Ihre Berufung?

Sehen Sie einen Sinn in Ihrer Tätigkeit?

Beschreiben Sie die Situationen, die Sie als problematisch empfinden.

Was fehlt Ihnen?

Finanzen

Wie geht es Ihrem Konto?

Haben Sie Schulden?

Sind diese überschaubar?

Wie geht es Ihnen, wenn Sie einen Banktermin haben?

Wie stehen Sie emotional zum aktuellen Finanzsystem?

Wie ist Ihre die Perspektive?

Wie ist Ihre aktuelle Situation mit Ihren Verwaltungsverpflichtungen
(Steuererklärung, Zahlungsverpflichtungen, Außenstände)?

Sind Sie von jemandem finanziell abhängig?

Hängt Ihr Selbstwert mit Ihrem Kontostand zusammen?

Was fehlt Ihnen?

Gesundheit

Körperliche Gesundheit

Wie ist Ihr Gesundheitszustand?
Fühlen Sie sich vital und fit?
Haben Sie chronische Symptome?
Fürchten Sie sich vor Krankheiten?
Wie gesund sind Ihre direkten Bezugspersonen?
Nehmen Sie regelmäßig Tabletten?
Nehmen Sie regelmäßig Suchtmittel?
Was fehlt Ihnen?

Psychische Gesundheit

Sind Sie zufrieden?
Vor welchen Dingen haben Sie Angst?
Schlafen Sie gut?
Machen Sie sich oft Sorgen?
Fühlen Sie sich in einer Sackgasse oder haben Sie mit unabänderlichen Dingen zu tun, die Sie lähmen?
Sehen Sie einen Sinn im Leben?
Gibt es typische „Macken" an Ihnen, die Sie oder Ihr Umfeld stören?
Können Sie von Herzen lachen?
Nehmen Sie Psychopharmaka?
Fühlen Sie sich abhängig von anderen oder von Substanzen?
Besteht Ihr Leben zu einem Großteil aus helfen und retten?
Was fehlt Ihnen?

Freizeit

Haben Sie genügend Freizeit?
Was machen Sie gerne?
Welche Hobbys haben Sie gerne?
Welche Hobbys würden Sie sich wünschen?

Erleben Sie Freizeitstress und Leistungsdruck in Ihrer Freizeit?
Was fehlt Ihnen?

Beziehung zu Ihnen selbst

Was mögen Sie an sich (mindestens 10 gute Eigenschaften)?
Was mögen Sie nicht?
Wie reden Sie mit sich selbst?
Fördern Sie Ihre Talente?
Sorgen Sie gut für sich?
Trauen Sie sich in Situationen, die Ihnen neue Lernerfahrungen bieten,
oder bleiben Sie lieber auf den gewohnten Wegen?
Was befürchten Sie, wenn Sie Ihren eigenen Weg gehen?
Hat es in Ihrer Familie schon mal jemanden gegeben, dem
widerfahren ist, was Sie befürchten?
Was fehlt Ihnen?

Wohnsituation

Mögen Sie Ihre Wohnung und die Umgebung in der Sie leben?
Finden Sie Ihre Einrichtung schön?
Beschreiben Sie Ihre Wohnung.
Was sagt die Wohnung über Sie und Ihre Beziehung zu sich selbst
aus?
Ist es laut oder leise?
Ist Ihre Wohnung kühl oder warm, geordnet oder herrscht kreatives
Chaos vor?
Sind Sie von Dingen umgeben, die Sie mögen?
Wer wohnt noch da?
Wie ist die Aufteilung der Wohnung zwischen Ihnen und anderen?
Ist in Ihrer Wohnung Platz für andere?
Was mögen Sie an Ihrer Umgebung, was nicht?
Wie sind Ihre Nachbarn?
Was fehlt Ihnen?

Liebe

Was bedeutet Liebe für Sie?
Woran merken Sie, dass Sie lieben?
Was geben Sie Menschen, die Sie lieben?
Wissen Sie, was die geliebten Menschen wirklich brauchen?
Woran merken Sie, dass jemand Sie liebt?
Sind Sie dankbar, wenn Sie geliebt werden?
Ist Ihre Liebe an Bedingungen geknüpft?
Welche Überzeugungen über sich selbst verstärken Ihre Beziehungen?
Wie schätzen Sie Ihre Liebesfähigkeit auf einer Skala von
0 (wenig) bis 10 (groß) ein?
Was fehlt Ihnen?

Sonstiges

Es gibt vielleicht Bereiche, die ich nicht erwähnt habe, die für Sie aber wichtig sind. Schreiben Sie sie auf.
Was fehlt Ihnen?

Der Soll-Zustand

Wenn Sie für sich klar geworden sind, was Ihnen fehlt, können Sie ein Bild erschaffen von einer Situation, in der alles zu Ihnen gekommen ist, was Sie sich wünschen. Sammeln Sie schöne Bilder und fügen Sie sie zu einer Collage zusammen, damit das Bild des Lebens, von dem Sie träumen klarer wird. Stellen Sie sich vor, dass Sie genügend Geld haben und vollkommen frei sind.
Wie würden Sie Ihr Leben gestalten?
Wie sähe Ihr optimaler Tagesablauf aus?
Womit würden Sie Ihre Zeit verbringen?

EHEBILANZ

Die folgenden Fragen, sollte jeder Partner erst alleine für sich beantworten, um sich selbst klar zu werden. Bitte beschreiben Sie unabhängig voneinander Ihre Partnerschaft möglichst ausführlich.

Welche Probleme haben Sie im Lauf der Zeit gemeinsam gemeistert?

Auf welche Werte haben Sie sich geeinigt?

Welche Schwierigkeiten stehen im Moment im Raum?

Gibt es Konflikte wegen unterschiedlicher Werte? Sammeln Sie positive Erlebnisse, die Sie gemeinsam hatten.

Was wünschen Sie sich voneinander?

Was möchten Sie gemeinsam überwinden?

Wo sehen Sie Herausforderungen und Hindernisse?

Was hat Sie verletzt?

Wie gehen Sie mit diesen Verletzungen um?

Welche Rolle spielt die Reflexion in Ihrer Partnerschaft?

Welche Rolle spielt das Verzeihen in Ihrer Partnerschaft?

Können Sie offen und ehrlich mit sexuellen Bedürfnissen umgehen?

Haben Sie eine gemeinsame Vision?

Welche Auswirkung hat Ihre Partnerschaft auf
- auf Ihre berufliche Situation?
- auf Ihre finanzielle Situation?
- auf Ihre Freunde?
- auf Ihre persönlichen Bedürfnisse?
- auf Ihre persönliche Entwicklung?

Falls Kinder da sind:

Können Sie erkennen, wie Ihre Kinder auf Ihre ungelösten Themen reagieren?

Beschreiben Sie das Verhalten Ihrer Kinder und suchen Sie nach den Mustern, die Ihnen hier gespiegelt werden.

Gesundheit

- Wie ist Ihr körperlicher Zustand?
- Was möchte Ihr Körper Ihnen sagen?
- Können Sie seine Botschaften erkennen?
- Welche Auswirkungen hat Ihre Partnerschaft auf Ihren Körper?

Wie stehen Ihre jeweiligen Eltern zu Ihrer Partnerschaft?

Bitte beantworten Sie das unabhängig voneinander, wenn möglich, für alle vier Personen. (Eltern und Schwiegereltern)

Wer gehört zu dem Bezugssystem, das Sie in die Partnerschaft mitgebracht haben?

Welche Auswirkung hat Ihre Partnerschaft auf Ihr Bezugssystem?

Was fehlt Ihnen?

Wie ist das Umfeld Ihrer Partnerschaft beschaffen?

Wie betrachten andere Ihre Partnerschaft?

Ehen und Partnerschaften sind in der Regel in ein Lebensskript eingebunden.

Schreiben Sie die Geschichte Ihrer Partnerschaft auf. Wie geht sie aus?

Politik und Gesellschaft

Was sind Ihrer Meinung nach die Hebel, die die Geschicke der Nationen lenken?

Denken Sie nach über das, wofür Sie sich entscheiden: warum glauben Sie, dass eine Partei besser ist als die andere?

Welche Rolle spielen Sympathie und kurzfristige Versprechen bei Ihrem Wahlverhalten?

Was beeinflusst Sie in Ihrer politischen Meinung?

Beobachten Sie Ihre Gefühle in Bezug auf Wahlen. Wie reagieren Sie auf was? Welche Nachrichten sind relevant für Sie?

Denken Sie immer dran: zu jedem Problem gibt es einen Schlüssel in Ihrem Unbewussten.

ÜBER TINA WIEGAND

Tina Wiegand ist Mutter von zwei erwachsenen Söhnen, Autorin, Psychosophic Consultant und Geschäftsführerin der Psychosophic Consultants GmbH & Co. KG. Die exklusive kleine Beratungsfirma bildet zum Thema Emotionale Kompetenz und Holographische Lösungssuche aus und berät Firmen in Transformationsprozessen. (www.psychosophics.de).

Als kreativer Kopf und Vorstandsvorsitzende im Soulfit Factory e.V., engagiert sie sich ehrenamtlich für die Verbesserung der Emotionalen Kompetenz in der Gesellschaft. (www.soulfit-factory.org)

Ihre Bücher und CDs erscheinen im Soulfit Verlag.
(www.soulfit.de)

Fotos Carlos Vicente de la Plaza

BISHER ERSCHIENEN

Bücher

Lotuszeit - ISBN 978-3-943746-06-8
Das Lotusbuch - Ich bremse auch für Führungskräfte
ISBN 978-3-943746-10-5
Ausstieg aus dem bösen Spiel - ISBN 978-3-943746-17-4

CDs

Das Leben vor der Geburt - ISBN-978-3-943746-00-6
Harmony - drei Schritte zum Wohlbefinden ISBN-978-3-943746-03-7
Merlin eine mystische Reise - ISBN-978-3-943746-04-4
Die Schamanenreise ISBN 978-3-943746-05-1
Soulfit Geburtsvorbereitung - ISBN 978-3-943746-07-5

Sturmsegler Doppel CD gegen Mobbing und Bossing
Kostenlos über www.soulfit-factory.org

Gospel Pop CD Soulfit - Vision of Peace

Fotos Seite 291 Carlos Vicente de la Placa,
www.fotokunstcarlosvicente.com

Fotos Seite 29, 113, 243, 244 Pixabay
Alle Grafiken Copyright Tina Wiegand